호남의 한

내일을여는지식 역사 1

호남의 힘

김재영 지음

한국학술정보㈜

과연 호남의 한(恨)이 있는 것인가.

한(恨)이 있다면 그 근원은 무엇이며 우리는 이를 어떻게 받아들이고 극복해야 할 것인가. 이러한 질문은 지역 간 갈등이 생길 때마다, 우리 주변에서 흔히 들을 수 있는 말이다.

지역갈등을 극복하는 방안은 논자(論者)에 따라 그동안 다양한 관점에서 여러 가지 주제를 가지고 논의를 벌여 왔다.

필자는 단지 전통적인 요인으로 독자(讀者)들에게 익숙한 세 문제, 즉 『훈요십조』, 『기축옥사』, 『택리지』만을 골라 심층 분석하고자 한다.

금년은 특히 기축년 옥사가 일어난 지 420년이 되는 해이다. 환갑(60갑자)이 일곱 번이나 지나 그 의미가 있다.

이 책에서 필자가 염두에 두고 있는 점은 다음 세 가지 사항이다.

첫째, 자연은 어머니의 품처럼 포근하고 사랑스러우며 자랑스럽다. 누가 그 자연의 모양새를 가지고 따지려고 하는가. 우리는 자연 앞에 겸손해야 한다.

백두에서 한라까지 삼천리를 뻗어 온 이 땅의 산과 들은 우리 조상들의 혼(魂)과 숨결이 담긴 가장 소중한 보고(寶庫)이다. 땅의 산형지세(山形地勢)를 가지고 인심의 향배(向背)에 결부시켜 판단하는 것은 너무 경솔하고 편의적인 것으로 삼가야 한다.

둘째, 역사 서술(敍述)은 가치중립적(價値中立的)이어야 한다.

풍수나, 인물, 지역 등에 관하여 극단에 치우친 감정이나 편견은 될수록 지양(止揚)해야 한다. 그것은 단지 과거 우리 조상들이 범했던 과오를 되풀이하는 일 이외에 아무 의미도 없기 때문이다.

셋째, 역사 서적은 역사소설, 역사 드라마, 이야기 책 등과 차별화해야 한다. 사실에 대한 정확한 근거자료를 제시하지 않고 정사(正史)와 야사(野史), 구전(口傳)된 유언비어를 마구 혼돈하여 열거한 경우는 신뢰성이 없다.

위의 관점에서 이 책은 정사(正史)를 우선시하고 그 다음으로『수정실록』이나 야사, 개인 소장의 문집, 행장 등 그 비중을 차별화하였다.

자료에 나오는 내용들은 될수록 객관화하여 비교, 분석하고 그 옳고 그름의 판단은 독자들의 몫이 되도록 노력하였다.

독자들의 편의를 위하여 항목을 많이 두었고, 이미 나온 설명을 되풀이한 경우가 흔히 있다. 그리고 독자들이 이 책을 읽으면서 짜증을 내는 일이 없도록 심혈을 기울여 교정(校正)을 보았다.

끝으로 이 책을 출판하는데 도움을 주신 한국학술정보(주) 임은정, 김수영 선생님께 감사드린다.

기축년(2009년) 2월
전주 인후동 우거에서 김재영 드림

|목차|

글 첫머리에 __ 13

훈요십조

제1장 훈요십조의 내용 ►17
    1. 자료의 근거 ►17
    2. 훈요십조의 내용 ►18

제2장 훈요십조의 문제점 ►21
    1. 『훈요신서』가 병선에 없어졌다 ►21
    2. 내용이 태조 왕건 생존 시의 상황과 다르다 ►22
    3. 차령 이남과 공주강 밖의 땅은 어디인가 ►26

제3장 훈요십조를 어떻게 볼 것인가 ►28
    1. 훈요십조의 원본은 없다 ►28
    2. 현재의 『훈요십조』는 태조 26년에 쓰지 않았다 ►28
    3. 차령은 차령산맥이 아니며, 공주강도 분명 금강과 다르다 ►29

기축옥사 바로보기

제1장 들어가는 말 ►33

제2장 근거자료 ►37

제1절 조선왕조실록 ►37

1. 『선조실록』 ►37
2. 『선조수정실록』 ►39
3. 『선조실록』과 『선조수정실록』의 분석 ►44

제2절 중요 야사들의 분석 ►62

1. 혼정편록, 기축기사 ►63
2. 일월록 ►67
3. 조야기문 ►69
4. 괘일록 ►69
5. 기축록 ►77
6. 『토역일기』 ►80
7. 동소만록, 아아록, 부계기문 등 ►82
8. 연려실기술 ►83

제3절 『선조실록』, 『선조수정실록』과 야사들에 대한 평 ►83

제4절 이이의 10만 양병설 ►86
   1. 『선조수정실록』의 내용 ►86
   2. 10만 양병설 관련 자료의 해석 ►93
   3. 10만 양병설의 평가 ►99
   4. 최근 10만 양병설에 대한 논의 ►106

제3장 기축옥사를 다시 보다 ►109

제1절 정여립의 성장 배경과 성격 ►109
   1. 성장배경 ►109
   2. 성격 ►111

제2절 정여립이 스승을 배신했는가 ►114
   1. 관련 자료들의 내용 ►114
   2. 이이와 정여립 관계의 분석 ►120
   3. 상황의 변화와 당쟁의 격화 ►123

제3절 기축옥사의 전모 ►134
   1. 모반의 동기 ►134
   2. 풍수도참설의 유포 ►137
   3. 역모 계획 ►139
   4. 역모의 고변 ►142
   5. 의문의 죽음 ►157

제4절 정여립의 사상 ►165

    1. 근거 자료의 문제 ►166

    2. 중국 삼국통일의 정통과 불사이군에 관한 이론 ►167

    3. 대동계 ►171

    4. 정옥남(鄭玉男)의 이름 ►176

제5절 호남인 살육의 소용돌이 ►178

    1. 잇따른 상소 ►179

    2. 억울하게 희생된 사람들 ►187

제4장 기축옥사의 재조명 ►339

    1. 피해 당사자 ►340

    2. 옥사 담당자 ►343

    3. 기축옥사의 재조명 ►363

택리지와 전라도

제1절 관련 자료 ▶370

    1. 훈요십조 ▶370

    2. 신증동국여지승람 ▶370

    3. 성호사설 ▶372

제2절 『택리지』의 내용 ▶374

    1. 이중환의 생애와 배경 ▶374

    2. 『택리지』의 내용 ▶377

    3. 『택리지』의 내용을 어떻게 볼 것인가 ▶381

글을 마치며 ▶387

'10년이면 강산(江山)도 변한다'는 옛말이 있다.

그동안 변화가 수없이 거듭되어 상전(桑田)이 벽해(碧海)가 되고 또 벽해가 상전이 되었건만 변하지 않는 것이 있다. 사람들의 입에서 입으로 전해온 '호남(湖南)에 대한 편견'이다. 물론 편견(偏見)이란 그 근거도 불분명하고, 이치에 맞지 않아서 사람들에 대한 설득력도 떨어진다. 하지만 선거철만 되면 그 편견들이 날개를 달고 나타나 민족 감정을 갈라놓고 있다.

역사에서 지역 간 편견을 일으키는 가장 큰 주범(主犯)이 있다면 그 근거로 고려 태조 왕건의 『훈요십조』, 정여립과 『기축옥사』, 이중환의 『택리지』 등을 들 수 있다.

이들 내용에 관하여 특히 요즘 TV나 역사소설 등 인기 있는 프로에서 사실과 다른 일들을 흥미 위주로 다루면서, 편견을 더욱 부추기고 있는 현실이다. 그것은 단순히 역사의 왜곡이 아니고 민족 통합을 해치는 범죄이며, 호남인들의 한(恨)을 부추기는 결과를 가져온다.

이 책은 이러한 취지에서 이 세 가지 문제를 심층 분석하여 이에 대한 올바른 이해(理解)와 그에 따른 결행(決行)을 촉구하고자 한다.

훈요십조

훈요십조는 호남 땅, 호남 사람에 대한 편견을 조장한 대표적인 사례
이다. 이 문제는 현재 거의 대부분의 학자들이 그 허구성에 동의하고
있어서 이 책에서는 간단히 그 요점만을 살펴보기로 한다.

제1장 훈요십조의 내용

1. 자료의 근거

훈요십조의 내용은 『고려사』와 『고려사절요』에 나온다.

『고려사』는 기전체(紀傳體: 중국의 『사기』에 유래하며, 본기, 지, 열전으로 분류하여 기술하였음)로 되어 있고, 조선조 문종 원년에 완성되었다. 그 내용은 세가(世家) 46권, 지(志) 39권, 표(表) 2권, 열전(列傳) 50권, 목록 2권으로 모두 139권이다. 편수관은 정인지, 김요, 정창손, 신석조, 최항, 신숙주, 양성지 등이다.

『고려사절요』는 문종 2년에 완성한 책이며 총 35권으로 구성되어 있다. 『고려사』의 요약이 아니고 『고려사』와 같은 시기에 독자적으로 편찬하였다.

『고려사』는 앞서 말한 대로 기전체로 되어 있고, 『고려사절요』는 편년체(編年體: 연대에 따라 역사를 편찬함)로 된 것이 특색이다.

『고려사절요』는 『고려사』만큼 상세하고 치밀하지는 않지만 그 책 속에 없는 자료가 있다. 1932년 조선사편수회가 『규장각본(奎章閣本)』을 『조선사료 총간』 제1로 영인 출판하였다가, 1938년에 빠진 부분 3권을 일본에서 가져와 『고려사절요보간』이라 하여 출간하였다.[1]

---

1) 이홍직, 『국사대사전』(서울, 삼영출판사, 1984), p.116.

훈요십조(訓要十條)는 위의 두 책에 소개되어 있다.

2. 훈요십조의 내용

훈요십조의 내용을 우선 간단히 요약하면 다음과 같다.

계묘 26년(943년) 여름 4월에 왕이 내전에 나가 앉아 대광(大匡) 박술희(朴述熙: ? - 945)를 불러서 친히 「훈요신서」를 주었다.[2] 즉 "더위와 추위를 무릅쓰고 19년 동안 노심초사 끝에 삼한(三韓)을 통일하여 외람스럽게 왕위에 있은 지 25년이나 되었고 몸도 벌써 늙었다. 후손들이 감정과 욕심에 사로잡혀 나라의 질서를 문란시킬 듯하니 이것이 크게 근심스럽다. 이에 훈계를 써서 후손들에게 전하노니 아침저녁으로 펼쳐 보아 영구히 모범으로 삼기를 바란다."

제1조, 우리나라의 대업(大業)은 반드시 여러 부처님의 호위(護衛)를 힘입었다. 그러므로 선종(禪宗), 교종(敎宗)의 사원을 창건하고 주지(住持)를 파견하고 분수(焚修: 분향하여 도를 닦음)하여 각각 그 업을 다스리도록 하라.

훗날 간특한 신하가 정권을 잡으면서 승려(僧侶)의 청탁을 들어주면서 다투고 서로 바꾸며 빼앗으니 꼭 이를 금지(禁止)할 것이다.

제2조, 모든 사원(寺院)은 도선(道詵)이 산수(山水)의 순역(順逆)과 그 형세를 추점(推占)하여 개창한 것이다.

도선(道詵)은 "내가 점(占)쳐서 정한 곳 외에 함부로 또 절을 세우면 지덕(地德)을 손상(損傷)하여 국운(國運)이 길지 못할 것이

---

2) 북역 『고려사』 제1책, 권 제2, 세가 제1, (서울, 신서원, 1997), pp.115 - 118.

다." 하였다.

불사(佛寺)의 쟁탈, 남조(濫造)를 금한다.

제3조, 장자(長子: 맏아들)가 왕위를 계승하는 것은 올바른 법도이다. 만약 장자(長子)가 불초(不肖: 아버지의 유업을 대받지 못함)할 때에는 둘째 아들이 왕위를 잇게 하고, 둘째 아들 역시 불초할 경우에는 형제들 중에서 인망 있는 사람이 왕위를 계승하게 하라.

제4조, 우리나라는 예로부터 당풍(唐風: 당나라 풍습)을 즐겨하여 문물(文物), 예악(禮樂)을 이루었다. 그런데 사람도 땅도 중국과 다르니 반드시 중국의 제도를 따를 필요가 없다. 거란(契丹)은 야만의 나라이고 풍속과 언어 또한 다르니 의관(衣冠)이나 제도(制度)를 함부로 본받지 말라.

제5조, 고려의 개국이 삼한(三韓) 산천(山川)의 도움으로 이룩한 것이다. 서경(西京)은 수덕(水德)이 순조롭고 우리나라 지맥(地脈)의 근본으로 만대의 대업을 이룰 수 있는 곳이니 마땅히 수시로 순찰하라.

제6조, 내가 지극히 원하는 것은 연등(燃燈)과 팔관(八關)이다.

연등은 부처를 섬기는 것이요, 팔관은 천령(天靈)과 오악(五岳), 명산(名山), 대천(大川), 용신(龍神)을 섬기는 까닭이다.

후세에 간신(奸臣)들이 이를 더하거나 줄일 것을 건의하지 못하게 한다. 또 국기일(國忌日)과 겸행(兼行)하지 말고 군신(君臣)이 같이 즐겨 경건(敬虔)히 행하라.

제7조, 신하의 곧은 말은 따르고 헐뜯는 말은 멀리한다.

백성을 부리되 농사철을 피하고 요역(了役)을 가볍게 매기며 농사짓는 일의 어려움을 알아야 한다.

어진 정치를 하되 상벌(賞罰)을 도리에 맞게 하면 음양(陰陽)이 순조로울 것이다.

제8조, 이 내용은 편의상 세 대목으로 분류하였다.(이희권 교수의 주장에 따름)[3]

1) 차현 이남 공주강 외(外)의 지역은 산형(山形), 지세(地勢)가 모두 배역(背逆)으로 달리고 있으니 인심 또한 그러하다.

2) 아래 고을 군인(郡人)들이 조정에 참여하여 왕후(王后), 국척(國戚)과 혼인하여 국정을 잡게 되면 나라를 변란케 하고 왕의 거동을 범하여 난을 일으킨다.

또 관시(官侍)에 속했던 노비나 진(津), 역(驛)에 속했던 잡척(雜尺)들이 세가에 붙어 간교한 말로 권세를 희롱하고 정치를 어지럽힘으로써 재변을 불러올 자가 반드시 있을 것이다.

3) 그러니 양민이라 할지라도 마땅히 요로(要路)에 등용하여 권세를 마음대로 부리는 일이 없도록 하라.

제9조, 나라의 관직을 함부로 늘리거나 줄이지 말며, 만약 공(功)이 없는 자, 사사(私私)로이 친한 자나 친척 등에게 관직을 주어 백성의 원망을 사는 일이 없도록 한다.

사나운 나라가 이웃에 있으니 항상 조심하고 병졸들을 잘 돌보아 그 가운데 뛰어난 자에게는 관직을 더해 준다.

제10조, 경사(經史: 경전과 역사)를 읽어 옛은 거울삼고 지금을 경계하라.

이 열 가지 훈계 끝에 일일이 중심장지(中心藏之: 마음속에 간직함)라는 네 글자를 붙여 대대로 왕들이 전해 오면서 여기게 하였다.

---

3) 이희권, 『역사로 보는 전라도』(전주, 신아출판사, 2000), 훈요십조와 전라도.

제2장 훈요십조의 문제점

훈요십조의 문제점은 다음 세 조목으로 나누어 분석할 수 있다.

1. 『훈요신서』가 병선에 없어졌다

『고려사』 열전 최승로 편 끝머리에 다음과 같은 글이 있다. 즉 "이전에 태조의 신서훈요(信書訓要)가 병란(兵亂)에 분실되었다. 최제안이 이것을 최항의 집에서 얻어 보관하였다가 왕에게 올리니 이때부터 그 글이 세상에 전파하게 되었다."[4]고 하였다.

참고로, 위의 두 최 씨(보관자 최항과 전달자 최제안)와 당시의 왕(현종)은 모두 신라계 사람들이었다.

이에 대한 학계의 비판은, 세 가지 주장으로 요약할 수 있다.

첫째, 훈요십조가 현종 때 조작되었다는 설, 즉 일제(日帝)강점기(强占期) 때 조선총독부 산하 조선사편수회 편수관이던 이마니시 류[今西龍]의 주장이다.

둘째, 고려 태조 때부터 훈요십조는 명백히 존재하였다는 설이 있는데, 이병도 박사의 주장이다

셋째, 훈요십조는 존재하였다. 다만 제8조 2)의 구절이 날조되었다는 주장이다.(이희권 교수)

이희권 교수의 주장은 최언위(崔彦僞: 868 - 944, 최치원과 종형

---

4) 북역 『고려사』 제8책, 권 제93, 열전 6, 최승로, p.192.

제간이며 그의 손자가 최항이다.)가 훈요십조 작성에 참여하였고 그 초안(草案)을 가지고 있다가 죽었는데 그 집에서 최제안(? - 1046)이 이를 발견하였다. 다만 제8조 2)가 날조되었는데 그 이유는 다음과 같다. 즉

'태조가 죽은 뒤 왕규가 난을 일으켜 박술희를 죽이고 혜종을 해치려 한 사건과, 현종 1년 무졸 견영과 아전들이 난리를 일으킨 일이 있다. 이는 훈요 8조 2)의 아래 고을 군인들이 조정에 참여하여 □□에 해당된다.' 하였다.

불타 버린 훈요십조가 되살아나서 천년 세월 동안 우리 사회의 편견을 부추기고 호남인들에게 한(恨)이 된 일은 참으로 어처구니없는 일이다. 우리는 모든 상상력을 동원하여 그 존재 여부를 추측할 수 있지만 근본적인 해답은 역시 '불타 없어졌다'는 것뿐일 것이다.

2. 내용이 태조 왕건 생존 시의 상황과 다르다

10개 조항 중 제1조(불교숭상), 5조(서경 중시), 7조(간언과 참언), 9조(신료와 병졸의 대우), 10조(경사 중시) 등은 일반적 사항으로 별 문제가 없다. 다만 제2조, 3조, 4조, 6조, 8조가 문제가 있어 다음에서 간단히 살펴보겠다.

제2조는 도선(道詵: 827 - 898)이 추점(推占: 점쳐서 추천함)한 곳 외에 함부로 절을 세우지 말라 하였다.

도선은 고려 태조 왕건의 출생과 창업을 예언한 풍수도참 사상

가로 알려져 있다. 하지만 그는

첫째, 왕건의 나이 22세 때에 이미 세상을 떠났다.

왕건이 나라를 창업한 것은 그로부터 20년 후인 918년의 일이다. 도선이 미리 절터를 추점했다는 사실이 애매하다.

또 설혹 추점했다 해도 단지 땅의 양기(陽基: 살기 좋은 터)에 따른 순역(順逆)을 점쳤다는 것일 뿐, 사원의 종류와 목적, 재정 기타 사원의 운영에 따른 부작용 등 종합적인 고려가 있던 것은 물론 아니었다.

둘째, 도선이란 이름은 훈요십조에서 처음 소개되고 그 120년 후인 현종(재위 1010 - 1031) 때 대선사가 되면서 비로소 역사에 나타났다. 그는 숙종(재위 1096 - 1105)때에 왕사, 인종(재위1122 - 1146) 때에 선각국사가 되었다.

그 후 의종 4년 최유청(崔惟淸: 1095 - 1174)에 의하여 비문이 만들어졌다. 그가 죽고 252년이 지난 뒤에 만들어진 이 비문이 그에 관한 최초의 사료(史料)이다.

도선은 원래 선문구산(禪門九山) 중의 하나인 동리산(桐裏山)의 개산조 혜철(惠哲) 스님의 제자로 옥룡사에서 독자적인 선문을 개설한 승려이다. 그는 여기서 밀교에 관심을 갖고 비보사상을 내놓았다고 알려져 있다.[5]

그런데 그의 비문에는 문하에 수백 명의 제자가 몰려왔다고 하면서 그 제자는 미지의 인물 홍적(洪寂)의 이름뿐이다. 동리산 선문을 개창한 혜철국사의 비문(927년 성립)이나, 도선의 제자로 알려진 경보(慶甫)의 비문(958년 성립), 혜철의 계통을 이은 윤다(允

---

5) 김재영, 『한국사상 오디세이』(서울, 인물과 사상,2004), pp.86 - 92 참조

多)의 비문(951년 성립) 등에도 도선의 이름이 없다.[6]

셋째, 도선에게 벼슬을 추증하고 비석을 세운 이유는 대개 다음과 같은 내용이다.

처음 대사가 옥룡사(玉龍寺) 중건 전에 지리산 암자에 있었는데, 그때 이상한 사람이 나타났다. 그는, "내 나이 수백 세(數百歲)인데, 대보살이 세상을 구하고 인간을 제도하는 술법을 가르쳐 주겠다."고 하면서 남해(南海) 물가에서 모래를 쌓아 산천(山川) 순역(順逆)의 형세(形勢)를 일러 주고 사라졌다. 대사는 이로부터 환하게 깨달아 음양오행설(陰陽五行說)의 술법을 더욱 연구하여 모든 비결을 가슴 속에 새겨 두었다.

대사가 이미 천명(天命)을 받아 큰 인물이 태어날 곳을 미리 예견하고 송악에 갔다. 때마침 그곳에서 왕건의 부친이 집을 짓고 있었다. 대사는, "'이 집이 바로 장차 왕(王)이 태어날 곳이다.'고 하면서 한 권의 책을 그에게 주었다. 왕건의 부친은 대사가 시킨 대로 집을 고치고 예언대로 태어난 왕건(王建)에게 책을 주었다.

왕건은 이 책을 보고 천명(天命)이 자신에게 있음을 알고 국가를 세워 삼한(三韓)을 통일하였다."고 하였다.

하지만 도선이 신선으로부터 배웠다는 그 방법(모래를 쌓아서 배운)은 종이로 그리는 지도가 나타나기 이전의 원시적인 것으로 시대에 맞지 않는다.

이에 관련하여 정성본 교수는, "도선의 실제모습은 신라 말 고려 초에 풍수도참에 신통력을 가지고 있었던 승려가 아닌가(혜철의 제자인 도선이 아니고)"[7]라고 말하였다.

---

6) 김지견, 『도선연구』(서울, 민족사, 1999)

하여튼 도선이란 이름은 『훈요십조』 이후 현종 때 처음 나타났다. 왕건이 훈요십조를 전했다는 시기에는 그 정체가 없었고, 현종 이후 부각된 인물이다.

제3조는 왕위 상속에 관한 일이다.

왕건 생존 시에 그의 아들 혜종은 도량이 크고 용감, 담대하여 그가 왕위를 못 이을 우려가 전혀 없었다.

설혹 형제 상속을 예상했다 해도 왕건의 입장으로서는 상속의 당위성보다는 형제간 골육상쟁을 경계했어야 했다.

제4조, 거란과의 관계에 관하여, 고려가 만주 지역의 거란과 충돌이 잦은 것은 제4대 광종 11년(960년) 이후의 일이다.

고려는 거란의 3차에 걸친 침입으로 현종 11년(1020년) 강화를 체결하여 거란의 연호를 썼다. 이 항목 역시 태조 대에는 예상할 수 없었던 일이라고 본다.

제6조, 팔관회는 태조 원년(918년)에 단 1회 실시하고 중단되었다가 현종 원년(1009년)에 재개되었다.

연등회도 고려 초에 개설되었지만 현종 때 적극 실시되어 그때부터 공민왕 때까지 130회 실시되었다. 따라서 제6조도 그 실시 시기로 보아 현종 때가 맞다.

제8조의 차령 이남과 공주강 밖의 해석이 문제이다. 이 문제는 다음 항목에서 다루겠다.

---

7) 김지견, 위의 책,

3. 차령 이남과 공주강 밖의 땅은 어디인가

첫째, 차현은 차령산맥이 아니다.

차령산맥이라는 용어는 1903년 일본 지질학자 고또 분지로[小藤文次郎]가 내놓은 용어[8]이다. 최근 국토연구원이 새로 발표한 산맥지도를 보면 그 실체를 확인하기 어렵다. 학자들은 현재 천안 분기점에서 공주로 오는 중간에 위치한 차령 고개 혹은 안성과 음성 간의 차현(수레티 고개)을 지칭하고 있다.[9]

둘째, 공주강을 금강으로 확대해석하는 것도 잘못이다.

진주의 남강이 낙동강과 다르고 전주 시가를 관통하는 전주천이 만경강과 다르듯이 공주강은 금강과 구별해야 한다.

그리고 공주강 밖이라고 할 때, 왜 하필이면 남쪽, 북쪽이란 말을 쓰지 않고 외(外)라고만 썼는지 알 수 없다.

최창조 교수는 이른바 지세(地勢: 땅의 형세)를 관상(觀相)할 때 거시규모(巨視規模, macro scale)로 할 수 없는 것이[10] 상례라고 말한다. 설사 부분적으로 산형지세가 고르지 못한 곳이 있다 해도, 그 일이 전체 지역 인심의 순역(順逆)에 영향을 미치지 않는다는 뜻이다. 그리고 내(內) 혹은 외(外)란 단지 그 공주강 근역(近域) 일반을 말한다고 보는 것이 합당하다고 본다.

예를 들어 문안(門內)에 대하여 문밖(門外)이라 하면 내외(內外)가 통하는 가까운 곳이며, 문밖 저 먼 곳을 가리키는 것은 아니다.

---

8) 조석필, 『산경표를 위하여』 1993, 이희권, 『역사로 보는 전라도』 p.10 참조

9) gamchong.history.com, 역사2008/09/05 18:00 차령산맥은 없다. http://cafe daum net/hannara 2008 11.2

10) 최창조, 『한국의 풍수사상』(서울, 민음사, 1984), p.50.

산과 땅의 모양이 배역의 방향으로 흐른다는 말도 사실이 아니라고 한다. 이희권 교수는 그 실례로 공주강 부근의 미호천, 대교천, 정안천, 유구천, 지천 등을 예로 들어 설명하고 있다.[11]

셋째, 실제로 공주, 청주 지역에서 태조 왕건이 나라를 세운 뒤에 반란이 자주 일어났다.

공주는 원래 청주, 명주(강릉), 철원 등지와 함께 궁예의 강력한 지지 기반이었으나, 환선길과 이흔암, 이춘길 등이 반란을 일으켜,[12] 잡혀 죽었고, 웅주(공주), 운주(홍주) 등 10여 주현이 모반하여 후백제로 귀순하였다.[13] 이에 관련된 『고려사』의 내용은 다음과 같다.

태조 1년 경신일, 장군 환선길이 역모를 꾸미다가 잡혀 죽었다.

동 기사일, 마군 대장군 이흔암이 반역을 도모하다가 처단되었다.

웅주(공주), 운주(홍주) 등 10여 주현이 모반하여 백제로 가서 붙었다.

동 9일 을유일, 순군리, 이춘길 등이 모반하여 잡혀 죽었다.

기묘 2년(919년) 가을 청주(淸州)가 귀순과 반역의 사이에서 오락가락하고 유언비어를 일으켜 왕이 친히 가서 그 지방을 무마하고 그곳에 성을 쌓았다.[14]

넷째, 왕건은 삼한(三韓)을 통일한 군주로 통합주의자였으며 특히 호남 지역의 인사들을 우대하였다. 개국공신인 곡성 사람 신숭겸과 영암의 최지몽 그리고 그의 대를 이은 혜종의 어머니 장화왕후는 나주의 오씨(吳氏)였다

---

11) 이희권 앞의 책, p.14.

12) 『고려사』권 제1, 세가 제1태조 1년 경신일, 기사일, 9일 을유일. pp.76 - 80.

13) 이희권, 앞의 책, p.15.

14) 『고려사』, p.83.

제3장 훈요십조를 어떻게 볼 것인가

1. 훈요십조의 원본은 없다

최항의 집에 있는 어느 문서를, 최제안이 어떤 절차를 거쳐서 왕에게 무슨 방법으로 올렸는지 정확한 기록이 없는 것을 보면 필시 그럴 만한 사정이 있었겠지만 정확한 사정은 아무도 알 수 없는 영원한 비밀이다.

다만 『고려사』의 기록상 『훈요십조』의 원본은 분명 이 땅에 존재하지 않았음이 사실이다.

2. 현재의 『훈요십조』는 태조 26년에 쓰지 않았다

『고려사』 자체만을 분석해 보아도, 『훈요십조』는 태조 대에서 현종 대에 이르는 동안 일어났던 일들을 염두에 두고 썼으리라는 여러 증거가 있다.

아마도 태종 말년에 직접 쓴 것이 아니라, 태종 대의 것을 대폭 수정했거나 태종의 이름을 걸고 현종 대에 여러 자료들을 모아 썼을 가능성이 있다.

3. 차령은 차령산맥이 아니며, 공주강도 분명 금강과 다르다

차령과 차령산맥은 다르며, 공주강 밖이란 용어도 공주강 근역을 의미한다고 보는 것이 타당하다. 따라서 차령 이남 공주강 밖의 지역은 분명 호남 땅이 아니다.

아무리 고쳐 생각해도 별로 이치에 맞지 않는 풍수의 논리를 가지고 인간사를 점친다는 것은 위험하다. 더구나 나라와 지역의 중대사를 놓고 풍수로 운운하는 것은 분명 반민족적이다.

설혹 풍수가들의 주장을 받아들인다 해도 그들의 주장은 서로 다양해서 그 옳고 그름을 판단할 기준이 없다.

한마디로 훈요십조는 정확하게 그 실체도 불분명하고, 고려조에 호남인들을 차별대우하지도 않았으며, 해석상 호남인을 차별대우할 정도로 설득력을 가진 내용이라고 볼 수도 없다.

기축옥사 바로보기

제1장 들어가는 말

기축옥사가 일어난 지 꼭 420년의 세월이 지났다. 기축년(선조 22년, 1589년) 옥사는 호남인들에게 정말 견디기 어려웠던 엄청난 시련이었다. 조선조 어느 옥사와 사화에 그토록 한 지역의 많은 선비들이 억울하게 매 맞아 죽은 일이 있었던가.

죽은 자는 말이 없고, 당시의 『선조실록』은 불에 타 없어졌다.

다만 옥사를 맡았던 자들의 편에 있던 사람들이 그들 입장에서 쓴 기록만이 전해져서 오랜 세월 우리들 의식 속에 남아 있을 뿐이다.

역사는 끊임없이 만들어지고, 윤색되고 왜곡되는 것이라고 한다. 하지만, 최근 여러 기록들을 곰곰이 살펴보면 기축옥사에 관하여는 그 조작의 정도가 너무 심하다. 도대체 어느 글이 사실이고 소설이며 드라마인지 구분할 수가 없다.

필자는 기축옥사를 좀 더 명확하게 이해하기 위하여 다음 세 가지를 주목하여 그 준거로 삼았다.

첫째, 관련 자료를 명확히 제시하고 이를 다른 자료와 비교 분석하였다. 우선 우리가 손쉽게 구독할 수 있는 『선조실록』은 사료(史料)로서 기본 조건을 구비한 공식 자료임에 틀림없다. 다음으로 『선조수정실록』이 있다.

『선조수정실록』의 편자들은 『실록』 수정의 이유로 『선조실록』

의 사초(史草)가 임진왜란 중에 불타 없어졌고 사관들(史官: 이이첨과 기자헌)이 간신(奸臣)들로, 믿을 수 없다고 했다.

하지만 그 정도의 편견은 어느 왕조 때에도 있었다. 특히 선조의 선왕(先王)이었던 중종조에는 그 『실록』을 편찬한 사람이 이기와 윤원형이라는 사실을 유념할 필요가 있다.

이기(1476 – 1552)는 『중종실록』 편수의 총재관으로 그의 졸기를 보면 '모두가 그의 고기를 먹고 가죽을 깔고 자지 못한 것을 통한하였다.'[15]고 할 정도의 인물이었다. 동지사를 맡으면서 실록 편찬을 사실상 주관한 윤원형(? – 1565)도 그의 조강지처뿐 아니라 형과 조카까지 죽인 패륜아요, 무려 26가지 죄로 국정을 어지럽힌 인물이다.[16]

이들은 중종 후반에 국정을 전담하여 사실상 나라 살림을 어지럽힌 장본인인데도 불구하고 그들 스스로가 당시의 실록을 주관하여 썼다.

그러나 그 후 누구도 『중종실록』을 수정해야 한다는 주장을 내놓지 않았다. 사관(史官)의 편견이 없어서가 아니라 당세(黨勢)를 가지고 싸운 무리들이 없었기 때문이다.

『선조수정실록』은 바로 이러한 당인들의 세(勢) 싸움에서 쓴 글이다. 다시 말하여 옥사에서 억울하게 죽어 간 사람들을 신원해 주는 편이 아니고 그 반대편에서 옥사 담당자들을 옹호, 변명한 글이다.

『선조수정실록』은 왕조실록 편찬의 기본 조건이라 할 수 있는

15) 명종실록 13권, 명종 7년 4월 28일 4번째 기사. 『사신은 논한다』
16) 명종실록 32권, 명종 20년 8월 14일 1번째 기사.

사초(史草)가 없고 단지 야사나 개인의 문집, 행장, 연보를 참고로 하였기 때문에 그만큼 신빙성이 부족하다.

하지만 야사나 개인 행장 등에서도 때로는 『실록』보다 더 신빙성 있는 근거를 갖는 경우가 있어 이들 내용 역시 중요시하여, 가능한 한 합리적인 기준을 갖고 비교 분석하도록 노력하였다.

둘째, 학맥(學脈)과 가문(家門)을 중요한 준거로, 옥사를 분석하였다.

당시 호남 지역은 당색보다는 오히려 각 지역의 씨족 간 통혼과 학문 교류가 집단 활동의 특징적인 현상이었다.

씨족의 경우, 예를 들면 조선 개국 초 새로운 세력으로 등장한 이백유(李伯由), 오몽을(吳蒙乙), 심효생(沈孝生), 장지화(張志和) 등 개국공신들은 연대적인 통혼(通婚)으로 정치세력의 큰 맥을 이루었다.17)

이백유는 전주 이씨 시중공파로 예조판서라는 요직을 맡아 이성계를 추대하는 데 앞장섰다. 이백유의 외가와 오몽을의 처가는 전주 최씨(崔氏)이고, 심효생(왕세자였던 방석의 장인)은 그의 처가가 전주 유씨(柳氏)이다. 이들은 모두 태조 이방원의 '왕자의 난' 이후 모습을 감추었다.

조선조 중기에 들어서서 광주의 광산 김씨, 광산 이씨, 창평의 문화 유씨, 전주의 동래 정씨, 전의 이씨 등이 호남 지역의 양반세력으로 그 활동 범위를 넓혀갔다.

학맥의 경우, 이곳도 역시 중앙 사림들의 영향을 크게 받았다. 호남의 학맥을 이끌어 온 성리학자로서는 단연 하서 김인후(金麟

---

17) 박천식, '전의 이씨 문벌화 추이와 목산의 가문의식', 『목산 이기경 연구』, 전라문화연구소 연구총서 3집, 1991, p.101.

厚: 1510 - 1560)를 손꼽는다. 다음으로 일재 이항(李恒: 1499 - 1576)이 전라도 정주(井州)의 태인에 낙향하여 제자들을 가르쳤다. 그의 이기혼연일물설(理氣渾然一物說)은 기대승과 율곡의 이기설에 단서가 되었다.[18]

하서 김인후는 명종 대에, 일재 이항은 선조 초에 이미 세상을 떠났다. 그의 제자들은 거의 관직에 뜻을 두지 않았고, 임진왜란이 일어나자 의병으로 참전하여 희생된 자들이 많았다.

나주의 정개청은 한미한 신분에서 태어나 학문이 깊었는데 그의 학덕이 높아 많은 제자들이 추종하였다.

기축옥사의 화는 위의 새로이 등장한 명문으로서, 광산 이씨, 동래 정씨, 문화 유씨, 전의 이씨 등과 정개청의 제자들이 주로 그 대상이 되었다.

셋째, 기축옥사로 인하여 가장 혹독한 형벌을 받고 희생된 자와, 비난을 받아 마땅한 자로 양분하여 논의하였다.

좀 더 구체적으로 말하여, 기축옥사로 인하여 화를 입은 자와 그 가족, 지역, 그리고 그들을 매질하고 고문하여 죽인 자와 그 동조자들로 구분하여 그들의 억울함과 변명을 다 같이 고려하도록 노력하였다.

억울하게 화를 입은 자뿐 아니라 그 일이 몰고 온 호남의 한(恨)을 풀어, 모두가 더불어 살아야 한다는 대승적인 입장을 지향하였다. 옥사를 다스린 사람들에게 터무니없는 죄를 덮어씌우는 것도 결코 있을 수 없는 일이기 때문이다.

---

18) 유제식, '전북유학의 전개.' 『전라문화의 맥과 전북인물』(전주, 전북대학교, 전라문화연구소, 1990). p.17.

제2장 근거자료

조선시대 역사에 관한 자료로 가장 믿을 수 있는 것은 물론『조선왕조실록』이다. 선조 대의 왕조실록에는『선조실록』과『선조수정실록』이 있다.

그 외에『연려실기술』이나『대동야승』등 야사가 있고, 기타 개인 소장의 문집, 행장, 연보, 비문 등이 있다. 우선『왕조실록』부터 살펴보자.

제1절 조선왕조실록

1.『선조실록』

『왕조실록』을 쓴 사관(史官)은 날마다 한 사람씩 임금 옆에서 국정에 관한 크고 작은 일들을 기록했다.

사관의 역할은 역사 기록의 중심에 있었다. 이들은 그 어떤 권력의 입김에도 영향을 받지 않는 절개가 있어야 하고, 이른바 삼장지재(三長之才: 재주와 학문, 식견)를 갖추고 있어야 했다. 사관은 무엇보다도 정론직필(正論直筆)이 생명이었기 때문이다.

『선조실록』은 광해군 원년(만력 37년, 1609년) 7월 12일, 춘추관의 교지를 받들어 편찬을 시작하여 그 7년 후인 광해군 8년 11월에 끝냈다.

『실록』 편찬에 참여한 관원은,

영사: 기자헌

감사: 이항복

지사: 이호민, 유근, 이이첨, 이정귀, 박홍구, 조정, 민몽룡, 정창
      연 윤방, 이시언 등

동지사: 박건, 최유원, 정광적, 신식, 이수광 등

기타 편수관, 기사관 등 총 116명이었다.

사관은 그때그때의 기록 두 벌을 작성하여 한 벌은 자신이 보관하고 또한 벌은 춘추관에 바친다. 그 기록을 수초(手草)라 한다.

인쇄를 마치면 사관이 보관한 원고와 수초, 초초(初草: 1차 원고), 중초(中草: 2차 원고)를 모두세초(洗草: 사초를 물에 빨아 먹물을 빼고 종이를 만드는 일)하여 그 종이는 자하문 밖 조지서(造紙署)로 가지고 가서 재활용하였다.

영조 3년(1727년) 실록청 당상관 윤순(尹淳)의 말에 의하면 광해군 때 편찬한『선조실록』을 처음 세초하였고 그 뒤 효종, 영조 때에도 그 예를 따랐다 한다.

당시의『영조실록』을 보면 다음과 같다.

실록청 당상관 윤순이 아뢰기를,

"국초에는 세초하는 규례가 없었는데, 『선조실록』을 찬수할 때에 대북(大北)의 당인들이 전적으로 주관하여 일체 그들의 사사로이 좋아하고 미워하는 대로 맡겨졌는지라 (후일) 공의(公議)가 있을 것을 염려하여 비로소 세초를 창시했습니다. 그 때문에 후에 그 규례에 의하여 세초하였으니, 좋은 사기(史記)와 올바른 필법을 장차 어디에서 고증하겠습니까?" 하니,

임금이 말하기를,

"세초하는 것은 그 뜻이 있으니, 사초 가운데 한 때의 취사(取捨)를 어떻게 모두 올바르게 할 수가 있겠는가? 혹은 보고 들은 것이 각기 다름으로 인하여 반드시 시비(是非)를 다투는 폐단이 있을 것이다. 말 많은 세상에서 (실록을) 보궐(補闕: 빠진 부분을 채우는 일)하는 데 온갖 노력을 다하였다. 이제 또 세초를 하지 않는다면 분운(紛紜: 여러 사람의 말이 일치하지 않고 세상이 시끄러움)한 말을 어떻게 진정하겠는가? 세초함이 옳다."19) 하였다.

당색이 짙은 윤순의 아룀에 대한 탕탕평평(蕩蕩平平: 어느 쪽에도 치우치지 않음)의 군왕인 영조의 답변이었다.

2. 『선조수정실록』

『선조실록』이 완성된 뒤 27년의 세월이 지났다.

그동안 『선조실록』 찬수에 참여했던 사관들이 세상을 떠났다.

이이첨은 그의 아들 셋과 함께 참형되고, 기자헌은 이괄의 난 때 덤으로 죽었다. 백사 이항복은 광해군 10년에 귀양지에서 죽었고, 연흥 부원군 이호민과 월사 이정귀는 인조 12년, 13년에 앞서거니 뒤서거니 하며 세상을 떴다.

인조 21년 대제학 이식(李植)이 『선조실록』의 수정을 청하는 상소를 올렸다. 이식의 상소 내용과 채유후의 후기(後記), 『선조실록』 수정 범례에 명기된 주장의 요지는 대개 다음 내용들로 요약할 수 있다.

---

19) 영조실록 14권, 영조 3년 11월 25일 4번째 기사.

첫째, 임진년(선조 25년, 1592년) 이전에는 일별 기사가 없고 혹 월별 기사나 연별(年別) 기사만 있다가 임진년 이후에 일별 기사가 있다.

둘째, 명신의 주소(奏疏: 상소) 중 치란(治亂)의 기틀과 관계된 부분이 모두 기록되어 있지 않다.

셋째, 『선조실록』을 편찬할 때 간흉(기자헌을 말함)이 총재하여 주장하면서 모두 자필로 단정하여 깎아 내고 덧붙였다.

그 간흉들(기자헌, 이이첨, 박건 등을 말함)은 세상에서 외면되어 도당이 매우 적고 조정에 들어찬 전후의 인사들을 모두 원수로 대했다. 그렇기 때문에 포창(褒彰: 찬양하여 내세움)한 것은 단지 그 자신과 친밀한 몇 사람에 불과했는데, 그들이 비방한 사람들은 모두 선조 때에 신임받던 명신들이었다.

넷째, 『선조실록』은 비단 훼예(毁譽: 남을 비방하는 일과 칭찬한 일)함에 있어 진실함을 잃고 잡다히 기술했을 뿐만 아니라 무릇 인명, 지명, 직명이나 대체로 일반인이 쉽게 알 수 있는 국사(國事)가 뒤섞이고 착오되었다.

이러한 이유 등으로 『선조실록』을 수정하되 다음과 같은 요령으로 찬술하였다.

첫째, 큰 사건의 경우, 본말(本末)의 곡절 및 명신(名臣)의 상소(上疏)는 있는 대로 찬록(纂錄)했다.

둘째, 강령에 실린 것을 기록하고, 잡기(雜記)와 비지(碑誌), 행장(行狀) 순으로 기록하였다. 행장류는 그 사람의 사적(事跡)에 그치지 않고 국사(國事)나 타인의 득실에 관한 기록도 자세히 썼다.

셋째, 야사류(野史類)는 문자가 황잡(荒雜: 거칠고 잡됨)하므로 요약해서 문장을 만들었다.

『선조실록』은 계해년(인조 1년 1623년) 이후 연신(筵臣: 경연관)
과 상신(相臣)이 번갈아가며 개수하기를 청하였으나 국가에 일이
많아 이 일을 수행할 여가가 없었다. 그러던 중 계미년(인조 21년)
에 이르러 이식이 상소하여 선왕(인조)께서 마침내 영의정 김류(金
瑬)에게 그 일을 관장토록 명하였다. 실제로는 이식이 주관하여 그
가 지은 범례에 따라 정유년(효종 8년)에 완성하였다.

이식(李植)이 수정한 것은 정묘년(선조 즉위년)에서부터 병신년
(선조 29년)까지 30년간이고 그 뒤 12년간(선조 30년에서 41년까
지)은 총재관 김육(金堉) 그리고 윤수지, 이일상, 채유후 등이 나누
어 완성하였다.[20]

이러한 선례는 『현종실록』이나 『경종실록』을 개수, 수정하는 데
도 영향을 미쳤다. 아무리 공론(公論)이라 해서 공평(公平)함을 내
세워도, 결국 『실록』 찬수의 입장이 권력자 혹은 승자의 입김을
벗어나지 못한 것은 사실이다.

인조반정 이후 『실록』 편찬은 줄곧 서인 계통에서 장악해 왔고
설혹 남인계에서 이에 관여했다 해도 환국(換局)으로 권력을 되찾
을 때마다 서인 측은 역사를 다시 고쳐 썼다.

당시의 상황과 기록을 간추려 보면 다음과 같다.

『현종실록 개수』

경신년(숙종 6년), 6월 영의정 김수항이 이르기를,

---

20) 선수 42권, 부록 2번째, 『선조실록』 수정에 참가한 채유후의 후기, 동 3번째, 『선조실록』
    의 수정을 청하는 대제학 이식의 소, 『선조실록』 수정 범례.

"사국(史局)의 일은 엄중하고 비밀스러워 신은 상세히 알지 못하지만, 듣건대 소략(疏略: 꼼꼼히 보지 못하고 거침)함이 너무 심하여 신빙성이 없고 후세에 남길 수 없다 합니다. 『선조실록』은 혼조(昏朝: 광해군조)의 뭇 소인들이 꾸민 것으로 인조께서 이식(李植)에게 수정할 것을 명하셨습니다.

신이 을묘년(숙종 1년)에 대제학의 명을 받아 사국을 관장하였으나 오래지 않아 체직되었고(당시 유배되었음), 민점(閔點)이 대신 대제학이 되었습니다. 그 후 허적(許積: 남인의 영수)이 총재관으로 신이 찬수했던 기해년(현종 즉위년, 1659년)의 두 달 치와 신축년(현종 2년, 1661년) 몇 달 치의 일을 제 마음대로 고쳐서 신은 마침내 사임했는데 들으니 전적으로 빨리 완성시키는 것으로 주장을 삼았다 합니다. 그리하여 전곡(錢穀: 돈과 곡물), 갑병(甲兵: 병사, 군인), 형옥(刑獄) 등과 같은 일을 실록에 하나도 기록하지 않았다 합니다. 그 소략함을 알만 합니다." 하였다.

형조판서 김덕원(남인, 숙종 20년 유배됨)이 송나라 철종 때 채변의 고사를 들며 반대하였다. 하지만 지중추 조사석이 그 일은 '오늘날 증거로 삼을 수 없는 사례'라고 배척하였다.[21]

당시는 경신년의 환국으로 허적, 윤휴 등 남인 중신들이 억울하게 죽고, 일백여 명 이상의 남인들이 처형, 유배, 삭탈관직 되어,[22] 또다시 서인 정권이 들어선 때였다.

『경종실록 수정』

이번에는 노론 4대신의 죽음에 대한 기록을 두고 올린, 이른바

---

21) 숙종실록 9권, 숙종 6년 7월 15일 1번째 기사.
22) 이덕일, 『당쟁으로 본 조선 역사』(서울: 석필, 1997), p.288.

신임사화(경종 1년-2년, 즉 신축, 임인년의 사화)에 얽힌 일이다.

경종조 실록을 개수하였다.

이에 앞서 전 좌랑 이사렴이 상소하기를,

"신이 몇 해 전에 한림원(예문관)에서 대죄(待罪)하고 있을 적에 사책(史冊)을 뒤적이며 햇볕에 쬐라는 명을 받았습니다. 그때 봉화현 태백산 사각(史閣)에서 책을 뒤적이며 『경종실록』을 살펴보았습니다.

당시 사책을 찬집한 사람들이 흉역(凶逆)의 심장을 가지고서 감히 천지를 속이고 일월도 속일 수 있다고 생각하였는지, 터무니없는 말을 날조하고 자신들의 뜻대로 장찬(粧撰: 허물을 감추고 꾸밈)한 글을 보았습니다.

4대신(김창집, 이이명, 이건명, 조태채의 노론 4대신)의 충절과 위열을 만고의 악역(惡役)으로 배척하고 조태구, 최석항 등 흉악한 역적의 괴수는 마음을 다하여 종사를 붙잡은 것으로 추앙하였습니다.

『선조실록』을 고(故) 판서 이식의 소청으로 인하여 특별히 다시 찬술하도록 명하였는데 그 전말이 그의 문집 속에 기록되어 있습니다." 하였다.

이어 대사간 유당이 아뢰기를,

"불행하게도 조태구, 유봉휘, 김일경, 박필봉 등 여러 적신(賊臣)들이 하늘을 속여 모독하고 여러 신하를 도륙하였고, 역적 유봉휘는 주문(奏文: 상소문)을 짓고 역적 이명언은 국시를 어지럽히고 속여 외국에 전파하였습니다." 하고 여러 대신들이 모두 다시 찬수하기를 청하였다.[23]

---

23) 정조실록 4권, 정조 1년 10월 29일 3번째 기사.

같은 서인(西人)이면서도 서로 입장이 다른 노론과 소론의 피를 튀기는 싸움에서 승자가 된 노론들의 주장이었다.

3. 『선조실록』과 『선조수정실록』의 분석

『선조실록』은 선조 즉위년(1567년) 7월 4일부터 선조 41년(1608년) 2월 1일까지의 역사를 기록하였는데 총 합계 221권이다. 『선조수정실록』은 같은 기간의 역사를 매월 1일 기준으로 작성하였다. 총 42권이다.

부록으로 1, 수정범례 2, 채유후의 후기 3, 이식의 상소 내용이 있다.

우선 『선조실록』에 누락된 부분을 알아보고, 이어서 『선조수정실록』의 수정범례에 따라, 명신들의 상소내용과 간흉들, 훼예(毁譽: 비방과 칭찬한 일)가 가장 심한 인물들의 경우를 예를 들어 분석해 보겠다.

1) 『선조실록』과 『선조수정실록』에 누락된 사초
『선조실록』은 선조 즉위년부터 누락된 기록이 많다.

누락된 기록이 가장 많은 년, 월, 일을 예로 들면 다음과 같다.

선조 즉위년: 8월부터 12월까지 4개월간, 총 26일의 기록이 있다. 8월, 9월은 하루, 7월은 2일, 12월은 3일분의 기록뿐이다.

선조 3년: 5개월간(4월, 5월, 7월, 8월, 12월) 총 44일의 기록이 있다.

선조 8년: 10개월간(4월과 8월이 없음) 총 37일의 기록이 있다.

선조 10년: 10개월간(9월과 10월이 없음) 총 49일의 기록이 있다.

선조 12년: 6개월간(3월, 4월, 5월, 6월, 7월, 12월) 총 19일의
기록이 있을 뿐이다.

선조 15년: 9개월간(2월, 3월, 5월이 없음) 총 25일의 기록이 있다.

선조 19년: 8개월간(1월, 3월, 4월, 7월이 없음) 총 49일의 기록
이 있다.

선조 23년: 6개월간(1월, 2월, 3월, 4월, 5월, 12월) 총 40일의
기록이 있다.

선조 25년: 1월, 2월, 3월, 4월의 기록이 없다.

『선조수정실록』은 기축옥사와 관련해서 보면,

선조 22년: 3월, 5월, 6월 1일.

선조 23년: 5월, 7월, 11월 1일.

선조 24년: 6월 1일자 기록이 없다.

참고로 기축옥사가 진행되었던 시기의 『선조실록』(선조 22년 10
월부터 24년 7월까지)은 다음과 같다.

선조 22년: 10월(14회), 11월(9회), 12월(1회).

선조 23년: 1월(8회), 2월(6회), 3월(8회), 4월(6회), 5월(6회), 12
월(6회).

선조 24년: 1월(1회), 2월(1회), 3월(1회) 윤3월(5회), 4월(1회), 5
월(2회), 6월(3회), 7월(6회).

이상의 기록 내용을 분석해 보면, 사초 손실은 선조 즉위년부터
골고루 이루어졌음을 알 수 있다. 앞서 『선조수정실록』에서, '(『선
조실록』)이 임진년 이전에는 일별 기사가 없다'고 한 것은 잘못된

평이다.

　다만 기축옥사에 관한 추국이 한참 진행되던 선조 23년 6월에서 11월까지의 기록이 전혀 없는 것이 이상하다. 그리고 선조 3년과 12년의 기록이 너무 많이 손실된 것 또한 설명하기 어렵다. 사료가 없어진 일은 정확히 그 원인을 구명하기 어려운 난제(難題) 중의 난제이다.

　2) 명신의 상소 중 치란의 기틀이 된 부분에 관하여
　　① 이황(李滉: 1501 - 1570)에 관한 기록
　『선조실록』은 '퇴계 이황의 졸기'와, 그의 유명한 '무진 6조소(戊辰 6條疏)'에 관하여 극히 간단히 언급함에 그쳤다.[24] 반면, 『선조수정실록』은 이 두 가지 사항을 상세히 기록하였다. 참고로 그에 관련된 『선조수정실록』의 한 구절씩만 소개하면 다음과 같다

　　가) 숭정대부 판중추부사 이황의 졸기
　"논자들에 의하면, '이황은 이 세상의 유종(儒宗)으로서 조광조 이후 그와 겨룰 자가 없다. 이황의 재주나 기국에 있어서는 그가 조광조에 미치지 못하지만 의리를 깊이 파고들어 정미(精微)한 경지까지 이른 것은 조광조가 그에 미치지 못한다.'고 한다."[25]
　　나) 이황의 6개 조항을 열거한 상소문
　상소의 내용을 요약하면 대개 다음과 같다.

---

24) 선조실록 2권, 선조 1년 8월 7일 1번째 기사. 선조실록 3권, 선조 2년 12월 ??일 1번째 기사.
　　퇴계가 세상을 떠난 정확한 일자는 선조 3년 12월 8일이다.
25) 선수 4권, 선조 3년 12월 1일 1번째 기사.

첫째, 계통을 중히 하여 인효(仁孝)를 온전히 하는 것입니다. 둘째, 이간질을 막아 양궁(兩宮: 양모와 친어머니)의 사이가 가깝도록 하는 것입니다. 셋째, 성학(聖學: 제왕에 관한 학문)을 열심히 닦아 정치의 근본을 세우는 것입니다. 넷째, 도덕과 학술을 밝혀 인심을 바로잡는 것입니다. 다섯째, 복심(腹心: 마음속 깊은 곳)을 미루어 이목(耳目)이 트이게 하는 것입니다. 임금이 한 나라의 원수라면 대신은 그의 복심이요 대간(臺諫)은 이목입니다. 여섯째, 수성(修省: 수양과 반성)을 진실히 하여 하늘의 사랑을 받는 것입니다.[26]

② 이이(李珥: 1536 - 1584)에 관한 기록

『선조실록』은 율곡 이이의 죽음에 관하여도 극히 간단히 언급하였다.[27]

다만 그의 여러 다른 상소 등에 관하여는 비교적 자세히 기록하였다.

중요한 예로 다음 세 가지 일을 들 수 있다.

가) 천재(天災)를 이기는 대책으로 경제사 설치를 아뢰다.

호조판서 이이가 아뢰기를,

"신에게 한 가지 계책이 있습니다.

바라건대 대신과 상의하여 경제사(經濟司)를 설치하고, 대신으로 하여금 이를 통솔케 합니다. 사류(士類) 가운데 시무(時務)를 잘 알

---

26) 선수 2권, 선조 1년(무진) 8월 1일 2번째 기사.
27) 선조실록 18권, 선조 17년 1월 16일 1번째 기사.

고 국사에 마음을 둔 자를 택하여 선임하고 건백(建白)한 사항을 그들과 상의하여 폐정을 개혁한다면 천심을 돌이킬 수 있을 것입니다."28)

나) 이이가 시무 6조를 건의하다.

병조판서 이이가 아뢰었다.

"신이 병관(兵官)의 자리에 있으면서 밤낮으로 애태우며 생각한 나머지 감히 한 가지 계책을 올립니다. 그 조목을 말씀 드리자면,

첫째, 현능을 임용할 것 둘째, 군민(軍民)을 양성할 것 셋째, 재용(財用)을 풍족하게 만들 것 넷째, 번병(藩屏: 변방의 방비)을 튼튼하게 할 것 다섯째, 전마(戰馬)를 갖출 것 여섯째, 교화(敎化)를 밝힐 것 등입니다."29) 하였다.

다) 이이가 시폐를 들어 상소하자 왕이 답변하였다.

"공안(貢案)은 이렇게 다사한 때에 한꺼번에 거행하기는 어렵고, 군적(軍籍)건은 이미 병조가 명을 받들었으니 나머지는 경(이율곡)이 할 일이다. 주현을 합병하는 건, 감사를 구임(久任)하는 건은 한번 시험해 보겠다. 서얼(庶孼)과 천인(賤人)을 허통하는 건은 비변사에 다시 물어 시행하도록 하겠다."30) 하였다.

한편 『선조수정실록』에서는,

가) 이이가 정책대안으로 내놓은 『시무 6조소』에 관하여는 대체

28) 선조실록 15권, 선조 14년 9월 16일 1번째 기사.
29) 선조실록 17권, 선조 16년 2월 15일 2번째 기사.
30) 선조실록 17권, 선조 16년 4월 14일 2번째 기사.

로 『선조실록』과 동일하다31)

나) '이이의 졸기'를 자세히 기록하였다.32)

그의 졸기 몇 구절은 다음 10만 양병설의 절에 있다.

다) 이이의 10만 양병설

율곡의 10만 양병설은 마치 율곡의 대명사처럼 (즉 율곡하면 10만 양병설을 떠올릴 정도로) 되어 있으면서도 그에 관한 역사적 근거 자료가 거의 없다. 최근 이 문제와 관련해서 학자 간 논의가 진지하여 다음 항목에서 자세히 논의하겠다.

③ 서익, 이경진, 조헌의 상소에 관한 기록

이들 세 사람의 상소는 정여립 등 동인세력의 제거를 위한 서인의 제1차 작전이라고 해도 과언이 아니다. 서익과 이경진의 상소는 『선조실록』이나 『선조수정실록』이 모두 다루었기 때문에 조헌의 상소만 언급하겠다.

『선조수정실록』은 조헌이 올린 소(疏)를 특별히 상세하게 기록하였다.

조헌(趙憲: 1544 - 1592)은 임진왜란 때 옥천 전투에서 700의사(義士)와 함께 순절한 의병장이며 공자 사당에 배향(配享)된 현자이다.

『선조수정실록』에 소개된 내용은 다음과 같다.

"선조 19년 조헌이 만언소(萬言疏)를 올린 뒤, 20년 5월에 소장

---

31) 선조실록 17권, 선조 16년 2월 23일 1번째 기사. 선수 17권, 선조 16년 2월 1일 8번째 기사.

32) 선수 18권. 선조 17년 1월 1일 1번째 기사.

을 올리고 그 뒤 또 네 차례 소를 다시 올렸으나 네 번 모두 받아 들여지지 않았다.

『선조수정실록』에는 선조 7년, 조헌의 시무 8조와 선조 19년, 붕당시비 및 학정에 관한 네 차례의 소를 상세히 기록하였다.[33]

그 첫 번째 소장의 대략에,

"붕당을 만들어 원수가 되었는데도 당이 없다 하고, 벼슬길이 극히 혼탁한데도 맑은 조정이라 하고, 민생이 흩어지게 되었는데도 그런 대로 안정되었다 하고, 변경의 계책이 오래도록 졸렬한데도 근심이 없다 합니다. 임금의 덕이 고립되어 팔다리 같은 신하의 도움이 적고 사방의 문이 열리지 않아서 듣고 보는 것을 의탁할 데가 없게 만들었습니다." 하였다.

또한 그는 서슴없이 동인(東人)을 공격하였다.

"송기수는 그의 사촌형 송인수(사람들은 그를 동국의 보배라 합니다)가 죽던 날 홀로 정원(政院: 승정원)에 사진(仕進: 출근)하였다고 합니다.

동료들이 괴이하게 여겨 (형이 죽었는데도 슬퍼하지 않고 출근한 일로) 물으니 답하기를,

'이미 국적(國賊: 송인수가 윤원형을 탄핵하다가 사사됨)이 되었으면 마땅히 속적(屬籍: 집안의 호적)에서 끊어야 하니 무슨 복(服)이 있겠는가.' 하였습니다. 그는 밖으로 허봉, 김청과 혼인을 맺어 감히 이이(李珥)를 무함하는 소장을 올리는 한편 박순, 정철, 백인걸(백유함의 부친), 김계휘(김장생의 부친) 등도 언급하여 모함하였

---

33) 선수 8권, 선조 7년 11월 1일 2번째 기사. 선수 20권, 선조 19년 10월 1일 1, 3, 4, 5 번째 기사.

습니다.

송응개, 송응형(송기수의 두 아들), 허봉, 김청은 차마 양조(兩朝: 명종과 선조조)의 강직한 신하를 한결같이 배척하여 내쫓기를 도모하였습니다.

유성룡은 동몽교관 임탁(任鐸)을 배척하여 그로 하여금 문을 닫고 들어앉게 하였고, 정여립, 이발, 이길이 도리를 어기고 성명을 속인 죄를 범한 것이 분명합니다. 이발, 이길의 무리는 기필코 일시의 청류(淸流: 절의를 지키는 깨끗한 선비)를 잡아다가 일망타진(一網打盡: 한꺼번에 모조리 잡음)하니 편당(偏黨: 당파에 치우침)의 해가 이미 온 나라를 텅 비게 하였습니다.

이산해의 무리가, 이발, 이길이 풍력(風力: 위세)이 있어서 박순과 정철을 제어할 수 있다고 여겨 급급히(매우 급하게) 그들을 임용하면서 스스로 잘못을 알지 못하였습니다."[34] 하였다.

위 글에서 송응개, 허봉, 박근원은 계미년(선조 16년) 율곡을 비판한 일로 유명하고, 유성룡, 이산해는 동인계 정승이다. 그리고 정여립, 이발, 이길은 기축옥사(선조 22년) 때 희생되었다.

조헌은 지부상소(持斧上疏: 도끼를 들고 상소함, 만일 가납되지 않으면 자신을 죽여 달라는 뜻)로 동인들의 전횡을 극언으로 아뢰었는데, 후일 그를 가리켜 '서인 돌격대'라고 지적한 책이 있다.[35] 당색이야 어느 쪽이든 너무 과격한 이론이나 행동은 한쪽에 치우쳐 객관성이 없는 것은 사실이다.

---

34) 선수 21권, 선조 20년 9월 1일 8번째 기사.
35) 이덕일, 『당쟁으로 본 조선역사』(서울, 석필, 1997), pp.91 – 93.

3) 『선조수정실록』에서 간흉(奸凶)으로 지목된 사람들

　－기자헌(奇自獻: 1562－1624), 이이첨(李爾瞻: 1560－1623)－

이식의 상소에 의하면,

"불행하게도 폐조(廢朝: 광해조)가 그 사이(선조와 인조 간)에 끼어들어 간얼(姦孽: 간사하고 요망한 자)이 왕명을 독단함으로써, 기자헌이 총재가 되고 이이첨, 박건 등이 찬수를 전적으로 담당하였습니다. 이들은 옛 기록을 몰래 깎고 스스로 무필(誣筆: 모함하는 글)을 가해서, 시비와 명실을 모두 뒤바꾸었습니다."[36] 하였다.

이이첨은 말할 것도 없거니와 박건도 광해군의 외척으로, 연흥부원군 김제남과 영창대군을 살해하고 폐모(廢母: 광해의 모후 인목대비를 폐함)에 앞장섰던 죄인이다. 이이첨은 계축옥사(광해군 5년 인목대비의 부친인 김제남과 영창대군을 역모로 몰아 죽임)와 폐모사건을 시종 주도하여 만세에 악명을 남겼다.

기자헌 또한 원임 대신으로서 백관을 거느리고 영창대군의 처벌을 청한 대죄를 범한 자이다.[37] 또 그는 유능(裕陵: 선조비 박 씨, 즉 의인왕후의 능)에 저주를 행한 곡절을 들어,[38] 부원군 김제남과 후일 인목대비를 폐하는 구실의 증거를 제공하였다.

참고로 '유능의 저주'란 다음과 같다.

선조가 병중에 있을 때 대비전(인목대비)의 나인들이 무당의 말을 듣고 유능에 허수아비를 묻은 일이 있었다. 기자헌은 당시 부원군이던 김제남이 그 일을 금지시키지 않았다는 박동량(의인왕후

---

36) 선수 42권, 부록 3번째 기사. 『선조실록』의 수정을 청하는 대제학 이식의 소.
37) 광해군일기 69권, 광해 5년 8월 13일 4번째 기사.
38) 광해군일기 68권, 광해 5년 7월 10일 4번째 기사.

의 사촌)의 공초 내용을 들어 그의 죄를 가중시켰다.

하지만 기자헌은 이이첨과는 다른 인물이다.

기자헌은 선조 때에 13번의 사직소를 올린 일(선조 39년 4월 23일부터 6월 29일까지)로 유명하고, 광해조에도 왕이 즉위한 지 불과 몇 달도 되지 않아 양사의 탄핵을 받기 시작하였다.[39] 국모(國母: 인목대비)를 폐하자는 논의가 제기되었을 때, 그는 그 일에 끝까지 동조하지 않다가 결국 유배되었다.[40] 그는 인조반정 때 겨우 목숨을 구했지만 다시 이괄의 난이 일어나 사약을 받아 마셨다. 당시의 실록을 보면,

"기자헌에게 사약을 내리고, 성철 등 37인의 목을 베었다. 좌찬성 이귀(李貴)는 (기자헌을) 국문하여 사실을 밝힌 뒤에 논죄하자."고 하였다. 그러나 판의금 김류(金瑬)는,

"역적 이괄이 군사를 일으켰는데 안팎이 체결하여 헤아릴 수 없는 변란이 서울에서 일어난다면 장차 어찌하겠는가. 그리고 대신, 추관이 날마다 국청에 나아가 참여한다면 방어하는 방책을 어느 겨를에 규획하겠는가, 곧 죽여 없애야 한다."[41] 하였다. 서인(西人)들은 그들이 간흉으로 지목한 기자헌을 이런 과정을 거쳐서 죽였다.

기자헌은 선조의 신임을 얻어 재상이 되었고, 광해군 대에도 임금의 총애를 받았다. 이에 관하여 『광해군일기』는 다음과 같이 평하였다.

"기자헌이 선조(先朝: 선조를 말함) 때부터 그의 아내를 궁중에

---

39) 광해군일기 4권, 광해군 즉위년 5월 16일 2번째 기사.
40) 광해군일기 122권, 광해군 9년 12월 4일 10번째 기사.
41) 인조실록 4권, 인조 2년 1월 25일 5번째 기사.

드나들도록 하여 늘 은총을 받았다. 이때(광해조를 말함)에 이르러 서는 또 유 씨(柳氏: 광해군비 유 씨, 즉 유자신의 딸)에게 빌붙는 혼인을 하였기 때문에 왕이 총애하여 대우하기를 다시 예전과 같이 하였다."42) 하였다.

참고로 『광해군일기』는 죄 없는 기자헌을 사사케 한 서인(西人)들이 쓴 글이다.

기자헌에게 선조는 처숙(妻叔: 아내의 작은 아버지)43)이기 때문에 아무리 임금이라 해도 숙부를 찾아뵙는 일은 죄가 되겠는가. 또 광해군은 기자헌의 아들 기준격의 처이숙(妻姨叔)이므로 기자헌과는 사돈 간이다.

조선조 역사에서 일단 '역모의 고변'에 걸려들면, 아무도 그 그물망을 벗어날 재간이 없다.

오성과 한음(이항복과 이덕형) 같은 이름난 재상들도, 광해주가 연흥부원군 김제남에게 극형을 주려고 할 때, (마음속으로는 아마 그의 원통함을 민망히 여겼으나) 구원해 주지 못하였다. 이덕형은, '국구를 구원해야 한다'는 이귀(李貴)의 서신을 받고, '사세가 불리하니 어찌 하겠소' 하며 체념하는 답서를 보냈다44) 한다. 영창대군이 유배될 때도, 당시 영의정인 이덕형은, 행여 그의 늙은 아버지에게 화(禍)가 미칠까 두려워 망설이면서 그(영창대군)를 구원하는 소(疏)를 극력 논하지 못하였다.45) 이덕형이 올린 차자를 보면 다음과 같다.

---

42) 광해군일기 23권, 광해 1년 12월 10일 4번째 기사.
43) 선수 31권, 선조 30년 10월 1일 1번째 기사.
44) 연평의 행장, 『연려실기술 5』(서울, 민족문화추진회, 1985), pp.110－111.
45) 명문록, 위의 책. p.124.

"신의 아비가 노년에 재상의 반열에 갑자기 오르게 되었고 여러 자식들도 모두 벼슬에 통하였습니다. 저 자신의 몸은 백관의 우두머리에 있고 이름은 훈부(勳府: 충훈부)의 맹약(盟約: 서약)에 올라 있습니다. 성상의 은택을 입은 것이 그 숫자를 알 수 없을 정도입니다.

이의(영창대군, 1605 – 1614)가 비록 강보에서 떠난 지 얼마 되지 않았다 하더라도 이미 화근이 되고 있습니다.

역적 이진(임해군)과 유영경이 벌을 받을 적에 모두 이의(영창대군) 때문이라고 말하였으니, 이의가 흉악한 도적들의 기화가 된 것은 그 유래가 오래된 것입니다.

이의가 죽으면 화의 뿌리가 끊어져 나라가 편안해질 것이며 이의가 죽지 않으면 인심이 흔들려 조정이 위태로울 것이니, 지식을 지닌 사람들이라면 모두 속히 처단하고자 하는데 조정에 있는 재상들 또한 누군들 이런 생각이 없겠습니까.

그러나 역모를 알고 있었다 해도 나이가 차지 않았을 경우 법적으로 형을 시행할 수 없는데 법은 왕이 삼가 지켜야 하는 것입니다.

그리고 화근을 제거하는 데 어찌 적절한 방법이 없겠습니까."
했다. 이에 대하여 왕이 이르기를,

"영창의 일을 무신년의 일(임해군과 유영경의 사건)에 비기기까지 한 것은 옳지 않다." 46)하였다.

당시 양사(兩司: 사헌부, 사간원)에서는 바로 뒷부분의,

'법적으로 형을 시행할 수 없다'와 '적절한 방법이 없겠는가.'고 한 말을 트집 잡아, 그에게 죄 줄 것을 청하였다.47) 이덕형은 이

---

46) 광해군일기 69권, 광해 8월 8일 1번째 기사.

일로 파직되어,[48] 시골집에 있다가 병사하였다.[49]

이항복은 '김제남의 옥사'에 관련되어 처형된 죄수 정협(鄭浹)을 휘하에서 발탁, 추천한 죄로 쫓겨나,[50] 여러 곳을 전전하다가 북청 유배지에서 죽었다.[51] 이덕형보다 5년 뒤의 일이다.

결국 오성과 한음도 김제남의 옥사와 영창대군의 죽음에 부득이 동조하였고, 다만 다행히(?)도, 이덕형은 방법상 문제제기로, 이항복은 정협의 일로 체직되었을 뿐이다. 그리고 이덕형 사후 일어난 폐모의 일에는 기자헌도 같이 유배되었다.

기자헌은 선조 23년에 겨우 문과에 합격하였다. 당시 이이첨은 광능 참봉으로 있다가 선조 27년에 문과에 올랐다. 요즘으로 말하자면 6·25를 경험한 자와 그 이후 세대가 다른 것처럼 이들은 기축옥사 후의 세대에 속한다. 기자헌은 그가 동인(東人)이라는 것 외에, 과연 이식이 『선조수정실록』에 기록한 대로 왕명을 독단하고 무필을 가한 소인이었던가. 그리고 이식은 정말 공정하고 거짓 없는 군자였을까. 몇 가지 예(例)를 들어 이식의 인품을 알아보자.

『조선왕조실록』의 글을 보면 대개 군자(君子)와 소인(小人)을 구별하여 평가한 기록들이 많다. 군자는 지덕(知德)과 재행(才行)을 겸비하고, 선비로서 청렴과 절의(節義)를 중히 여긴다. 시세(時勢: 그때의 형세)에 영합하지 않고 아첨하지 않으며 매사를 공론에 따라 결정한다. 소인은 무식, 천박한 흉간(凶奸)으로 위의 경우와 반

---

47) 광해군일기 69권, 광해군 5년, 8월 16일.
48) 광해군일기 69권, 광해 5년 8월 23일 2번째 기사.
49) 광해군일기 71권, 광해군 5년 10월 9일 4번째 기사.
50) 광해군일기 122권, 광해 9년 12월 11일 9번째 기사.
51) 광해군일기 128권, 광해군 10년 5월 13일 6번째 기사.

대되는 자를 말한다.

이들 양자를 구별하는 기준은 대개 주관적인 감정이 개입하기 때문에 상황이 달라지면 군자와 소인, 소인과 군자도 뒤바뀌기 마련이다. 이식(李植)의 경우도 예외는 아니다.

그가 『선조실록』 수정을 시작한 지 불과 몇 년도 안 되어 왕은 그의 관작을 삭탈하고 이르기를,

"이식(李植)은 후사(後嗣: 인조의 후사를 말함)를 결정하던 날, '원손(元孫: 소현세자의 아들, 인조가 제주도로 귀양 보내 죽음)이 영매(英邁)하다.'고 까지 했으니 면전에서 (임금을)능멸한 죄가 이보다 더 클 수가 없다.

시제(詩題: 인조 24년 9월 문과 별시의 문제)를 낼 때도 스스로는 무심결에 그렇게 했다고 하지만 실로 새빨간 거짓말[誠極詐也]이었다."52) 라고 말하였다.

사람이면 누구나 자신의 주장과 이익을 우선적으로 고려한다.

임금이나 신하, 동인이나 서인 어느 누구를 막론하고 자신의 의견과 합치하면 군자이고 반대된 입장에 있는 사람이면 소인이며 간흉이다. 이런 현상은 조선조 시대에 특히 유별났다.

이식이 『선조수정실록』에서 기자헌, 이이첨의 무리가, '마침내 근거도 없는 얼토당토않은 사실을 가지고 마음대로 비방하고 욕하면서 사책(史冊)에 기록했다'는 한 예를 들면, 다음과 같다.

4) 이덕형과 이항복을 기록한 『선조실록』에 대한 (『선조수정실록』)의 사평(史評: 역사의 비판)

---

52) 인조실록 48권. 인조 25년 5월 29일 2번째 기사.

가) 『선조수정실록』이 소개한 『선조실록』의 내용은 다음과 같다. 『선조실록』에 이르기를,

"이덕형의 부친이 문화현령(文化縣令: 황해도 신천군 지역)으로 있을 때,

이덕형이 공명고신첩(空名告身帖: 실무 없이 부유층에게 팔았던 백지 임명장) 1백여 장을 빼내어 그 고을에서 소 수백 마리를 사가지고 통진(通津: 현재 김포 지역) 농사(農舍)에 방목하니 들판이 온통 누렇게 변했다."

이덕형이 반복해서 세력을 쫓고 계속하여 수시로 변절한 사실을 유대정(兪大禎)의 말을 인용하여 증명하였다. 또 이르기를,

"이항복이 기축옥사를 당했을 때 정철에게 말하기를,

'정여립이 호남에서 기병할 때에 영남에서 일어난 사람도 있고 서울에서 일어난 사람도 있다고 하였으니, 대개 이는 이항복이 영남의 최영경, 정인홍, 유성룡과 서울의 이발, 이길, 정언신, 백유양을 모함하기 위한 계책이었다.' 하였다. 동악상제(同惡相濟: 악한 자끼리 악한 일을 서로 도와 함)한 모습이 이와 같은 데도 정승의 자리에까지 이르렀으니, 어찌 괴이하지 않겠는가." 하였다.

나) 이에 대한 『선조수정실록』의 사평은 다음과 같다.

"생각건대 이덕형과 이항복은 모두 어진 재상으로서 세상에서 기대가 컸기 때문에 기자헌, 이이첨의 무리가 시기하여 모함할 계획을 꾸미다가 적당한 구실을 찾지 못하고 마침내 이 같은 근거 없는 사실을 가지고 욕하고 비방한 글을 『선조실록』에 기록하였다.

정철은 최영경을 구하려고 적극 노력한 사람이다. 동악상제가

웬 말인가. 통탄할 일이다."⁵³⁾ 하였다.

다) 『선조실록』의 진짜 내용을 보면 다음과 같다.

첫째, 이덕형이 어머니 상(喪)을 당하여 기복(起復: 상중에 관례를 깨고 벼슬에 참여함)되어 정청에 참여했다. 그는 난중(亂中)도 아닌데 검은색 철릭(무관이 입는 관복의 일종)을 입고 나와, 이 때문에 상기(喪紀)가 무너진다는 물의가 있었다.

둘째, (이덕형이) 훈련도감 제조로 있을 때, 쌀과 베를 가져다 썼고, 남대문 밖에 큰 집을 지으면서 사사로이 군사를 시켜 터를 닦고 별영의 재목을 가져다 썼다. 미천한 사람 박자우가 이를 비난하였다.

셋째, (이덕형의) 부친이 문화현령으로 있을 때 이덕형이 공명첩을 돌린 일은, 통진에서 농장을 가지고 있던 채정선, 채경선과 그 후임 현령 채길선(蔡吉先: 채정선의 형제들임)이 직접 보고 말한 것이다.

넷째, 이덕형은 그의 장인인 이산해가 동인의 의론을 극력 주장하였는데, 서인인 김권(金權)의 집을 찾아가 장인의 잘못을 말하기도 하고, 소북인 유영경을 추천하기도 하였다.

덕형이 스스로 조사(朝士: 조정의 신하)인 유대정과 말하기를, "큰 벼슬을 하는 자는 누차 변절한 뒤에야 정승이 될 수 있다."고 하였다.

다섯째, 정철이 기축옥사 때 임금께 아뢰기를,

"정여립이 호남에서 군사를 일으키자 영남에서 일어나는 자도

---

53) 선수 40권, 선조 39년 1월 1일 3번째 기사.

있고 경중(京中: 서울)에서 일어나는 자도 있습니다." 하였다. 이의도는 최영경, 이발, 이길 등을 무너뜨리는 계책이라 했다.

임금이 이르기를,

"이 말을 아는 자는 이 모사에 참여한 것이다. 경은 어디에서 이 말을 들었는가." 하였는데 문사낭청(벼슬 이름) 신잡이 이 비답을 전하자, 정철이 말이 궁색하여 신잡에게 말하기를, "그대가 이 말을 하지 않았소." 하였다.

신잡이 자신은 모른다고 하니 정철이 회계(回啓: 임금의 하문에 아룀)하기를,

"이항복이 말하였을 것입니다." 하였다. 이항복과 정철의 동악상제가 이와 같았다. 그가 정승에 올랐으니 괴이하다.[54]는 등이다.

라) 이식의 『선조수정실록』 사평에 대한 필자의 의견

① 『선조수정실록』은 첫째의, 기복되어 정청에 검은 옷을 입고 나온 일, 둘째의, 훈련도감 제조로 있을 때의 부정에 관하여 언급이 없다.

② 셋째의, 공명첩에 관한 일은 『선조실록』에서 채정선 3형제의 확실한 증거를 제시하였지만 『선조수정실록』의 '사평'에서는 반대 근거를 제시하지 않고 단지 '근거도 없고 얼토당토않은 사실'이라고 했다.

③ 다만 넷째의, 『선조실록』에서 이덕형이 동인과 서인, 북인 사이를 오가면서 변절했다는 말은 문제가 있다. 이덕형의 신조가

---

54) 선조실록 195권, 선조 39년 1월 22일 2번째 기사. 선조실록 121권, 선조 33년 1월 29일 5번째 기사.

당색을 초월하자는 것이었다면 이 말은 『선조실록』이 그의 선의를 모르고 썼다고 할 수 있다.

④ 다섯째의, 『선조실록』에서 '정여립이 군사를 일으키자 호남, 영남, 경중에서도 일어나는 자가 있다.'고 한 것은 정철이 임금 앞에서 한 말이다.

임금이 그 근원을 추궁하자, 정철이 처음에는 신잡(申磼)에게서 들었다 하고 그가 이를 부인하자, 말이 궁색하여 이항복을 끌어들인 것이다.

『선조실록』은 결국 이들(정철과 이항복)이 가까운 사이이기 때문에 서로의 이름을 자연스럽게 내놓았을 것이라는 뜻이다. 그런데 『선조수정실록』에서는 이항복이 정철에게 위의 내용을 이야기했고, 이를 다시 정철이 임금께 아뢰었는데, 『선조실록』에서는 근거 없는 말을 썼다고 평한 것이다. 즉 『선조수정실록』은 『선조실록』의 내용을 왜곡 인용하여, 『선조실록』이 명재상인 이항복을 모함했다고 하였다.

참고로, 이 일에 관하여 『괘일록』에서는 다음과 같이 기록하고 있다. 즉

"신잡이 대답하기를, '저는 들은 바가 없습니다.' 하니 정철이 '이 말은 기효증과 이선경이 말하기에 들었다.' 하였습니다. 그런데 (정철이) 서계(書啓)로 올릴 때에는 기효증과 이선경은 쓰지 않고 이항복에게서 들었다고 하였습니다. 이항복이 말하기를 '정철이 스스로 말하여 나도 들었는데, 이제 내 이름을 써 넣으니 참으로 민망하다.' 하였습니다.

'이 글은 지금은 그 글자의 자취도 없어졌지만 신(신잡을 말함)

은 분명히 그것을 보았기 때문에 아룁니다.' 하였다. 위의 글은『은
대일록』에 나온다."55)고 하였다.

제2절 중요 야사들의 분석

이희권 교수는『연려실기술』에 자주 인용된 야사들에 관하여 다
음과 같이 평가한다.

"『연려실기술』에 수록된 내용들은『선조수정실록』의 내용과 몇
군데 자구상의 차이를 제외하고는 거의 완벽하게 일치한다. 이들은
동일한 사료를 참고한 것이 분명하다.『연려실기술』의 참고 자료
는 주로『혼정록』,『일월록』,『조야기문』이다".56)고 하였다.

『혼정편록』과『토역일기』는『선조수정실록』보다 먼저 나왔고,『일
월록』과『조야기문』은『혼정록』과『선조수정실록』뒤에 나왔다.
이들은 모두 서인 편향의 책이다.『기축록』과『괘일록』에 관하여
는 그 항목에서 설명하겠다.

---

55) 이희권,『정여립이여 그대 정말 모반자였나』(전주, 신아출판사, 2006),『괘일록』p.153.
56) 이희권,『정여립이여 그대 정말 모반자였나』p.10.

1. 혼정편록(윤선거 찬, 이식 역), 기축기사(안방준)
(대동야승, 15 – 17권, 민족문화추진회, 1975)

[혼정편록]은 윤선거(尹宣擧: 1610 – 1669)가 인조 14년에 펴냈다. (안방준의 『은봉전서』에도 『혼정록』이 들어 있다). 그 내용은 모두 9권으로 구성되고, 선조 8년에서 인조 14년까지 62년간의 역사를 기록하였다.

저자인 윤선거는 사계 김장생과 김집 부자(父子)에게서 배웠고, 사계는 율곡의 제자이다. 우계 성혼은 윤선거의 외조부다. 윤선거는 병자년(인조 14년), 그의 어머니를 모시고 강화도로 피난하였다. 다음 해 강화도가 함락되어 중부 윤전과 그의 벗 권장순, 김익겸이 모두 전사하고 그의 부인 이 씨도 순절하였다. 그는 호란(胡亂)이 평정된 후 그가 화를 구차히 모면한 것을 참회하여 자신을 죄인으로 자처하고, 끝내 관직에 나가지 않았다. 그의 부친인 대사간 윤황은 병자호란 때 척화를 주장하였다.

이 책은 저자가 율곡 이이와 우계 성혼에 대한 배척을 변호하기 위하여 썼다. 한마디로 그들의 신구론(伸救論: 죄 없는 사람을 사실을 들어 변명함)에 관한 책이라고 해도 과언이 아니다.[57]

이 책에서 기축옥사에 관하여 중요한 근거가 될 수 있는 내용은 주로 안방준(安邦俊: 1573 – 1654)이 올린 상소이다. 그 내용은 『혼정록』 제5권에 있다.[58] 안방준은 보성 사람으로 그는 평생토록 포은 정몽주와 중봉 조헌을 사모하여 그의 호를 포은의 은(隱)자와

---

57) 윤선거 찬, 이식 역(李植 譯), 혼정록 해제, 『대동야승 17』(서울, 민족문화추진회, 1975), p.501. 참조

58) 혼정편록 제5권, 대동야승, 앞의 책, pp.309 – 366.

중봉의 봉(峰)자를 합쳐 은봉(隱峰)이라 자호(自號)[59]하였다.

안방준은 인조 14년 11월 24일 임금에게 소(疏)를 올렸는데 그 내용이 『혼정편록』에 자세히 실려 있다. 하지만 『인조실록』에는 그 내용이 없고, 그 4년 후의 기록에 다음과 같은 평이 있을 뿐이다. 즉

"전 찰방 안방준이 상소하여 시사를 극언하였는데, 말이 대부분 지나치게 직설적이었다. 소를 입계하자 머물러 두고 답하지 않았다. 임금이 다른 날에 여러 신하들에게 일렀다.

'안방준이 어떠한 사람인지는 모르겠으나 상소의 말을 보건대 사정에 어두운 자이다. 채용해 쓸 만한 말이 없으며 또 보고 듣기에 번잡할 것 같기에 머물러 두고 내리지 않았을 뿐이다.'"[60]고 하였다.

그 후 효종 때 안방준은 김육(金堉)이 주장한 대동법 실시의 폐단을 상소하였다. 그 내용은 『효종실록』에 기록되어 있다.

숙종조 유성룡의 손자인 유후상(柳後常)이 올린 상소를 보면 안방준의 당색(党色)을 짐작할 수 있다. 즉 유후상이 상소하기를,

"안방준은 바로 고(故) 상신 정철의 문도인데, 『기축위록(己丑僞錄)』을 짓기를, '최영경이 죽게 된 것은 실지로 선조(宣祖)의 신(臣) 유성룡이 주장한 것이다.' 하였습니다. 이에 성조(임금)께서 정철을 죄 주셨던 분부를 고치고, 선신(先臣: 유성룡)이 정승을 제배한 일자를, 진퇴(進退: 이발의 모친 살해 일자를 유성룡이 정승이 되어 들어온 후로 고침)하여, (그 책임이 정철이 아니라 유성룡에

---

59) 효종실록 13권, 효종 5년 11월 13일 2번째 기사.
60) 인조실록 40권, 인조 18년 5월 12일 2번째 기사.

게 있다고 하였음) 정철은 용서해 주고 선신(유성룡)에게는 모함을 가하려고 하였습니다.

정철을 위해 편을 드는 사람들이 그의 저서를 기쁘게 여겨 인출(印出)하여 중외에 배포하고 안방준의 사당을 세워 높이고 있으니 사림들의 통탄과 한이 어떠하겠습니까?" 하니 임금이 그의 말을 받아들여, 안방준의 사우(祠宇)를 헐도록 명하였다.[61]

한마디로, 『혼정편록』은 서인인 윤선거가 찬집하였고, 그중에 서인 중의 극론(極論: 지나치게 심한 주장)을 폈던 안방준의 상소가 그 책 속에 소개되어 있다. 이식은 이들의 내용에 관하여 '해제'를 쓰고 그 무렵에 『선조수정실록』을 편찬한 것이다. 기축옥사에 관한 편견과 관련하여 유념할 부분이다.

참고로 최근 다시 거론되고 있는 율곡 이이의 '10만 양병설'에 관하여 우암 송시열은 안방준의 『임진기사』를 보고 이를 윤색하여 그동안의 이론을 더욱 구체화(즉 허구화)하였다.

『효종실록』에서는 안방준을 다음과 같이 평하였다.

> "안방준은 성품이 꿋꿋하고 절의를 숭상하였다. 세상일에 관심이 없었으나 여러 차례의 항소(抗疏)에 거리낌이 없는 선비였다. 그의 저술로 『혼정록』과 『항의신편』이 있다"[62]고 하였다.

『혼정록』에 대한 필자의 의견

조선조 사대부들은 그들이 지향하는 유교사회의 전통을 유지해 나가기 위하여 그 구심점이 될 수 있는 상징적 존재가 필요했다.

---

61) 숙종실록 24권, 숙종 18년 4월 14일 1번째 기사.
62) 효종실록 13권, 효종 5년 11월 13일 2번째 기사.

이들은 만인이 존숭하고 우러러 받들 수 있는 완벽한 스승으로서 학덕을 겸비한 현자(賢者)이어야 한다.

유자(儒者)들은 바로 그 어른의 문도(門徒)요 제자라는 것 자체만으로 만족하고 이에 대한 무한한 긍지와 자부심을 갖고 있다. 따라서 그들은 가능하면 스승을 미화하고 이상화(理想化)하는 것이 제자로서의 도리이고 책무이기도 하다. 공자 사당에 배향된 18현은 바로 그 이상화된 분들이다.

스승을 평(評)함에 있어서는 될수록 그 허물을 덮는 것이 미덕이며 구태여 사실을 밝힐 필요도 없고, 오히려 밝혀서 죄가 될 수 있다. 이런 현상은 동인이나 서인의 구별이 없다.

예를 들어, 이언적(李彦迪)은 현자로서 추앙받고 있지만, 그는 을사사화 때 추관으로, 척신 간 목숨을 건 정쟁의 한 복판에서 활약하여 공신의 록에 오른 일이 있다. 하지만 '이언적의 졸기'를 보면 다음과 같이 기록되어 있다.

"이언적은 김안로에게 미움받아 파직되었고, 인종이 승하하자 곧 을사사화가 일어나 파직을 당하여 고향으로 돌아간 지 2년 후 강계로 귀양 갔다."[63] 하였다.

당시 이언적이 파직된 것은 자신의 과실에 의한 것이었으며 김안로의 미움을 받았다는 말은 그 어휘 자체가 무책임한 표현이다.[64]

그리고 이언적은 을사사화 때 활약하여 공신이 된 후, 다른 일(양재역 사건)로 유배되어 병사하였다.

---

63) 명종실록 15권, 명종 8년 11월 30일 3번째. '이언적의 졸기' 참조.
64) 김재영, 『중종을 움직인 사람들』(서울, 한국학술정보, 2008), 이언적 편 참조.

안방준이 쓴 『은봉전서』가 최근 번역, 출판되었다. 그 내용 중에는 『시(詩)』, 『소(疎)』, 『서(書)』, 『묘문』, 『기축기사』, 『임진기사』, 기타 『기사』, 『제문』, 『잡문』 『부록』, 『속집』 등 권 10까지 실려 있다.[65] 특히 안방준의 『기축기사』에 나오는 이이의 '10만 양병설'은 그 내용이 너무 과장되어 있다. 이러한 과장된 표현들을 단지 스승을 미화하는 문도들의 도리로 보기에는 그 내용이 역사적 사실과 차이가 있다는 데 문제가 있다.

2. 일월록(日月錄: 춘파당 이성령 찬)

이성령(李星齡: 1632 - ?)은 인조 10년생이니, 그가 책을 쓴 시기는 적어도 『선조수정실록』을 전담하여 쓴 이식(1584 - 1647)이 죽은 뒤의 일이다.

이성령은 한산 이씨로 목은 이색(李穡: 1328 - 1396)의 12세손이다. 이색은 세 아들을 두었는데, 장남 종덕(種德)의 11세손이 이성령이고, 삼남 종선(種善)의 7세손이 이산해다.

이성령의 할아버지 이현영(李顯英: 1573 - 1642)은 인조반정 후 대사헌, 이조판서를 지냈다. 그의 사촌인 이문영(李文英)은 서애 유성룡의 사위이다. 인조 2년 이현영이 대사간의 직에 올랐을 때 이식은 사간직을, 윤순지(尹順之)는 정언직을 제수 받았다.[66]

이현영은 정철을 추존하였다. 『선조수정실록』은 그런 관계로 『선조실록』의 그에 대한 평가를 다시 썼다. 즉

---

65) 안방준, 안동교 역주 『은봉전서(1)』 (서울, 신조사, 2002).
66) 인조실록 6권, 인조 2년 7월 12일 1번째 기사.

『선조실록』,

"이현영은 성품이 본래 어둡고 간사한 자로서 악독한 정철을 추종하였다.

모든 계사도 제 손으로 지을 수가 없어서 족속인 박동량과 박동설의 손을 빌렸다."[67]

『선조수정실록』,

"이현영을 정언으로 삼았다. 『선조실록』을 살펴보면 '성품이 본래 음흉하고 사특하여, 악독한 정철을 추앙하여 존경하였으며, 계사조차 모두 스스로 짓지 못하고 반드시 그 일족인 박동량 형제의 손을 빌렸다.' 하였으니, 어찌 이처럼 무함했는가. 현영은 이색의 후손으로 사람됨이 온아하고 간묵하며 문장이 뛰어나 세상에서 추앙을 받았는데, 이처럼 비방하였으니 참으로 괴이한 일이다. 또 정철을 걸핏하면 독하다는 말로 부르는 것은, 전적으로 그를 시기하는 마음에서 나온 것이지만, 그를 추앙하여 존경한 것으로써 현영의 죄를 삼았으니, 아, 너무한 것이다."[68] 하였다.

이성령의 아버지 이기조(李基祚)는 이덕형의 손녀사위이다.

이성령의 처증조부는 서인 중진인 윤두수(尹斗壽: 1533 - 1601, 영의정)이고, 처조모는 서인 영수 심의겸의 딸이다. 앞에 나온 윤순지는 이성령의 처백부이며 박동열의 사위다.

우리네 속담에, '그 아버지에 그 아들'이란 말이 있다.

이성령이 위의 성장 배경에서 어떤 성향의 글을 썼으리라는 것은 예측하기 쉬운 일이다.

---

67) 선조실록 132권, 선조 33년 12월 30일 6번째 기사.
68) 선수 34권, 선조 33년 12월 22일 2번째 기사.

3. 조야기문(朝野記聞 : 서문중 찬)

『조야기문』은 『일월록』과 비슷한 시기에 썼다.

서문중(徐文重: 1634－1709)은 약봉 서성(徐渻)의 증손자로, 그의 고모가 인목대비의 올케(연흥부원군 김제남의 둘째 며느리)이다.

『선조수정실록』을 보면,

"언젠가 '정철이 최영경을 죽인 일'에 대하여 (논자들이 정철을 지목하여) 말하자, 종사관 서성(徐渻)이 그렇지 않다고 극력 변론하니, 유성룡이, '그대의 말이 옳지 않겠는가.'고 말한 일이 있다."[69]

또 『선조실록』에 관하여, 계해년(인조 1년) 반정 초에 이수광 등이 수정하기를 청하여 왕의 윤허를 받았고, 이듬해 봄에 상신 윤방과 재신 서성 등이 연달아 거듭 청하여 모두 속히 거행하도록 윤허를 받은 일이 있다.[70]고 하였다.

이성령과 서문중은 인조반정 이후에 태어나, 『혼정록』이나 기타 2차 자료를 근거로 집필했으리라 생각한다.

이들은 모두 서인 전통의 가문에서 태어났고, 특히 정철을 옹호하고 이식의 '『선조실록』 불신'을 공감하는 선대의 경험을 이어받고 있는 사람들이다.

4. 괘일록

『괘일록』의 작자(作者) 이름은 전하지 않으나 바로 기묘명현인 사간 이홍간의 손자, 이조민(李肇敏)이다.[71]고 한다.

---

69) 선수 27권, 선조 26년 12월 1일 4번째 기사, 전 인성 부원군 정철의 졸기
70) 선수 42권 부록 3번째 기사. 『선조실록』 수정에 관한 이식의 상소

『괘일록』은 대개 중종 중반에서 광해군 초에 이르는 시기에 일어난 사건과 인물들을 중심으로 썼다. 중종 대에는 김안로의 일을 간단이 적었다. 명종 초에는 대윤과 소윤, 선조조에는 동·서 분당의 내력과 그 책임을, 그리고 기축사화에 관하여 가장 심도 있게 언급하였다.

이조민은 용인 이씨로, 당초 원계성(元繼誠)의 사위였다. 아마도 중간에 그 아내를 잃었던 것 같다. 그때 윤원형은 이조민의 사촌 동서인 정유길을 통하여 끊임없이 구혼을 하였다.(정유길은 원계채의 데릴사위로 이량에게 아첨한 자이다.[72] 그리고 그의 사위가 광해군의 장인 유자신이다)

윤원형은 그의 청이 거절되자, 크게 노하여 이조민의 부친을 협박하였다. 결국 이조민은 자신의 희생으로 집안을 구하자고 결심하여 그의 사위가 되었다.[73]

이조민은 심의겸, 김효원과 가까운 사이였다.

심의겸은 명종의 처남이고, 이조민은 명종의 외종 남매가 된다. 그러니 이 두 사람은 사돈이면서 왕과 가까운 인척으로 특별한 관계에 있다.

또 김효원의 장인이 이조민의 장인인 윤원형과 절친한 친구이다. 윤원형이 김효원을 특별히 불러서 그 아들 윤 모(尹某)와 함께 기거하도록 하였다.[74] 이곳에서 김효원과 이조민 두 사람은 또한 특

71) 패림(稗林) 제5집 (서울, 탐구당, 1969) 괘일록 편. 이희권, 『정여립이여 그대 정말 모반자였나』(전북 전주, 신아출판사, 2006), pp.94 – 263. 참조.

72) 명종실록 28권, 명종 17년 7월 14일 1번째 기사. 명종실록 33권, 명종 21년 7월 17일 3번째 기사 참조.

73) 심노숭 편, 대동패림 6권(서울, 국학자료원, 1991), p.421. 정유길(명신록), 괘일록. 이희권, 앞의 책, p.164.

별한 사이가 되었다.

『괘일록』을 번역한 이희권[75]교수는 이 책 내용의 공정성을 강조하면서 그 이유로 다음 몇 가지를 들고 있다.

첫째, 이조민은 윤원형의 협박에 굴복하여 그의 사위가 된 후 스스로 폐인처럼 살면서 관직에 나가지 않았고, 또 동·서 분당에도 들지 않았다.

둘째, 그동안 정치적으로 크고 작은 사건을 정리하는 과정에서 (그 과정의 일환으로) 정여립 사건을 기술하였으므로 그에 관한 어떤 정치적 의도나 목적이 개재됨이 없다. 또한 그 책 내용을 보면, 자신의 소견보다 세인들의 인식을 객관적으로 서술하는 방식을 취하고 있다.

셋째, 자신의 장인인 윤원형뿐 아니라 그 일당인 이기, 임백령, 정순붕 등이 사림(士林)들을 도륙한 죄과를 논한 것만 보아도 공정성을 인정할 만하다.[76] 하였다.

물론, 이조민은 『괘일록』에서 윤원형뿐 아니라, 그의 장모인 문정왕후의 죄까지도 들추어내어 강하게 질타하였다. 그 한 예를 들면, 즉

"문정왕후는 (후에 인종이 된 세자를) 조금도 보호할 마음이 없었을 뿐 아니라 그를 저주까지 하였다. 그 일이 발각되자 이를 경빈 박씨 모자(복성군)의 탓으로 덮어 씌워 사약을 내려 그들을 죽였다. 사람들이 모두 이를 원통히 여겼다.

---

74) 괘일록, 이희권, 앞의 책, p.122.

75) 이희권 명예교수(전북대학교)는 '정여립 연구'의 전문가로 최근 그에 관한 저서를 두 권이나 출판하였다.

76) 위의 책, pp.97 - 98.

명종 20년 문정왕후가 승하하자 심의겸이 대사간 박순과 상의하여 윤원형의 죄를 물어 몰아냈다. 윤원형이 하나의 곤궁한 도적이 된지라 집집마다 모두 그의 살을 도려 먹고자 하였으므로, 몰래 여자용 수레에 숨어 타고 강음(경기도 강화군)에 가서 자살했다."77) 하였다.

『괘일록』에 대한 필자의 의견

아무리 사가(史家)가 역사를 공정하게 다룬다 해도 그가 살아온 생활 배경과 당시 권력구조의 상황조건을 벗어나기는 어렵다. 또 역사 서술의 편의상 사실의 취사선택은 부득이하다. 이런 일 등으로 어느 글을 보아도 작가의 환경과 그에 의하여 사회화된 가치의식이 글의 흐름을 주도하리라는 것은 당연하다고 본다. 이조민의 글 내용에서도 물론 이런 한계를 벗어나지 못한 구절들이 왕왕 있다. 그 실례를 열거하면 다음과 같다.

첫째, 이조민의 생활 배경과 관련하여, 이조민이 자신의 장인 남매(문정왕후와 윤원형)의 죄를 논한 것은, 어느 면에서 『괘일록』의 공정성을 위하여 부득이하다 할 수 있다. 이미 들어난 사실을 공개하는 것은 당연한 일이다. 오히려 이를 은폐하여 오해를 불러일으킬 우려가 더 크기 때문이다.

하지만 그는 당시 사화와 살육의 중심에 있었던 정난정(이조민의 장모)의 일이나, 문정왕후 남매의 가장 가공할 죄라 할 수 있는 '동궁화재 사건'도 침묵하였다. 그러면서도 김안로의 간사함을 구태여 기록하여 윤원형 남매를 두둔하였다.

---

77) 위의 책, p.100, p.120.

김안로가 제거된 것은 (괘일록에서 말한 바) '장차 사류들에게 화가 밀어닥칠 형세'이므로, 임금이 밀지를 내린 것이 아니다. 윤원형 남매가 인종을 제거하기 전에 우선 그의 유일한 보호자였던 김안로를 제거하였고, 문정왕후의 (거짓으로 흘린) 눈물 바람으로 갑자기 왕이 밀지를 내려 그를 살해한 것이다.[78]

김안로가 잡혀 들어가던 중종 32년 10월 23일, 양연 등은 윤원형 형제의 단죄를 끈질기게 요구하고 있었다. 그러다가 왕의 밀지 (실은 윤원형 남매의 무함)를 받고 (양연은) 태도를 일변하여 김안로의 유배, 사사를 상소하였다. 이 일은 윤원형 형제와 그 가족들이 가장 정확하게 알고 있는 일일 것이다.[79] 또 윤원형이 그의 형과 그 일당을 죽인 일(소윤의 대윤 살육)에 관하여도 이조민은 다음과 같은 몇 가지 예를 들어 그의 입장을 변명하였다. 즉

"윤원로는 요사스럽고 망령되어 음관으로서 그의 아우 원형과 정권을 다투면서, 무도한 말을 많이 하여 그로써 화를 자초하였다. 사람들이 윤원형이 그의 형을 죽인 것이 아니라 실은 윤춘년이 숙부를 죽인 것이라 하였다. 윤춘년은 지위가 판서에 이르렀으며 성격이 교활하고 사악하였다."

"윤원형은 자신의 부귀가 이미 극에 이르렀으니 정권에 참여하지 말아야 한다고 스스로 생각하고 그 승부(대, 소윤의 싸움)를 대수롭지 않게 보면서 말하기를, '모두 내 집안사람들인데 어찌 그 사이에서 어느 편을 택하고 버리고 할 것인가. 선비들의 기풍이 날로 더욱 경박하여지는 것은 서로 법을 고수하지 않는 까닭이

---

78) 김재영, 『중종을 움직인 사람들』(경기 파주, 한국학술정보, 2008), 제4장 김안로 편
79) 위의 책, 제4장

다.'"[80]고 하였다. 사람들이 '윤원형의 살을 도려 먹고자 하였다'고 하는 말에 대한 변명이다.

둘째, 사실의 취사선택과 관련하여,

그 예로 명종 4년 '이홍윤의 옥사'와 '이언적과 이이'에 대한 사례를 들 수 있다.

사례 1. 이홍윤의 옥사

사건의 전말

이홍윤의 아버지 이약빙은 윤임의 인척(이약빙의 아들 이홍윤이 윤임의 사위다)이라는 이유로 명종 2년 양재역 벽서 사건 때 사사되었는데, 그의 형 이홍남도 그 사건에 연좌되어 영월에 귀양 가 있었다.

이홍윤이 그의 아버지의 이장(移葬) 일을 주관하면서 새 묘지를 정한 뒤 형 홍남에게 편지를 하였다. 즉 '(이 묘지는) 왕후와 장상이 나올 만한 자리입니다. 연산조의 살인이 갑자, 을축년에 그 극에 달하였고 드디어 병인년에 화(중종반정을 말함)가 있었으니 지금의 임금(명종) 또한 어찌 능히 오래 다스릴 수 있겠습니까.' 하였다.

이홍남은 자기 아우의 편지를 봉하여 정유길, 원호변에게 보냈고 이들은 곧바로 이 봉서를 올려 고변하였다. 그리고 우승지 원계겸도 이에 동참하였다. 이 옥사에 연루되어 주륙당하거나 귀양 간 자가 무려 40-50인에 달하였고 충주 전체가 텅 빌 정도로 많은 사람이 희생되었다. 이 일은 모두 이홍남이 꾸며낸 일이었다.[81]

---

80) 『괘일록』 이희권, 앞의 책, p.107, p.117.
81) 명종실록 9권, 명종 4년 4월 18일 1번째 기사.

그리고 그 다음 해 경술년에 이홍남은 유신현감 이치와 충청감사 이해(이황의 형)의 없는 죄를 꾸며 고변하였다. 이치는 곤장을 맞다가 죽었고 이해는 유배 가던 도중에 죽었다. 이 사건도 원호변과 원계겸을 통하여 이기와 송세형에게 부탁하여 발론케 하였다.[82]

정유길과 이홍남은 동서간이고 이들의 처남이 원호변이며 원계겸은 처숙부이다. 그리고 이조민의 본처가 이들(정유길, 원호변)과 사촌간이다.

『괘일록』의 내용을 보면, 이조민(괘일록의 저자인)은 이 사건을 기록하면서 이홍윤을 연성(김안로의 아들)의 사위라 했고(사실은 윤임의 사위다), 정유길은 (본의 아니게) 부득이 (고변장을) 승정원에 올렸다고 변명하였다.[83]

이 사건에 관하여, 이조민은 원씨들(원호변과 원계겸)의 이름은 모두 빼고, 경술년의 사건(이치와 이해의 옥사)은 아예 언급하지도 않았다.

사례 2. 이언적과 이이에 대한 평가

당시 사림의 추앙을 받고 있던 이언적과 이이에 관한 평가도 공평치 않다.

이언적은 '나라에 대한 걱정을 죽음에 이르러서도 잊지 않았다'고 칭송하면서 그가 을사사화 당시 추관으로 윤원형의 우익이 된

---

82) 명종실록 10권, 명종 5년 8월 10일 1번째 기사. 이홍남은 그의 어머니가 죽어 아직 빈소에 있으면서 자신이 고변해서 죽은 동생의 가산을 돌려달라고 (상복을 입고) 관부에 요구하였다. 이해가 이 일을 책망한 것이 죄가 되어 이홍남, 원호변의 덫에 걸린 것이다.

83) 이희권, 앞의 책, 괘일록 편, p.115, pp.223 - 225.

사실은 말하지 않았다.

반면 이이에 관하여는 그의 학문적 성취나 인품에 관하여는 언급하지 않고 다만 그의 잘못만을 지적하였다.

즉 '이이는 뜻은 컸으나 재주는 탐탁지 않아서[志大才疏] 제도를 개혁하지 못했다. 그가 차(箚)를 올려 스스로 밝히고 삼사를 헐뜯어 배척하므로 공론을 격렬케 하였다. 이에 공론이 분발하여 그를 공격하니 드디어 (병조판서의 자리를) 사직하였다.'고 하였다. 또 '이조판서가 되어서는 오로지 서인만을 등용하고 삼찬(허봉, 송응개 박근원 등, 이이를 탄핵하다가 유배된 사람들)의 원한을 풀고 치욕을 씻어 줄 생각이 조금도 없자 조야가 크게 실망하였다.'[84]고 하였다. 다음에 다시 논의하겠다.

셋째, 당시 권력 구조상의 흐름에 따라서, 그는 절대자인 군왕과 유도(儒道)의 수호자로서 사림의 입장을 중요시하였다. 그 구체적인 예로 이조민은 명종, 선조 대에 억울하게 희생된 사람들의 사연을 비교적 자세히 기술하였다.

이상 몇 가지 한계성에도 불구하고 이조민의 『쾌일록』은 다른 야사에 비하여 가장 신뢰성이 있다고 본다. 그 이유는 다음과 같다.

첫째, 그는 당시 권력을 제 마음껏 휘두르던 윤원형의 사위가 되었음에도, 이를 부끄럽게 여기고 한 평생 초야에서 살았다. 그가 관직에 나가지 않고 특히 동·서 어느 편에도 속하지 않는 점은 그의 글이 객관성을 유지할 수 있는 가장 기본적인 조건이다.

둘째, 그는 자신의 장인인 윤원형뿐 아니라 그의 우익들도 공론에 따라 비판하였다. 즉 천도(天道)가 신묘(神妙)하여 이기는 임금

---

84) 이희권 앞의 책 pp.126 - 127.

의 자리 앞에서 일을 아뢰다가 말을 마치기도 전에 갑자기 죽었고, 정언각(양재역 사건의 고변자)은 대궐에 들어가다가 말에서 떨어져 피를 토하고 죽었다. 임백령, 최연(崔演)은 중국에서 죽었고 정순붕도 그 뒤를 이었다고 하였다.[85]

셋째, 그는 주로 을사사화와 양재역 벽서사건, 기축옥사에서 희생된 사람들의 억울함과 동·서가 갈라진 일에 대한 책임을 논하였을 뿐, 어느 한쪽을 두둔하거나 폄하하려는 의도는 없는 듯하다.

앞서 열거한 야사들은 대개 서인 가문의 저자들이 쓴 책(조야기문의 서문중, 일월록의 이성령)과 서인 현자들에 대한 변명서로 쓴 책(혼정록)이다. 하지만 『괘일록』은 그러한 편견과는 무관하게 을사년에서 기축년에 이르는 동안 거듭된 사화와 옥사에 의하여 희생된 사람들의 억울함과 그 인품에 초점을 두고 쓴 글이다.

이희권 교수가 주장한 『괘일록』에 대한 평가도 바로 이러한 맥락에서 나온 것이라고 생각한다.

5. 기축록

『기축록』은 『기축옥안』과 『기축록 상』, 『기축록 하』, 『기축록 속집』등의 이름으로 전해지고 있다.[86]

『대동야승 4권』의 내용 중에 실려 있는 박용서의 『기축록』 해제에 의하면,

『기축록』은 황혁이 쓴 것으로, 이수광, 허욱의 일기와 정개청,

---

85) 이희권, 앞의 책, 『괘일록』 편, pp.116-117.
86) 『대동야승 권 4』(서울, 민족문화추진회, 1971)

최영경의 문인들이 쓴 기록을 발췌한 것이다. 하지만 그 내용 중에는 황혁이 죽은 뒤에 쓴 기록도 있어 과연 그가 저자인지 확실치 않다고 한다. 또 다른 『대동야승』에 의하면, 『기축록 상』은 저자가 표시되어 있지 않고, 『기축록 하』의 저자로 황혁을 명기하였다.[87] 그 외에 『패림』에 소개된 『기축옥안』이 있다.[88] 황혁은 황희의 8세손이며 황정욱의 아들이다.

그의 며느리는 남언경(정여립에게 분군의 책임을 주었던 전주부윤)의 딸이고, 사위 중에는 순화군(선조의 6남)과 홍서봉(홍성민의 조카)이 있다. 남언경, 홍서봉, 홍성민은 모두 서인이다.

『선조실록』에 나오는 글 중 황혁에 관련된 내용을 몇 구절 소개하면 다음과 같다. 즉 양사가 아뢰기를,

"병조판서 황정욱, 우승지 황혁, 좌승지 유근, 호조판서 윤두수 등은 정철에게 붙어 그의 당이 되어 사림을 해쳤습니다." 하고 파직하기를 청하니,

상이 이르기를,

"황정욱과 황혁의 일은 풍문일 뿐 사실일 수 없다. 윤허하지 않는다." 하였는데 뒤에 모두 윤허하였다.[89] 그 후 양사가 아뢰기를,

"홍성민, 이해수, 윤두수, 황혁 등은 정철에게 붙어 (그의) 당이 되어 간악한 짓을 하였으니 그 죄가 백유함의 무리보다 더 큽니다. 멀리 찬축하도록 명하소서." 하니, 왕이 "황혁은 삭탈관직 하여 문외 출송하라."[90] 하였다.

---

87) 윤백남 편, 『대동야승』(경성부, 조선야사전집, 1934)
88) 홍석우 편 『패림, 제5집』(서울, 탐구당, 1969) 기축옥안이 황혁의 『기축록』이라는 설도 있다.
89) 선조실록 25권, 선조 24년 7월 2일 1번째 기사.
90) 선조실록 25권, 선조 24년 8월 8일 1번째 기사.

그 후 임진왜란이 발발하여 황정욱과 황혁 부자는 큰 수난을 당하였다. 그들 부자가 임해군과 순화군을 모시고 북도로 갔는데, 회령에 이르러 토민, 국경인 등이 모반하여 왕자와 대신들이 적에게 항복하였다.[91] 이들 불행은 계속되어 광해군조에 들어서서 신율(申慄: 평산 신씨 신점의 손자, 신순일의 아들) 집안과의 감정 대립으로 결국 세 차례의 형신을 받고 죽었다.[92] 신순일은 이이첨의 중표숙(외숙)으로 서로 가까이 지냈기 때문에 이이첨이 모의를 주관하여 결국 황혁이 죽었다.[93]

황혁 부자에 관하여 『괘일록』은 다음과 같은 글을 썼다.

'황정욱은 정철의 명성과 위세에 의지하는 자이고, 황혁은 정철의 앞잡이다.

황혁은 임진왜란 때 아버지 황정욱과 함께 순화군(황혁의 사위이며 선조의 6남)을 보좌하고 북도에 피난했다. 그는 지나는 곳마다 살육을 많이 하고, 마을을 불태우는 것이 오히려 왜적보다 심하였다. 이에 북도 사람들이 참다못해 왕자와 황정욱 부자를 결박하여 왜적에게 바치고 투항했다. 황혁은 그 인물됨이 시정(時政)에 대한 공정한 논의에서 제외된 지 오래였다.'[94] 하였다. 황혁의 인물됨을 보여 주는 일면이다.

『기축록』에 관하여 허목(許穆: 1595 ─ 1682)이 쓴 『미수기언』에 다음과 같은 글이 있다.

'슬프다, 기축옥사 때에 유림학사들의 원통함을 어찌 다 말할 수

---

91) 선조실록 36권, 선조 26년 3월 11일 2번째
92) 광해군일기 52권, 광해 4년 4월 13일 8번째 기사.
93) 광해군일기 51권, 광해 4년 3월 18일 7번째 기사.
94) 이희권, 앞의 책, pp.153 ─ 154.

있겠는가. 최영경과 정개청, 이 두 어진 이는 모두 화를 면하지 못하였다. 백사 이상국(李相國: 李恒福)이 『기축록』을 지어 원통한 옥사를 상세히 말하였다. 그런데 저들(서인들을 말함)은 이를 골칫거리로 여겨 진주본(晉州本)인 개간(改刊)된 『백사문집』에서 『기축록』을 빼고 위작(僞作)으로 보충하여 그 자취를 없애 버렸다. 그들의 마음으로는 귀신이라도 속일 수 있고 백세(百世)에까지 속일 수 있다고 생각하였겠지만 이러한 이치는 없다.

인심도, 귀신도, 필부(匹夫)도 속일 수 없는데 백세(百世)의 공론(公論)을 속일 수 있을까.'[95] 하였다.

6. 『토역일기』

『토역일기』는 정여립을 토벌한 공로로 정난공신 2등에 책록된 민인백(閔仁伯: 1552 - 1626)이 썼다. 진안현감 민인백은 정여립 사건의 산 증인으로 정여립 모반을 입증한 장본인이다. 그는 아마도 이 『토역일기』를 통하여 정여립 사건을 반역으로 꾸미는 데 최선을 다했으리라고 생각된다.[96]

이식(李植: 1584 - 1647)은 이 『토역일기』를 참고하여 『선조수정실록』을 썼음에 틀림없다. 그런데 『토역일기』의 내용 중에는 너무 과장된 표현이 있고, 또 『선조수정실록』과 다른 글들이 많아, 두 기록 중 어느 것이 사실인지 의문이 된다.

몇 개 사례만 열거하면 다음과 같다.

---

95) 허목, 『미수기언 2』(서울, 민족문화추진회, 1979), p.192.
96) 출처 『(苔泉集) 이희권 앞의 책, pp.165 - 262.

과장되었거나 잘못된 『토역일기』의 내용

① '민인백이 즉시 관속을 거느리고 정여립의 죽도 서당을 가보니, 백미 200여 석과 찧지 않은 잡곡 100여 석을 빈방과 다락 위에 쌓아 두고 있었다.'고 하였다.(당시 음력 10월에 백미 200여 석을 이미 탈곡, 정미하여 쌓아 두었다는 것은 평야지대 웬만한 부자 집에서도 가능하지 않다)

② '유성룡이 위관이 되어 정언신, 백유양, 이발, 이길, 조대중, 유덕수, 정개청이 혹은 죄인의 진술에 관련되어 혹은 상소문 때문에 모두 죽었다.'고 하였다.(이들은 정철이 위관으로 있을 때 모두 귀양 가 죽었다)

③ '이들(앞서 말한 정언신 등)은 정집의 공초와 정여립의 집문서에서 나온 것 때문에 귀양 갔다'고 하였다.(양천회, 정암수, 선홍복의 상소와 공초가 더 큰 단서가 되었는데 그 내용은 『토역일기』에 없다. 이들의 상소는 정철이 사주한 것이라는 증거가 있다.)

『선조수정실록』과 다른 내용

① 『토역일기』에서는, '정여립이 진안의 서면(西面) 다복동에서 자결했다.'고 하였다.(『선조수정실록』은 진안 죽도 근처라고 했다)

② 『토역일기』에서는 민인백이 정여립을 크게 꾸짖어 말했다고 하였다.(『선조수정실록』은 조용히 타일렀다고 하였다) 다음 항목에서 구체적으로 설명하겠다.

③ 『토역일기』에서 정개청에 관하여,

'정개청은 승려이고 곡성 사람이다. 그의 배절의론에서 한편의 시를 지었다. 그 가운데, '충신은 두 임금을 섬기지 않으며 열녀는

두 남편을 두지 않는다.' 하였다. 이는 왕촉의 우연한 말이고, 성인들의 공통된 이론은 아니다. 이윤(伊尹)이 말하기를 '누구를 섬긴들 임금이 아니며 누구를 부린들 백성이 아니랴 하였으니 이것이 바로 공통된 성인들의 이론이라는 말이 있었다. 당시 사람들은 이 주장이 역적 정개청이 지은 것이라고 생각하였으므로 이 때문에 그는 곤장을 받고 죽었다.'고 하였다.(『선조수정실록』에는 이런 비슷한 내용이 정여립이 평소 말한 것으로 기술되었다)

④ 『토역일기』에서, '민인백이 주상 앞에 나아가 묻는 말에 대답하기를,

'작년(선조 22년) 3월에 정여립이 병조좌랑으로, 병조의 노비들을 대동하고 죽도 서당에 가는 길에 진안현에 들려 신(민인백)과 같이 식사를 대접하였습니다.' 하였다.(『선조수정실록』에서는 정여립이 이이를 '나라를 망친 소인'이라고 말한 뒤 조정에서 물러나 다시 관직에 나가지 못한 것으로 되어 있다. 그때가 선조 18년이다)

위의 여러 기록들의 내용으로 보아 『토역일기』는 당시의 정황에 따라 그 해석을 신중하게 해야 할 필요가 있다고 생각한다.

7. 동소만록, 아아록, 부계기문 등

『동소만록』은 남하정(1678 – 1751)이 1740년 후반, 붕당에 대하여 썼다. 남하정은 남지(南智)의 11세손으로 그의 처가가 목래선, 목창명과 가까운 집안이다.(목래선과는 처당숙질간이고 목창명과는 6촌간이다. 성호 이익은 목창명의 매부이다.) 하지만 처조부 목장흠은 광해조 대에 이이첨, 정인홍을 반대하고 인조반정 후 등용되

어 벼슬을 지냈다.

남하정은 그의 동생 남하행(1697 – 1781)과 함께 산림처사로 살았다. 그는 성호 이익의 친구로 그의 경세치용의 학을 강론했다. 당색으로는 남인에 가깝다. 그는 당시 세력을 잃은 남인에게 명분을 주고 결속을 강화하고자 했다.

『아아록』은 영조 때 남기재가 당쟁, 사화, 왜란, 호란의 전말을 기록한 책이다. 그는 노론계 학파에 속하였다. 이 책은 상, 하권으로 되어 있다. 상권은 용문문답이라는 제목으로 당론을, 하권은 사화라는 제목으로 사화와 임진, 병자호란의 내막을 기록하였다.[97]

『부계기문』은 김시양이 썼다. 김시양은 광해조 때 전라도사를 지냈는데, 시험을 주관하면서 그 논제(論題)가 문제가 되어 귀양을 갔다. 인조반정 후에 청현직을 두루 거쳤다.[98]

8. 연려실기술

정조 때 소론인 이긍익(1736-1806)이 엮음, 원집 20권 별집 8권으로 구성되었다. 위에서 언급하였다.

---

97) 이홍직 편 『국사대사전』(서울, 삼영출판사, 1984), p.870.
98) 인조실록 44권, 인조 21년 5월 13일 2번째 기사.

제3절 『선조실록』, 『선조수정실록』과 야사들에 대한 평

앞에서 언급한 내용들을 요약하면,

1. 『선조실록』은 광해군 원년, 춘추관 교지를 받들어 영사, 감사, 지사, 동지사, 편수관, 기사관 등 116명의 인원이 7년간에 걸쳐서 완성하였다. 원고는 사관이 임금 앞에서 직접 기록한 수초(手草)에 의하여 작성하였다.

실록을 총재한 기자헌은 이괄의 난 때 죄 없이 죽었으며 선조, 광해군 양대에 걸쳐 나름대로 왕의 신임을 받았던 명신이었다. 선조 대에는 13차례나 사직 상소를 올린 일이 있었고, 국모를 폐하는 일에 끝까지 동조하지 않다가 유배되었다.

반정 세력 측에서는 그가 계축옥사(연흥 부원군 김제남과 영창대군을 죽인 옥사) 때 앞장섰고, 이이첨이 지사가 되어 『실록』 편성에 영향을 미친 것은 『선조실록』의 공정성에 큰 결함이라고 했다.

하지만 이들은 선조 22년 기축옥사의 당사자가 아니기 때문에 광해조 대의 일을 『선조실록』의 편찬에까지 소급해서 평가하는 것은 무리라고 생각한다.

2. 『선조수정실록』은 『선조실록』이 완성되고 27년이 지난 후에 이식이 썼다. 『선조수정실록』의 자료는 개인의 사저에서 나온 '시정기'나 일기 그리고 야사 등 2차 자료를 참고로 썼다.

『선조수정실록』은 이식(李植), 한 사람의 판단을 주로 하여 4년 간에 걸쳐 완성했다. 특히 『선조수정실록』에서 보충한 내용들은 개인 행장이나 야사를 인용한 것이 많다. 이식은 간흉들(기자헌과 이이첨 등)이 『선조실록』을 주재했다는 것을 실록수정의 명분으로 내세웠다. 하지만 앞서 언급했듯이 이들이 비록 광해군에게 아첨했던 간흉이라 해도 선조 대의 기축옥사와는 무관하다.

『선조수정실록』을 보면, 그 내용들이 기축옥사 당시 억울하게 죽어간 수많은 생명보다, 오히려 이들을 죽인 소수 가해자들을 옹호하고 정당화한 글에 불과하다.

따라서 정사(正史)로서 『선조실록』과 그 수정본으로서 『선조수정실록』 양자를 비교해 보면 단연 전자에 신뢰의 비중을 두어야 한다고 생각한다.

3. 『연려실기술』과 『대동야승』, 『대동패림』 등에 소개된 대표적인 야사는, 『혼정편록』, 『일월록』, 『조야기문』, 『괘일록』, 『토역일기』, 『기축록』, 『기축기사』, 『동소만록』, 『아아록』, 『부계기문』 등이다.

『괘일록』과 『토역일기』는 기축옥사를 직접 겪은 자가 쓴 책이다. 『혼정편록』은 인조 14년 저자가 (정철을 옹호한) 이이와 성혼에 대한 배척을 변명하기 위하여 쓴 글이라고 『선조수정실록』을 편성한 이식 스스로가 (그 해제에서) 밝히고 있다. 이 책 속에는 안방준의 상소문이 들어 있다. 안방준은 『기축기사』와 『임진기사』를 서인의 입장에서 썼다. 『혼정록』은 『선조수정실록』보다 앞서 나온 책으로 이식이 가장 많이 참고한 책이라고 생각한다.

『일월록』과 『조야기문』의 저자인 이성령과 서문중은 모두 인조반정 이후에 태어났다. 이들은 서인 가문에서 자라나 대체로 서인 집권 시기에 글을 썼다. 이들 책이 나온 시기는 (저자들의 연령으로 보아) 17세기 후반 효종 혹은 현종 대로 추측된다.

『동소만록』은 숙종 대에 남인의 입장에서 쓴 글이고, 그외의 책들은 모두 서인 편향의 책이다. 다만『쾌일록』만은 기축옥사를 직접 경험한 저자가 주로 서인들에 의하여 희생된 사람들의 입장에서 쓴 글이라 할 수 있다.

제4절 이이의 10만 양병설

이이의 10만 양병설은『선조수정실록』에 실려 있다.

그 내용은 김장생의『율곡행장』과 안방준의『임진기사』가 나온 뒤에 쓴 기사로『선조수정실록』의 집필자인 이식이 스스로 전해들은 것이라 했다.

다음에서 이들 세 자료의 내용들을 소개하고 이를 해석, 평가하겠다.

1.『선조수정실록』의 내용

1)『선조수정실록』

선조 15년 9월에 이이는 시폐의 개정을 논한 상소문을 올렸다. 즉 "위망의 형상(僞妄의 形狀: 거짓되고 망령된 형세)에 대해 신은 주벌(誅罰: 죄에 대한 벌)을 무릅쓰고 그 대체적인 것을 아뢰겠습니다.

세상 다스리는 도(道)는 시속(時俗: 그 시대의 풍속, 관행)을 따르는 데서 나빠지고, 공적(功績)은 작록(爵祿)만 탐내는 자를 먹여주는 데서 무너지고, 정사(政事)는 부의(浮議: 근거 없는 뜬 논의)를 일으키는 데서 이루어지고, 백성들은 오랫동안 쌓인 폐단(弊端)으로 곤궁해지는 것인데 이 네 가지가 큰 항목입니다.

이런 폐습을 극복하기 위하여 임금이 올바르게 처신하고, 폐정(弊政: 악폐의 정치)을 개혁(改革)해야 하며 인재를 제대로 활용해야 합니다. 전하께서는 신의 계책을 채용하여 인재를 얻어 정사를 맡겨 기강을 바로잡고 폐단을 개혁시키는 데 있어 세상의 흐름이나 뜬 논의에 저지, 동요되지 마소서, 3년간 이와 같이 하였는데도 세상의 도가 회복되지 않는다면 신에게 기망한 죄를 내리소서." 하였다.(율곡은 그 후 꼭 1년 3개월을 살았다)

왕이 이 글을 입시한 신하들에게 보이면서,

"우찬성(율곡)이 전부터 이런 논의를 해왔는데 나는 매우 어렵다고 본다. 모르겠다만 경장(更張: 개혁)시키는 것이 어떠하겠는가." 하였다.

누구도 대답하지 않았는데 홍가신(洪可臣)이 이에 찬성하였다. 부제학 유성룡이 이 말을 듣고, 이튿날 차자를 올려 이이의 논의가 시의(時宜: 그때의 사정)에 적절치 않다고 극론하자 그 의논이 끝내 중지되었다.

홍가신이 말하기를, "공은 과연 경장하는 것을 그르다고 여기는가?" 하니,

유성룡이, "경장하는 것은 옳다. 다만 이이의 재주로 그 일을 해내지 못할까 염려될 뿐이다."고 대답하였다.

그 끝머리에 10만 양병설이 나온다. 즉

"이이가 일찍이 경연에서 '미리 10만의 군사를 양성하여 앞으로 뜻하지 않는 변란에 대비해야 한다.'고 말하자, 유성룡은 '군사를 양성하는 것은 화단(화근)을 키우는 것이다.'라고 매우 강력히 반론하였다."

이이는 늘 탄식하기를, "유성룡은 재주와 기개가 참으로 특출하지만 우리와 더불어 함께하려고 하지 않으니 우리들이 죽은 뒤에야 반드시 그 재주를 펼 수 있을 것이다." 하였다.

임진년 변이 일어나자 유성룡이 국사를 담당하여 군무를 처리하였는데 그는 늘, "이이는 선견지명이 있고 충근스런 절의가 있었으니 그가 죽지 않았다면 반드시 오늘날 도움이 있었을 것이라고 하였다 한다.[必有補於 今日云]"[99]고 하였다.

막연하게 누구로부터 들은 것처럼 『선조수정실록』 끝머리에 '~하였다 한다'라는 식으로 삽입한 글이다.

2) 10만 양병설에 관한 기록들

『선조수정실록』에 나오는 이 글의 내용은 다음 다섯 군데에서만 볼 수 있다. 즉

김장생(1548 – 1631)의 『율곡행장(栗谷行狀)』 선조 30년(1597년) 찬술.

이항복(1556 – 1618)의 『율곡신도비명(栗谷神道碑銘)』.

이정귀(1564 – 1635)의 『율곡시장(栗谷謚狀)』, 광해군 4년(1612년) 찬술.

---

99) 선수 16권, 선조 15년 9월 1일 1번째 기사.

안방준(1573 - 1654)의 『임진기사(壬辰記事)』, 송시열(1607 - 1689) 의 『율곡연보(栗谷年譜)』 등이다. 이항복이 『율곡신도비명』을 찬술한 시기는 기록이 없다. 다만 그의 언대로 보아 김장생의 『율 곡행장』과 이정귀의 『율곡시장』의 중간 시기일 것이라는 추측을 할 수 있다.

안방준은 선조 16년(1583년)에 겨우 11살에 불과했으니 필시 다 른 사람들의 이야기를 듣고 썼다고 본다. 송시열은 그 내용으로 보아 안방준의 『임진기사』를 참고하였고, 대개 김장생의 『율곡행 장』이 나온 60, 70년 후에 썼다고 본다. 『선조수정실록』을 쓴 이 식(1584 - 1647)은 인조 25년(1627년)에 죽었으니 위의 『행장』이나 『비명』, 『시장』, 『임진기사』들을 참고하여 썼으리라 믿는다.

참고로 『율곡전서』는 도암 이재(1680 - 1746)가 편정하여 영조 25년(1749년)에 간행하였고, 그 후 순조 14년(1814년)에 개간(改刊) 하였다.[100]

김장생의 『율곡행장』

김장생의 『율곡행장』에 나오는 글을 보면 다음과 같다. 즉

"일찍이 경연에서 (嘗於 筵中) '미리 10만 명의 군대를 양성하 여 급한 일에 대비하소서. 그렇지 않으면 10년이 못 되어 토붕지 화(土崩之禍: 흙이 무너지고 기와가 깨지는 화)가 있을 것입니다.' 하니, 유 정승(유성룡)이 말하기를, '일이 없이 군대를 양성하는 것 은 화근을 만드는 것이라.' 하였다.

당시 경연에 있던 신하들이 모두 '선생(이이)이 잘못이라'고 하

---

100) 이재호, 『조선사 3대 논쟁』(서울, 역사의 아침, 2008), p.102.

였다. 선생이 경연에서 나와 유성룡에게 말하기를,

'나라 형세의 위태하기가 달걀을 쌓아 놓은 것 같은데, 시속(時俗) 선비는 이때 어떻게 할 줄을 모르니, 다른 사람이야 진실로 기대할 것이 없지만, 당신 또한 이런 말을 하는가.' 하였다.

임진왜란이 일어난 뒤, 유 정승이 조정 누구에게 말하기를(於朝嘗語人),

'지금 와서 보면 이 문성(이이를 말함)은 참으로 성인이다. 만약 그 말대로 하였으면 나라 일이 어찌 이렇게 되었겠는가, 또 그가 전후로 계획한 것이 어떤 사람은 잘못이라고 하지만 지금은 모두 꼭꼭 들어맞아서 참으로 따라갈 수 없다. 율곡이 만약 살아 있다면 반드시 능히 오늘날을 타개할 방법이 있었을 것이다.' 하였으니 일백 년을 기다리지 않고 안다."[101] 하였다.

안방준의 『임진기사』

10만 양병의 시기와 방법에 관하여, 안방준의 『임진기사』가 주목된다.

그 내용은 대개 다음과 같다. 즉

"임진년 여름 4월에 일본 적병이 대거 침략하였다.

이에 앞서 10년 전, 율곡 이이 선생과 이산해, 김우옹, 유성룡 등 여러 분이 경연에 들어갔다. 이이가 말하기를,

'국가의 형세가 오래도록 부진하여 앞으로 닥쳐올 재앙을 염려하지 않을 수 없습니다. 청컨대 10만 병사를 양성하여, 도성에 2만 명, 각 도에 1만 명씩을 두어 위급한 때에 대비하소서.' 하였다.

---

101) 문인 김장생 찬, 『율곡행장』(서울, 민족문화추진회, 1977), p.539. p.771.

좌우에 이 말을 거들어 준 이가 한 사람도 없었고 유성룡은 심지어 일에 임하여, '쓸데없이 모의(謀議)하기를 좋아한다.'고 말하면서 저지하였다.

물러나서 유성룡이 이이에게 말하기를,

'지금 나라가 태평하여 아무 일이 없는데, 경연에서 마땅히 성학으로 우선을 삼아 힘써 권해야 하오. 군대의 일은 급한 일이 아닌데도 공은 어떤 소견이 있기에 우리들과 함께 의논하지도 않고 혼자서 이와 같이 아뢴 것이오?' 하자, 율곡이 말하기를,

"속된 선비가 어찌 시무(時務: 시급한 일)를 알리오." 하고는 웃으면서 대답을 하지 않았다.

그 후 임진년(선조 25년) 4월 송상현(당시 동래 부사로 순절함)이 죽자 조정에서는 어찌할 바를 모르고 서로 쳐다보며 경악하였다. 다만 유성룡이 말하기를,

'숙헌(이이를 말함)은 참으로 성인이다. 우리는 당연이 만고의 죄인이 됨을 면치 못한 것이다. 평소 숙헌이 10만 양병설을 주장하였을 때 나는 그것을 사정에 어두운 것이라고 막았었다. 오늘에 이르러 크게 후회하게 되었으니 기가 막힘을 어찌할 수 없구나.' 하였다."[102]

3) 이재호 교수의 주장

위의 내용에 관하여 이재호 교수는 다음과 같이 말하였다.

첫째, 10년이라는 숫자에 관하여,

이항복의 『율곡신도비명』에서는 불출 10년(不出十年: 앞으로 10

[102) 안방준, 안동교 역주 『은봉전서(1)』(서울, 신조사, 2002), pp.297 – 305.

년이 지나지 않아서)이란 기록이 없다. 이 말은 이언적(李彦迪, 1491 - 1553)의 일강십목소(一綱十目疏)에도 나온 말로 꼭 10년이란 뜻이 아니고 불원장래(不遠將來)를 지칭한 말이다.

율곡이 그의 『만언봉사』에서 당시 시사(時事)의 폐단으로 백성이 굶주리고 있음을 논하면서 '불출 10년'이란 말[103]을 사용한 것도 그런 맥락에서 이해해야 한다.

둘째, 이른바 10만 양병설이 건의되었다는 선조 15년 (당시 유성룡은 홍문관 부제학 정3품, 이이는 의정부 우찬성 정1품직이었다), 율곡이 손수 기록한 『경연일기』에는 다음과 같은 기사가 있다. 즉

서애 유성룡이 율곡에게 조정의 근본 정책을 물으니, 율곡이,

'위로는 군주의 마음을 바로잡고, 아래로는 조정의 정치를 깨끗이 해야 한다.' 하였고 임금이 좌, 우의 재신들에게,

'천변이 정상이 아니니 어떻게 이를 대응하겠는가.' 하고 물었다.

이에 제신들의 진술이 채택할 만한 것이 없고 다만 율곡과 서애의 건의한 것이 능히 정치하는 대체를 설명했을 뿐이다.' 하였다.

셋째, 앞의 『선조수정실록』 편찬자는 율곡의 서자(庶子) 이경림이 편찬한 『율곡연보초고』 중 홍가신이 유성룡과 대화했다는 내용 일부를 거의 그대로 인용하였다.

하지만 『선조수정실록』은 『율곡연보초고』에도 없는 내용(10만 양병설)을 추가하였고, 또 홍가신의 문집인 『만전집』은 그 내용(홍가신과 유성룡의 대화한)이 다르다.

이경림은 그의 부친인 이이가 죽을 때 겨우 11세였는데 어떻게

---

103) 선수 8권, 선조 7년 1월 1일 3번째 기사.

홍가신이 유성룡과 나누었다는 대화 내용을 기억할 수 있을까 의심된다고 하였다.

여기서 대화내용이란, 이성림이 그의 아버지 이이의 연보(율곡연보초고)를 작성하면서 홍가신과 유성룡이 나누었다는 말로 다음과 같다. 즉

홍가신이, '공(유성룡)은 과연 율곡의 경장을 그르게 여기십니까.' 하고 물으니, 유성룡이, '경장은 옳지만 이이가 일을 처리하지 못할까 염려된다.'고 한 내용이다[104]

2. 10만 양병설 관련 자료의 해석

1) 양병설 제기의 시기, 상대방과 호칭

첫째, 이이가 경연에서 10만 양병설을 제기한 시기가 불분명하다. 막연하게 '일찍이[嘗於]' 혹은 10년 전이란 말은 너무 애매하다. 김장생, 이정귀, 이항복 등은 '일찍이'라고 하였다. 안방준은 '임진년(선조 25년) 4월 왜병이 쳐들어 왔는데 이보다 10년 전[先是 10年前]'이라 하였고 송시열은 이를 좀 더 윤색하여 계미년(선조 16년) 4월 초라 하였다. 이들(안방준과 송시열)은 군대의 배치, 교련방법 등까지 구체화하였다. 『선조수정실록』은 안방준의 『임진기사』를 무시하고 그냥, '일찍이'라고 하였다.

둘째, '이문성은 성인이다.'라고 말한 상대방과 그 호칭이 문제가 있다. 유성룡이 '율곡은 성인이다'고 말했다는 상대방이 누구인지 애매하다. 『율곡행장』과 『임진기사』에서 김장생과 안방준은,

---

104) 이재호, 앞의 책, 2. 10만 양병설의 의문점.

막연히 '조정 누구에게' 혹은 '송상현이 죽자 조정에서 서로 쳐다보고'라고 말했을 뿐이다. 『선조수정실록』에서는 이 말(율곡은 성인이라는 말)을 아예 쓰지 않았다. 단지 율곡이 '선견지명이 있고 충근스런 절의가 있어, 도움이 되었을 것'이라고 말할 정도였다.

이러한 애매한 기록은 (10만 양병설 제기의) 확실한 근거가 없음을 증명한다. 또 이이를 계속 '문성'이나 '문정'으로 표시한 것도 이상하다.[105] 문정(文靖)이란 호칭은 중국 송(宋)의 유명한 재상인 이항(李沆)의 고사를 이이에게 적용한 말이다. 그를 두고, '이문정은 진실로 성인이다.' 하였는데, 당시 송나라 임금이 그(이항)의 선견지명을 두고 탄복하였다 한다.

유성룡은 선조 41년(1607년)에 죽었고, 이이가 문성(文成)의 시호를 받은 것은 그 17년 후인 인조 23년(1622년)의 일이다. 당시 율곡에 대한 호칭은 율곡, 숙헌 혹은 선정신(先正臣)이어야 맞다.

최근 이재호 교수의 고증에 의하면, 김장생, 이항복, 이정귀 등의 글에서는 모두 '이문정'이라고 올바르게 썼다.(송 재상 이항의 고사를 적용하여) 다만 순조 14년 『율곡전서』를 개간하면서 변조(문정이 문성으로)되었음이 명백하다'고 했다.[106]

2) 10만병(十萬兵) 양성의 문제점

율곡이 제안한 10만병은 과연 그 내용이 무슨 뜻인가.

첫째, 군대의 수를 늘리라는 말인가, 아니면 기왕의 군인을 정병으로 훈련시키라는 뜻인가. 보병인가, 수군(水軍)인가, 너무 막연하다.

---

105) 안방준, 앞의 글. pp.297 – 305.
106) 이재호, 앞의 책, pp.100 – 101.

당시 조선왕조가 보유한 군인의 수는, 정병(正兵): 7만 4천2백 명, 선군(船軍: 수군): 49,317명[107]으로 도합 123,517명이었다. 애당초 정병 8만 60명이던 것을 성종 1년에 줄인 숫자이다. 실제 군인 수는 갑사(甲士: 의흥위에 속한 군인)가 1만 명 그리고 각도에 배치한 군인의 총수가 11만 4백68이었다.[108] 그 뒤 하3도(충청, 전라, 경상도)의 군사 숫자를 또 줄여, 충청도 21,000명에서 16,309명으로, 전라도 31,686명에서 27,496명으로, 경상도 21,917명에서 19,015명으로 정하였다.[109]

물론 이러한 군인의 수는 군적에 등록된 형식상의 총인원일 뿐, 오늘날 우리가 생각하고 있는 정규 군대의 수는 아니다. 당시 내우외환으로 동원된 군대의 수는 겨우 1, 2만 명에 불과했다고 한다.[110] 하여튼 군액(軍額: 군인의 수)을 늘이고 줄이는 것은 백성의 먹고 사는 일과 직결되는 일로 조정에서 논의가 끊임없이 계속되었다.

군인 수를 보충하기 위해서는 필시 백성들의 고통이 따르기 때문에, 김우옹은 "액수(군인의 수)를 늘이는 것은 줄이는 결과가 되고 맙니다."고 말할 정도였다. 그 자리에서 율곡도 같은 의견을 내놓았다. 즉 이이가 아뢰기를,

"액수(군인의 수)를 줄여서 백성의 힘을 펴게 하면 백성의 생업이 안정되어 점점 살아날 길이 있을 깃이니, 백성이 생업을 회복한 뒤 점차로 옛 액수를 회복하는 것이 옳습니다."[111] 하였다.

107) 세종실록 『지리지』
108) 성종실록 3권, 성종 1년 2월 30일 4번째 기사.
109) 성종실록 15권, 성종 3년 2월 1일 7번째 기사.
110) 이재호, 앞의 책, p.145.

이 대목에서 『선조수정실록』은 다음과 같이 말하였다.

김우옹: "헛된 군액을 늘리는 데만 힘쓰지 말고 사실에 따라 충군하도록 힘써야 합니다."

이이: "국가의 사천(私賤)에 대한 입법이 공평하지 못합니다. 양민이 전부 사가(私家)로 들어가 군정(軍丁: 군적에 있는 장정)이 줄어들고 있습니다."112) 하였다.

즉 김우옹의 주장을 시인하면서, 그 문제점만을 지적한 것이다.

둘째, 『임진기사』에 이이가 10만 명 중 도성에 2만 명, 각 도에 1만 명씩을 두라고 한 것은 무슨 뜻인가.

병력을 도성에 집중시키고, 각 도에 균형 배치한 것을 보면 외침(임진왜란이나 병자호란 등)을 방어하려는 것이 아니고 내부 반란에 대한 단속을 강화하자는 뜻이 된다.

셋째, 인조 2년, 이귀가 올린 차자에는 다음과 같은 글이 있다. 즉

"대장의 군관 중에 군사를 거느릴 수 있는 사람 10명을 엄선하여 각각 50명씩 거느리게 한 뒤 숙직, 조련하게 한다면 호위하는 일도 편하고 위급한 상황에서도 힘을 얻을 것입니다.

이는 선정신(先正臣) 이이가 10년 동안 양병해야 한다고 한 뜻인데, 중국 조정의 우겸이란 사람이 '따로 12단영을 설치하여 내부를 중히 하고 근본을 튼튼히 하는 계책으로 삼아야 한다.'고 한 것과 꼭 들어맞습니다."113) 하였다.

이 글의 내용을 보면, 이귀도 역시 10만 양병이 도성 내부를 튼

---

111) 선조실록 7권, 선조 6년 11월 26일 1번째 기사.
112) 선수 7권, 선조 6년 9월 1일 13번째 기사.
113) 인조실록 7권, 인조 2년 10월 11일 2번째 기사.

튼히 방어하기 위한 방책 정도로 이해하고 있음을 알 수 있다.

3) 토붕지화가 임진왜란인가

10만 양병설의 주장은 군사 10만을 양성하여 앞으로 닥쳐올 토붕지화나 재앙 혹은 급한 일에 대비해야 한다는 뜻으로 요약된다. 하지만 그 재앙을 임진왜란이라고 해석하는 것은 무리다.

만일 율곡이 임진왜란을 예측했다면 적어도 '남쪽의 왜구를 조심하라.', '왜구가 몰려올 것이다.' '왜구가 심상치 않다.' '수군을 강화해야 한다.', '전선(戰船)을 점검해야 한다.' 등 한마디의 언질만이라도 있어야 했다. 따라서 설사 그가 10만 양병설을 제기했다 해도 그 말이 임진왜란을 예측한 것이라고 주장한 것은 아니다.

참고로, 임진왜란 때 왜군을 격파시킨 가장 유력한 수단으로 '판옥선(板屋船)'을 무시할 수 없다. 사실상 판옥선은 거북선보다 훨씬 크고 전투력이 있는 배다. 그런데 조정에서 이 중요한 판옥선을 방치하여 문제가 된 일이 있었다. 즉 당시의 기록을 보면 다음과 같다.

명종 21년에, 대신과 비변사가 함께 아뢰기를,

"각 처, 진, 포의 판옥선은, 처음 설치할 때 그 수효가 많았으나 그 뒤에 점차 줄었습니다. 옛날에는 왜적이 평선(平船)을 타고 왔었는데 지금은 판옥선을 이용하고 있어 부득이 판옥선을 사용해야 이들에 맞설 수 있습니다."[114] 하였다

그 후 선조조에 들어서서, 유희춘이 주강의 특진관으로서 아뢰기를,

---

114) 명종실록 32권, 명종 21년 3월 13일 3번째 기사.

"을묘왜변(명종 10년 왜구의 침입) 이후 적을 방어하는 데 쓰는 판옥선, 방배선, 협선 등이 매우 긴요한데도 군대도 없이 그대로 두고 있으면서 배는 여전히 숫자대로 만들고 있습니다. 그러나 만든 지 3 – 4년이 되면 썩어 못쓰게 되므로 폐단이 많으니 대신들이 조처하기에 달려 있습니다."[115] 하였다. 그 후 조정 대신 중 그 누구도 이에 관하여 관심을 가지고 상언했다는 기록은 없다.

임진왜란 중 경상우수사 원균의 상황 보고에 의하면,

"왜선 600여 척이 바다를 뒤덮고 있으며 뒤따라 선척이 계속 밀려오고 있습니다. 이들은 곧 호남을 침범할 계획인데, 삼도(三道)의 판옥선은 120척뿐입니다."[116] 하였다.

당시 일본이 보유한 군대는 30만 명을 넘었고, 임진년(1592년) 3월 일본군 17만 명이 대마도에 진을 치고 있다가 4월에 우리나라로 침략해 왔다.[117] 이에 대처하기 위해서는 적어도 600척의 선박과 20만 이상의 군대가 필요했을 것이다.

4) '율곡은 성인이다'라는 말의 뜻

율곡이 위대한 것은 그의 이론이나 인격에 있다. 10만 양병설은 앞에서 분석한 대로 너무 애매하고, 또 임진왜란을 미리 예측한 것도 아니다. 말하자면 그 일로 그를 성인이라고 탄복할 정도의 구체적인 내용이 없다. 그런데도 구태여 유성룡의 입을 통하여 그를 성인이라고 한 것은 무슨 뜻일까?

유성룡은 율곡에게, '쓸데없이 모의를 좋아한다.'고 말했다가, 그

---

115) 선조실록 5권, 선조 4년 11월 29일 2번째 기사.
116) 선조실록 40권, 선조 26년 7월 15일 7번째 기사.
117) 『임진왜란사』 국방부 전사편찬위원회, 1987. 12. pp.29 – 32.

후 임진왜란이 일어나자, '숙헌은 참으로 성인이다. 우리는 당연히 만고의 죄인이 됨을 면치 못한다.'고 말하였다.

한편, 이이는 유성룡에게, '속된 선비가 어찌 시무(始務)를 알겠는가?' '유성룡이 우리와 함께 일을 하려고 하지 않는다.'고 말한 일 등을 미루어 보면, 마치 율곡은 군자, 유성룡은 소인이라는 인식이 든다. 이 글의 본뜻이 그 속에 있는 것이 아닐까?

3. 10만 양병설의 평가

1) 이재호 교수의 평가

이재호 교수는 10만 양병설의 후론으로 김장생의 증손인 김만중(1637 - 1692)의 『서포만필』과 이익(1681 - 1763)의 『성호사설』 중, 다음 구절을 인용하여 결론에 임하였다. 즉

첫째, 『서포만필』 중에,

'10년 동안 병졸을 군적에 등록시켜 훈련과 검열을 했더라도 반드시 도요토미 히데요시[豊臣秀吉]의 철검(鐵劍)과 화총(火銃)을 대적(對敵)할 수 없었을 것입니다. 민심(民心)이 한번 떠난다면, 명(明)나라 원군(援軍)에게 무엇으로 군량(軍糧)을 공급했을 것이며 의병(義兵)들은 무엇으로 규합했겠습니까.

10만 양병의 효과(效果)를 보기도 전에 그 해(害)를 받게 될 것은 필연의 사세(事勢)입니다.'118) 하였다.

둘째, 『성호사설』 중에,

'진실로 평상시에 군민을 잘 배양한다면 10만 명의 많은 병력이

---

118) 『서포만필 하』, 이재호, 앞의 책, p.147.

아니더라도 외적의 침범을 방어할 수 있을 것이다. 백성의 고혈(膏血: 사람의 기름과 피)을 뽑아내어 (정치를 그르친) 그들이, 만일 언덕과 골짜기에 버려지고 사방에 흩어져 간 것을 (백성들의 참상을), 눈으로 직접 본다면 몹시 슬퍼서 마음이 상할 것이다. 비록 10만 명의 군병을 얻게 되더라도 아마 또한 아무 소용이 있을 것인가.'119) 하였다.

2) 『유성룡』의 저자 이덕일의 평가

이덕일의 주장은 다음과 같다.

"김장생의 『율곡행장』에 나온 '10만 양병설'은 그의 창작에 지나지 않는다.

그 근거로 첫째, 이이는 그가 올린 '네 가지 시폐에 관한 상소'에서 (10만 양병에 관하여) 한 자도 언급하지 않았는데 단지 그 말미에 사관(史官)의 논평에 잠깐 언급했을 뿐이다. 둘째, 이이가 늘 경연에서 아뢴 것은 공안(貢案)의 개정, 수령의 감축과 구임(久任: 일을 오래 맡김)이었다.

셋째, 이이는 양병에 앞서 양민(養民)을 주장하였다.120)"고 하였다.

율곡의 양병과 양민에 대하여, 율곡이 올린 『시무 6조』의 내용 중 '군민(軍民)을 양성할 것'의 내용을 보면 다음과 같다: (선조 16년 2월에 올린 글이다.)

"군민(君民)을 기른다는 것에 대하여 말씀 드리겠습니다. 양병

---

119) 『성호사설 상』, 3, 인사문, 예양병 조, 이재호 위의 책, p.149.
120) 이덕일, 『유성룡』(서울, 역사의 아침, 2007), pp.91－97.

(養兵: 군대를 양성함)은 양민(養民: 백성을 돌보는 일)이 밑바탕이 되어야 합니다. 양민을 하지 않고서 양병을 하였다는 것은 예부터 들어본 적이 없습니다. 오(吳)나라 부차(夫差)의 군대가 천하무적이었지만 결국 나라가 망한 것은 양민을 하지 않았기 때문입니다. 먹을 것이 없으면 백만 군대가 하루아침에 흩어지는 것입니다. 지금의 국가 저축은 1년도 지탱하지 못할 정도로 빈약합니다."[121] 하였다.

또 선조 14년, 율곡이 경연에서 강(講)을 할 때에도 양민(養民)을 우선하여 주장한 일이 있다. 즉 경연에서 이이가 『춘추』(春秋: 중국의 역사)를 강하였다. 이이가 아뢰기를,

"오늘날 국사는 안으로 기강이 무너져서 백관이 맡은 직무를 수행하지 않고 밖으로 백성이 궁핍하여 재물이 바닥나고 따라서 병력은 허약합니다.

만약 무사히 날짜만 지낸다면 (나라를) 지탱할 수 있겠지만, 전쟁이라도 일어난다면 반드시 토붕와해되어 다시 구제할 계책이 없을 것입니다.

모름지기 전하께서는 염려스러움을 깊이 아시어 공부를 더하여 학문이 정밀하고 밝으셔야 합니다. 그 다음에는 신하들을 일깨우고 훌륭한 인재를 불러들여 요직에 앉혀 일을 힘차게 일으키고, 백성의 병폐를 제거하면 국가의 일이 희망이 있을 것입니다."[122] 하였다.

그런데 『선조수정실록』에서는 '백성이 궁핍하여 재물이 바닥나고[外側民 窮財盡]'의 구절을 삭제하고 단지 '병력이 잔약하다[兵

---

121) 선조실록 17권, 선조 16년 2월 15일 2번째 기사.
122) 선조실록 15권, 선조 14년 2월 26일 3번째 기사.

力殘弱]'라는 어귀만 기록하였다.[123] 고의였을까? 착오였을까? 의문이다.

유성룡의 상소

임진왜란 후 영의정 유성룡이 올린 상소문의 내용 일부를 소개하면 다음과 같다. 영의정 유성룡이 차자를 올려 시무에 대해 진술하였다. 그 대략에,

"오늘날의 급선무 역시 많은 말이 필요 없습니다.

오직 백성을 편하게 하는 정사를 급히 실시하여, 사방 백성들로 하여금 그 소문을 듣고 재생할 희망을 갖게 하는 것입니다. 요즘 훈련도감의 군사에 소속되기를 원하는 사람이 상당히 많아 응모자가 점차 늘어나고 있습니다.

하지만 먹일 식량이 없어서 제한하는 바람에 (군대를) 많이 모을 수가 없으니 결과적으로 아무런 도움이 되지 못합니다.

식량이 부족하면 사람을 모을 수가 없고 사람을 모아들이지 못하면 군사훈련도 시킬 수가 없습니다. 지금 국고가 텅텅 비어 경비로 쓸 것 외에는 남은 저축이 없으니 아무리 군사를 훈련시켜 적을 방어하려 해도 계책이 나올 데가 없습니다.

지금은 병란을 겪은 후이므로 남아 있는 군대의 수가 얼마 안 될 것으로 생각되나, 전라도, 충청도, 경상 좌, 우도의 조금이나마 완전한 군, 읍과 강원도, 황해도, 경기 등 처에서 남아서 역(役)을 하는 자가 거의 10만 명에 이르거나 그 이상일 것입니다."[124] 하였다.

---

123) 선수 15권, 선조 14년 2월 1일 1번째 기사.
124) 선수 28권, 선조 27년 4월 1일 6번째 기사.

병란 중 의병 등 지원으로 많은 군사가 동원되었을 것이지만, 당시 전쟁으로 희생된 사람을 제외하고도, 10만 명이 넘었다고 하였다. 하지만 역시 군사훈련보다 가장 시급한 일이 우선 백성들이 먹고사는 식량을 확보하는 문제라는 내용이다.

이상의 기록들을 감안해 보면, '김장생이 10만 양병설을 창작했다.'는 이덕일의 평가는 이유가 있다고 본다.

3) 이이의 졸기와 관련하여

『선조수정실록』에 나오는 '이이(李珥)의 졸기'를 보면, 대개 다음과 같다.

"이조판서 이이가 졸하였다.

임금이 이이에게 찾아가 변방에 관한 일을 묻게 하였다. 순무어사 서익(徐益)이 찾아갔다. 이이가 억지로 일어나 맞이하여 입으로 육조의 방략을 불러 주었다. 이를 다 받아쓰자 호흡이 끊어졌다가 다시 소생하여 하루를 넘기고 졸하였다. 향년 49세였다.

그가 올린 봉장(封章)과 면대하여 아뢴 말들을 보면 치세를 논함에 규모가 높고 원대하여 삼대의 정치를 회복하는 것을 목표로 삼았다.

나라의 형세가 쇠퇴해서 난리의 조짐이 있음을 분명히 알고는, 항상 임금의 마음을 바르게 하고 풍속을 바로잡고 조정을 화합하게 하는 것을 근본으로 하였다. 폐정을 고치고 생민을 구제하고 무비(武備)를 닦는 것으로 급무로 삼았다.

임진왜란에 이르러서는 강토가 무너지고 나라가 기울어지는 결과를 가져왔다. 이이가 평소에 미리 염려하여 먼저 말했던 것이 사실과 부합되지 않는 것이 없었다."[125] 하였다.

요약하면, 이이는, '난리의 조짐이 있음을 미리 알았고', '무비를 닦는 것을 급무로 삼아야 하며' 그가 '미리 염려했던 것이 모두 사실과 부합되었다'고 했다. 이 글은 10만 양병설을 간접적으로 합리화하려는 뜻을 함축하고 있다.

정사(正史)에 대한 수정의 『실록』으로 집필한 『선조수정실록』이 야사를 인용하고 또 그것을 정당화하겠다는 저의를 엿볼 수 있다. 하지만 '난리가 일어날 것을 염려하여 무비를 닦아야 한다'는 말은 율곡만이 한 말은 아니다. 임금께 올린 상소의 대부분에서 흔히 볼 수 있는 내용이다.

조선조 시대 양반들은 주역과 음양오행설을 믿었고 특히 이름 있는 선비들은 선견지명이 있음을 자랑으로 여겼다. '평소에 그분이 말씀하신 일들이 하나도 그른 것이 없다. 정말 선견지명이 있는 분이다.'란 말은 어느 누구에게나 상투적인 찬사로 따라 다녔다.

김장생이나 안방준도 아마 그런 차원에서 스승에 대한 찬사를 썼을 수 있다. 그리고 이식은 사가(史家)이기 때문에 불필요한 말을 삭제했을 가능성이 있다. 즉 『선조수정실록』에서

'이이가 선견지명이 있고 충근스런 절의가 있었으니 그가 죽지 않았다면 반드시 오늘날에도 도움이 있었을 것이다.'라고 한 내용은 아주 평범한 찬사로 앞의 『율곡행장』, 『임진기사』의 표현과 다르다. 율곡은 마지막 숨을 거둘 당시 임금이 특별히 '변방의 일'을 물었을 적에도 육조의 방략을 말했을 뿐 10만 양병설을 말하지 않았다. 앞서 지적한 대로 6조소(六條疏), 군민(軍民)의 조항 중 양병

---

125) 선수 18권, 선조 17년 1월 1일 1번째 기사.

보다 양민을 우선시한 내용이었다.

만일, 이이가 임진왜란을 미리 예칙하고 10만 양병을 왕에게 건의한 것이 사실이었다면, 아마 그의 졸기에 이 말을 대서특필하여 썼을 것이다. 그리고 김장생이나 안방준도 더 구체적으로 실감 있게 기록하였을 것이다.

4) 『국사 대사전』의 내용

문제는 이런 상황에서 후세의 학자들이 이를 과대 포장하고, 왜곡하여 오히려 학생이나 독자들을 헷갈리게 하고 있나는 사실이다. 이병도와 이홍직 교수가 쓴 『국사대사전』을 보면 이이에 관하여 다음과 같이 되어 있다.

"이이는 '만언봉사(萬言封事)'에서 부패시정책 7개항을 제시하였는데 특히 그중 10만 양병설을 주장하여 임진왜란을 예언한 것은 유명한 사실이었다.'[126]고 하였다.

율곡이 만언소(萬言疏)를 올린 것은 선조 7년의 일로, 앞의 내용(선조수정실록, 김장생의 율곡행장, 안방준의 임진기사)과는 그 시기부터 맞지 않는다.[127]

이이가 만언소에서 군사제도의 개혁을 주장한 것은 사실이다. 하지만 그로부터 임진왜란은 18년 후의 일이고, 『선조수정실록』과는 전혀 다른 새로운 주장이다. 설사 만언소가 착오였다고 해도 최근 학자들이 10만 양병설을 기정사실로 받아들이고 이를 금과옥조(金科玉條)처럼 주장하고 있는 것은 너무 황당하다.

---

126) 이병도, 안병욱, 조연현 『세계 인명사전』(서울, 현문사, 1973), p.1043.
　　이홍직, 『국사대사전』(서울, 삼영출판사, 1984), pp.1197 - 1198.
127) 선조수정실록 8권, 선조 7년 1월 1일 3번째 기사.

4. 최근 10만 양병설에 대한 논의

이이의 10만 양병설에 관하여 인터넷에 다음 몇 편의 논의가 있어 참고로 소개한다.

1) 이재호(논문 제목: 『선조수정실록』 의문점에 대한 변석) 교수와 장숙필(논문 제목: 율곡의 10만 양병설에 대한 소고) 교수의 논쟁.[128]

가) 이 교수의 주장

『선조수정실록』이 잘못 기재되었다. 10만 양병설의 조작은, 임진왜란의 책임을 유성룡에게 전가하려는 반대당에 의한 것이다.

"『선조수정실록』에 나오는 홍가신과 유성룡 간의 문답기사 같은 경우, 율곡의 서자 이경림의 『율곡연보초고』를 그대로 윤색, 전재한 것으로, 홍가신의 문집(晩全集) 기사 중 서애 유성룡에 대한 논평집과 판이하게 다르다."

나)장 교수의 주장

일부 오류나 윤색, 가필이 있다고 해서 조작이란 말은 부당하다. 10만 양병설을 주장한 김장생, 이항복, 이정귀 등 선현들의 인격을 모독하지 말라. 이정귀의 『율곡시장』은 왕에게 올린 글이고, 당시(율곡의 문하인 서인과) 반대당이 집권하였음을 상기하라. 조작된 내용이 함부로 들어갔겠는가.

2) 박사모 카페에 게시된 글

10만 양병설의 진실은 서인들의 개인 저서에서만 보인다. 솔직

---

128) 이한방, htto://p.wj32.com.ne.kr 2005년 10월 3l일 (월), 율곡 10만 양병설에 대한 고찰

히 말하여, 구한말 친일 세력은 노론 기호학파를 계승한 사람들이다. 기호학파 출신 친일 인사들이 이승만 정권에 대거 기용되었다.

이완용은 이병도의 친척 조부로, 그가 일제침략기 조선사편수회에서 역사를 편찬하였다. 10만 양병설은 사실성, 설득력, 개관적인 부분이 결여된 대표적 사례다.129)

3) 황준연 교수의 우환의식

황준연 교수는 10만 양병설의 사상기반으로 우환의식(憂患意識)을 강조했다. 문제는 백성의 안위와 양병의 필요성이지 그 숫자(數字)는 아니라고 주장한다.130)

4) 필자의 의견

이상의 주장들을 분석, 종합해 보면 다음과 같다.

첫째, 이재호 교수가 주장하는 『선조수정실록』의 오류, 윤색, 가필에 대하여는 앞 항목에서 살펴보았다.

김장생의 『율곡행장』은 당시 상황에서 스승에게 바랐던 희망과 기대요, 예의였다고 이해할 수 있을지 모르지만, 그러한 희망 사항과 역사적 사실은 구별해야 한다.

불행하게도 지금 우리 주변에는 예나 지금이나 마찬가지로, 과장(誇張), 윤색, 왜곡된 역사 기록들을 너무 많이 접하고 있다. 특히 자신들의 조상에 대한 경우 과연 이들 왜곡된 기사들을 선의로 받아들여야 할지 의문이다.

---

129) 박사모 카페, 번호 148098. since729, http.://blog.nave 2006년 11월 24일. 율곡 이이 10만 양병설의 진실.

130) 황준연, 『이이 철학 연구』(광주, 전남대 출판부, 1989), p.127.

『선조수정실록』의 내용 중 이러한 개인의 문집이나 행장들을 아무런 여과 없이 그대로 실린 대목이 흔히 있다.

둘째, 장숙필 교수가 주장한 바, 김장생, 이항복, 이정귀 등 선현들의 인격 모독이란 말은 너무 소박하고 감정적인 표현이다.

이정귀는 (선조 때 동인 정권에서가 아니고), 광해군 4년, 이미 유성룡이 죽고, 그를 극력 반대했던 이이첨 등 북인 정권 때에 『율곡시장』을 올렸다.

따라서 조작은 충분이 가능하고, 그런 일로 인격 모독이라고 할 수는 없다.

셋째, 노론 기호학파와 친일, 특히 해방 후의 이승만 정권을 연관시키는 논리는 신중히 검토해야 할 문제이다.

이병도 교수는 이완용과 같은 우봉 이 씨이지만, 이완용도, 그의 양부(養父)인 이호준도 모두 먼 촌수에서 양자(養子)로 들어왔으며, 그들(이완용과 이병도)은 단지 종친일 뿐이다. 논의의 초점은, 그의 출신 배경이 아니라, 그의 공과(功過)이다. 그동안의 역사 왜곡은 필시 수정, 보완이 필요하다.

넷째, 황 교수는 우환의식을 강조하면서 10만이란 수(數)가 중요한 것이 아니라고 했다. 어느 면에서 우리는 지금 별로 논의의 가치가 없는 10만이라는 숫자와 선견지명(10년 후의 임진왜란 예칙)을 가지고 공론(空論)을 벌이고 있는지도 모른다.

이 책에서는 10만 양병설의 가치 논쟁보다는, 『선조수정실록』의 사실 기술상의 진위(眞僞)를 따지는 것이 우선이기 때문에 이만 논의를 그치겠다.

제3장 기축옥사를 다시 보다

최근 대부분의 학자들은 정여립의 반역은 인정하지 않으면서도 그의 혁명사상은 높이 평가하여 심지어 그를 조선의 오리버 크롬웰(Oliver Cromwell, 17세기 영국에서 청교도 혁명을 일으킨 사람)이라고 평한 학자가 있다. 단제 신채호도 정여립의 '천하는 공물이다.'라는 대목을 높이 평가한 바 있다.

과연 정여립은 반역을 했으며 앞의 주장 등은 어느 정도 근거가 있는 것인가. 그의 성장배경과 성격, 인간관계, 사상, 기축옥사의 전말 등 다음에서 차례로 살펴보자.

제1절 정여립의 성장 배경과 성격

1. 성장배경

정여립은 그의 8대조 정인(鄭絪)이 전북 김제에 들어와 그때부터 호남에 살게 되었다. 정인은 고려 때 대호군으로 김제 조씨 시조인 조연벽의 아들 조기(趙岐)의 사위가 되었다.

정여립의 6대조인 정가종(鄭可宗)은 전주 최씨 문성공 최아(崔阿)의 손자 최철(崔哲)의 사위다. 최아는 고려 때 문하시중을 지냈으며 그의 손자사위 중에는 앞서 살펴본 바와 같이 조선조 개국공신인 오몽을과 이몽(李蒙: 그의 아들이 조선조 개국공신인 이백유이다.)이 있다. 정여립의 5대조인 정수홍(鄭守弘)은 세종 대에 예조참의, 판 나주 목사를 지냈다. 그는 효심이 지극하고 학술에 정통하였다.

세종은 그의 문장이 홍엽의 단풍 같고, 덕행은 쉬지 않고 흐르는 냇물과 같다 하여, 그의 호를 단풍풍[楓] 자와 내천[川] 자를 따서 풍천(楓川)이라고 지어 주었다.[131]

정수홍은 전주 안덕원에서 살았는데, 슬하에 준(俊), 찬(傮), 임(任)의 세 아들을 두었다. 준은 정여립의 고조부이고, 찬은 정언신의 증조부이다. 정언신은 정여립의 9촌숙이다. 정언신은 기축옥사 당시 우의정으로 그 역시 이 사건으로 목숨을 잃었다.

정여립의 부친 정희증은 그의 아들 여립과 함께 부자(父子)가 문과에 급제하였다. 정희증은 관직에 크게 진출(進出)하지 못하고 첨정(僉正: 정5품)의 벼슬에서 세상을 떠났다.

정여립은 학술과 견문이 매우 넓어 성인들이 저술한 서적들을 읽지 않는 것이 없었다.[132] 그는 전라도 금구 땅에 장가들어 그곳에서 살다가 선조 3년에 문과에 급제하였다.

벼슬을 버리고 돌아와서는 글 읽기에 힘써서 이름이 전라도 일대에 높이 알려져 죽도선생(竹島先生)이라 일컬었다.[133] 한다. 한편 그의 출생에 관하여 『선조수정실록』에는 다음과 같은 말을 했다. 즉

"정여립은 동래 정씨다. 선조 때부터 전주 동문 밖에서 살았는데 가세가 한미(寒微)하였다. 그의 부친 정희증이 비로소 문과에

---

131) 이홍직 『국사대사전』(서울, 삼영출판사, 1984), 1356, 호남삼강록, 세종실록28권, 세종 7년 6월 23일 6번째 기사 등.
132) 괘일록, 이희권, 앞의 책, p.130.
133) 혼정록, 『연려실기술 3』, p.403.

올랐으나 벼슬이 첨정에 그치고 현용되지 못하였다.

일찍이 꿈에 고려조의 역신 정중부(鄭仲夫)를 보고서 정여립을 잉태하였는데 출산하는 날도 또 정중부를 만나는 꿈을 꾸었다. 이웃 사람들이 아들을 낳았다고 하례하였으나 정여립의 부친 정희증은 기뻐하는 기색이 없었다. 집안 식구들은 그 뜻을 알았다."[134]고 하였다.

이 기사는 『혼정록』의 내용과 같다. 다만 『혼정록』의 '친구'를 '이웃 사람'으로, 그리고 '가족들만 알았다'는 말을 추가하였다.

2. 성격

정여립의 성격을 알 수 있는 근거로 『선조수정실록』은 몇 가지 사례들을 제시하였다.

그 내용을 보면 다음과 같다.

첫째, 앞서 열거한 꿈 이야기를 가지고 그가 천성적으로 역신(逆臣)의 기질을 가지고 태어났음을 증명하려고 했다. 둘째, 이러한 성격이 그의 성장과정에서 계속하여 나타나고 있다고 주장한다. 그 구체적인 예를 들면 다음과 같다.

사례 1. 정여립이 장성하게 되자 체구가 장중하고 얼굴빛이 청적색이었다. 7, 8세 때에 아이들과 장난하고 놀면서 까치 새끼를 부리에서 발톱까지 도막냈다. 여립의 아버지가 이를 알고 누구 짓이냐고 묻자 어린 여종이 그를 일렀다.

---

134) 선수 23권, 선조 22년 10월 1일 7번째 기사.

그날 밤 그 아이의 부모가 이웃집에 방아를 찧으려 나간 틈을 타서, 정여립이 칼을 가지고 몰래 들어가 그 아이를 찔러 죽여 피가 낭자하였다. 부모가 그것을 보고 울부짖으며 몸부림쳤으나 그 이유를 알지 못하였다.

온 마을 사람들이 구경하고 있는데 정여립이 서서히 나와서 하는 말이,

'이 아이가 나를 일러 바쳤으므로 내가 죽였다.'고 했다. 사람들은 크게 놀랐고 그를 '악장군'이 나타났다고 하였다.[135]

이 기사 역시 『혼정록』의 내용과 같다. 다만 『혼정록』에서는 '칼로 죽였다' 대신 '배를 갈라 죽였다.[刃剚其腹]'라 하고, 여립이 서서히 나오지 않고 숨어 있다가 나왔다고 하였다.

사례 2. 여립이 아비 슬하에 있으면서도 항상 모든 일을 제 마음대로 결단하였다. 아비가 익산 군수로 있을 적에 관(官)의 일을 처단하여, 아랫사람을 아비가 하는 것처럼 형장으로 때렸으나 아비는 금지하지 못하고 혀를 차며 속으로 두려워할 뿐이었다.

이 대목 역시 『혼정록』과 비슷하다. 다만 『혼정록』에서는 '15, 6세 때'라고 그 시기를 명시하였고, 『선조수정실록』에서 말한 '형장으로 때렸다'는 글귀가 없다.

앞의 사례들을 분석하면 다음과 같이 반론을 제기할 수 있다. 즉

첫째, '죽은 자는 말이 없다'고 했듯이, 정중부의 꿈을 꾼 사람도 그 말을 들었다는 가족도 모두세상을 떠나고 정여립이 죽은 지도 벌써 수십 년의 세월이 흘렀는데, 어떻게 이웃도 모르고 가족

---

135) 위의 기사. 혼정록, 『연려실기술 3』, p.408.

만 알았다는 이야기가 세상에 알려졌을까.

둘째, 7, 8세의 어린 아이가, 여자 종에게 살의를 품고 있다가, 밤늦게 컴컴한 방에 들어가 그녀의 배를 갈라 죽였다면, 그 아이는 정말 보기 드문 악마요 살인자다. 그런데 사람들이 그를 '악장군'이라는 애칭(愛稱?)으로 불렀다니, 이해할 수 없다.

그 어린이(정여립)의 부모는 그때 무엇을 하고 있었으며 관가에서도 모르고 넘어갔던가. 후에 전주부윤 남언경은 이토록 악독한 아이를 어떻게 주자(朱子)에 비유하여 높이 평가했던가.[136] 이런저런 상황에 관한 이야기가 정여립의 생전에 없었던 것도 이상하다.

아마 '배를 갈라 죽이겠다!', '칼로 찔러 죽이겠다!'고 주고받은 장난말을 '죽였다'로 고쳐 썼을 수도 있다.

셋째, 나이 16, 17세면 임금도 나라 일을 홀로 전단하지 못하고 수렴청정을 하였다. 그런데 동물 새끼 한 마리만 함부로 죽여도 혼쭐을 냈다는 그 아버지가 (그 아들, 정여립이) 아랫사람을 형장으로 때리는 일까지 방치했다는 말인가. 『선조수정실록』에서는 왜 그의 나이를 쓰지 않았을까. 그것은 아마도 앞에서 말한 그 이유들 때문이 아닐까.

하여튼, 『혼정록』의 내용을 보면, 정여립은 숙명적으로 반역죄인임이 분명하다. 정여립은 태어날 때부터 성장과정에 이르기까지 천부적으로 몹쓸 인간으로 묘사되고 있다. 그리고 『선조수정실록』은 이 글 중에서 약간 터무니없는 대목(가령 배를 갈라 죽였다, 16, 7세에 아버지의 관가 일을 전담했다 등)만 제외하고 『혼정록』의 시나리오를 그대로 옮긴 것이다.

---

136) 선수 23권, 선조 22년 12월 1일 19번째 기사.

제2절 정여립이 스승을 배신했는가

정여립이 수찬이 되자, 경연에서 그의 스승 이이를 오국소인(誤
國小人: 나라를 망친 소인)이라고 말했다가, 결국 임금으로부터 오
늘의 형서[今之刑恕: 스승을 배반한 간신이라는 뜻]라는 오명을
받았다. 그 내용과 양자(이이와 정여립)의 관계를 토대로 그 사실
을 알아보자.

1. 관련 자료들의 내용

1) 정여립이 '다시는 천안을 뵐 수 없겠습니다.' 하고 나가다
정여립은 이미 태어날 때부터 죄를 지었다. 부모가 잉태할 때와
출산할 때 역신인 정중부의 꿈을 꾸었고, 성장과정에서는 어린 종
을 죽이고 관청 일을 마음대로 전단하였다. 문과 급제 이후 관직
에 들어와서는 그가 추존하던 스승 율곡을 배반하였으니 그 죄는
이미 예정되었다고 할까?
『선조수정실록』의 내용
"정여립이 홍문관 수찬이 된 후, 경연에 입대하여 현인들을 비
방하고 배척하였다. 즉
'박순은 간사한 무리들의 괴수이고 이이는 나라를 그르친 소인
[誤國小人]이고, 성혼은 간사한 무리들을 편들어 상소를 올려 군
부(君父)를 기망하였습니다. 호남은 박순(朴淳)의 고향이고 해서(海
西)는 이이가 살던 곳이니, 그 지방 유생들의 상소는 모두 두 사람
의 사주에 의한 것으로서 공론(公論)이라 할 수 없습니다.

신(臣: 정여립)이 도성에 들어와 성혼을 찾아가서 간인들을 편들어 군부(君父: 임금)를 기망한 죄를 질책하고 또 이이와 절교하였다는 뜻을 알리니 성혼은 이의(異議) 없이 죄를 자복하였습니다.'하니 임금이 이르기를,

'이이가 살아 있을 때에는 네가 지극히 추존하다가 지금에는 어찌하여 이런 말을 하는가.' 하였다, 이에 정여립이 아뢰기를,

'신이 애초에는 그의 심술을 몰랐다가, 나중에야 알고서 죽기 전에 이미 절교하였습니다.' 하였다. 임금이 아무런 대답을 하지 않자, 여립은 두 손으로 땅을 짚고 우러러보며 아뢰기를,

'신이 지금부터 다시는 천안(天顔: 임금의 얼굴)을 뵐 수 없겠습니다.' 하고 곧바로 나갔다. 이 소식이 알려지자 당시 사람들은 기뻐하며 입을 모아 칭찬하였다.

이전에 정여립은 송응개(율곡을 비판한 3인 중의 한 사람)가 유배당했다는 소식을 듣고, '참으로 훌륭한 처사다.'고 말한 일이 있다.

또 좌중의 손님들에게 말하기를, '공자는 폭 익은 감이고 율곡은 반쯤 익은 감이다. 반쯤 익은 것이 다 익게 되지 않겠는가. 율곡은 참으로 성인이다.'고 말하였다. 이는 그의 중표형(重表兄: 이종형)인 이정란(李廷鸞)과의 대화에서 나온 말이다.

그리고 '유성룡은 겉으로는 선비인 체 하지만 속은 실제로 간교하다. 그런데 조정에 있으면서 자기 주장을 고집하니 후환이 염려된다.' 하였다.

백유양은 정여립과 교제를 맺고 친밀하지 못할까 걱정하여 그 아들을 여립의 조카사위로 삼았다."고[137] 하였다.

---

137) 선수 19권, 선조 18년 4월 1일 4번째 기사.

의주 목사 서익의 상소

서익(徐益)이 같은 내용으로 상소를 올렸다. 즉

"정여립은 이이의 문하생으로, 이미 세상을 떠난 이이를 공격하고 드디어는 박순, 정철까지 공격하였습니다.

정여립이 전주의 서사(書舍)에 있을 때, '율곡은 성인이다.'고 하였습니다.

그는 '변사정을 천하에 제일가는 선비다'고 하였고, '이발(李潑)이 그의 스승인 이이를 배반하였다'고도 했다. 즉 정여립은,

'이발은 일찍이 이이를 스승으로 섬겼는데 논의가 일치하지 않게 되자 끝내 공격할 뜻을 가졌습니다. 그리고 조정의 정사를 멋대로 독단하면서 옳지 못한 인물을 끌어들여 조정에 환란을 조성하였으니, 이는 이발의 죄입니다.' 하였습니다." 하였다. 이에 임금이 전교하기를,

'대개 내가 말하는 현자는 이이와 성혼이다. 이 두 사람을 공격하는 자는 반드시 간사할 것이라 생각한다. 유성룡도 군자임에 틀림없는데 오늘날의 대현이라 해도 가하다고 여긴다.

정여립에 대해서는 내가 여러 차례 접견하여 그의 사람됨을 관찰한 적이 있다. 큰 기개를 가진 자인 듯하나 실지로 어떤 인물인지 모른다. 여립도 사체(四體)를 갖추고 있거늘 어찌 예판(유성룡)을 큰 간인이라 지목하여 그의 입으로 말할 수 있겠는가. 절대로 그럴 리가 없다." 하였다.

2) 정여립은 오늘의 형서다

그 후 이이의 조카 이경진이 상소를 올렸다. 그 상소의 내용에, 정여립이 편지를 율곡에게 보낸 것은 대개 이이가 죽기 2, 3개월 전(이이는 선조 17년 1월 17일에 죽었고, 편지는 선조 16년 9월과 11월에 보낸 것이었다 함)의 것으로 그는(이경진을 말함) 정여립이 '죽기 전에 절교했다'는 말이 거짓이라고 주장했다. 이 편지의 내용은 뒤에 자세히 살피겠다.

선조는 이 편지 내용에 관한 상소를 듣고 정여립을 가리켜, '정여립은 오늘의 형서(邢恕)'라 하였다.

『선조실록』에는, 사간 한응, 정언 송언신과 전창경 등이 파직해 주기를 청하자, 그에 대한 답 가운데, '정여립은 오늘날의 형서.'[138] 라고 말하였고,

『선조수정실록』에는 대사간 최황이 사직을 청하고 이어 사간 이양중 등이 체직을 아뢰자, 답하기를 '여립은 이 시대의 형서.'[139] 고 말했다고 한다.

그런데 『묵재일기』에서는, 이귀(李貴)가 경연에서 정여립의 서신을 임금께 올리자, 임금이 그 내용을 보고, '정여립은 오늘의 형서다.'고 말했다.

그 편지는, 이이가 죽기 3일 전에 정여립으로부터 받은 것으로, 이귀가 이이의 책상을 뒤져서 얻은 것이다. 정여립은 이 말을 듣고 그만 낭패하여 도망갔다[140]고 하였다.

---

138) 선조실록 19권, 선조 18년 6월 22일 2번째 기사.

139) 선수 19권, 선조 18년 6월 1일 5번째 기사.

140) 이연평 행장, 묵재일기, 『연려실기술 3』, p.399. 이귀는 그 호가 묵재이고 연평부원군에 피봉 되었다.

세 자료가 약간씩 다르지만, 하여튼 선조가, 정여립이 이이에게 보냈다는 편지에 관한 이야기를 듣고, '오늘날의 형서'란 말을 한 사실은 서로 일치한다.

형서란 말은 '스승을 배반한 간신'이란 뜻이다. 형서는 송나라 때 정명도, 사마광, 여공저 문하에 드나들었으나 이들 모두를 배반한 대표적 간신(奸臣)이다.[141]

3) 이경진의 상소

정여립이 경연에서 자신의 숙부 이이를 공격했다는 말을 듣고 이경진이 상소를 올렸다. 그중에 정여립이 이이에게 보냈다는 편지 내용을 소개하면, 대략 다음과 같다.

"'종자(從者: 侍從, 즉 신하로서 율곡을 말함)께서 여러 소인배들의 노여움을 사서 낭패하여 도성을 떠났다는 소식을 듣고 저는 누워도 자리가 편치 않고 먹어도 맛을 알지 못했습니다. 간인(奸人)들이 어진 이를 질투하고 나라를 그르치는 정상에 대해 극언하고 싶었습니다.

다시 생각해 보니 바야흐로 무상(無狀)한 자신은 군부(君父)에게 버림받고 있는 실정이어서 의리상 얼굴을 들고 말할 수가 없었습니다.

성장(成丈: 성혼의 존칭)이 종자(從者: 율곡)를 위하여 소장을 올려 변론했다 하니 비록 제가 말하지 않았으나 한은 없다고 여겼습니다.

지금 상황을 보면 한두 간사한 사람들은 쫓겨났지만 아직도 거

---

141) 선조 18년 6월 22일 2번째 기사 『주 323』

간(巨奸: 큰 간사한 사람)이 조정의 의논을 장악하고 있어 화(禍)를 조성하고 있습니다. 현재 붕우(朋友) 가운데 십분 믿을 수 있는 사람이 매우 적어 구구한 내가 존형(尊兄: 존경하는 형)에 대한 기대가 전에 비해 더욱 절실하니 이 뜻 역시 애달프다고 하겠습니다.' 하였습니다. (이 글은 선조 16년 9월 허봉 등 세 사람이 유배되고 숙부 이이가 조정으로 돌아오려 할 때 이었습니다.)

또 하나의 편지가 있는데 그 대략에, '우리 임금께서 혼자 군의(群議)를 물리치고 존형(尊兄)을 여러 사람들이 미워하는 가운데서 발탁하여 총재로 임용하였으니 이는 실로 한(漢), 당(唐) 이래 있지 않았던 성대한 일입니다. 그것을 보고 모두가 감격하였고 제 기쁨이 더욱 컸습니다.' 하였습니다. (이 편지는 이이가 조정에 들어온 뒤 죽기 약 한 달 전의 일입니다.)"[142] 하였다.

생원 이경진의 상소 가운데, 『선조수정실록』에는 다음과 같은 내용이 있다.

"만약 이이가 자기에게 빌붙고 아첨하는 자들을 끌어들여 당파를 만들려했다면, 그 당시 전랑(銓郎)과 독서당(讀書堂)의 선발에 어찌 이 사람(정여립을 말함)을 포함시키지 않았겠습니까."[143] 하였다.

참고로 『연려실기술 3』의 주[註者]에서는 '종자(從者)란 정여립이 율곡을 존경하여 바로 부르지 않고 정여립이 자신을 낮추어 종자라고 한 것이다.'고 하였다. 즉 종자는 정여립을 말한다는 뜻이다.

---

142) 선조실록 19권, 선조 18년 6월 16일 1번째 기사. 선수 19권, 선조 18년 6월 1일 10번째 기사.

143) 위의 선조수정실록

반면, 국사편찬위원회에서는 '종자'를 율곡이라고 해석하여 주
(註)에 달았다.

위의 편지 내용들을 분석해 보면,

첫째, 정여립이 이이를 '종자'라 하고 특히 '친구 가운데 믿을
수 있는 사람이 매우 적어 구구한 내가 존형(尊兄)에 대한 기대가
절실했다'는 구절, 즉 '종자', '친구', '존형', 등의 용어(用語)와, 둘
째, 이이가 전랑이나 독서당 등 선발에서 정여립을 제외시켰다는
구절 등을 유념할 필요가 있다.

의주 목사 서익의 상소에서는, '정여립은 본래 이이의 문하생입
니다.'[144] 하였고, 이귀는, '정여립이 이이를 스승으로 섬겼다.'[145]
하였고, 또 『부계기문』에서는 '여립이 율곡을 힘써 섬겨 제자의 예
를 지켰다.'고 하였는데[146] 이들의 기사는 분명 율곡 조카인 이경
진이 직접 진술한 내용과 다르다.

2. 이이와 정여립 관계의 분석

이상의 자료를 바탕으로 이들 두 사람의 관계를 해석해 보면 다
음 몇 가지 주장을 할 수 있다. 즉

첫째, 율곡은 정여립의 스승이 아니었다.

『선조실록』과 『선조수정실록』에 나온 이경진의 상소 내용은 다
른 야사들의 주장에 비하여 훨씬 신뢰성이 있다. 이경진의 상소

---

144) 선수 19권, 선조 18년 5월 1일 3번째 기사.
145) 묵재일기 『연려실기술 3』, p.399.
146) 『부계기문』, 『연려실기술 3』, pp.394 - 395.

내용에 정여립은 자신의 숙부에게 보낸 두 통의 편지에서 거듭 존형(尊兄)이란 말을 사용하였다. 만일 율곡이 그의 스승이었다면 정여립은 종자(從者)라는 용어도 함부로 쓰지 않았으리라고 생각된다. 또 안방준의 『기축기사』에서도 이들의 관계를 사우(士友: 선비로서의 벗)라고 한 것을 보면[147] 이들의 관계를 확실히 알 수 있다.

결국 이들이 사제 간이란 말은, 율곡을 추앙하고 존경하던 사우(士友)나 제자들이 정여립을 반역으로 폄하하면서 생긴 과장된 표현에 불과하다.

둘째, 이이는 끝까지 정여립을 돌봐 주지 못하고 죽었다. 이경진의 편지 내용에, (율곡이 정여립을) '당시 전랑과 독서당의 선발에 포함시키지 않았다'는 말이 있다. 이귀의 글에도 '당시 의논이 정여립을 이조(吏曹)에 끌어들이려 하였는데, 이이가 이를 중지시켰다.'는 대목이 있다.[148]

이이가 정여립을 추천한 일에 관하여, 『선조실록』에는 다음과 같은 내용이 있다. 즉

"지금 인재가 적고 문사(文士) 중에는 쓸 만한 인물을 얻기가 더욱 어렵습니다. 정여립이 많이 배웠고 재주가 있는데 남을 업신여기는 병통이 있긴 하지만 대현(大賢) 이하로 병통 없는 사람이 어디 있습니까. 그가 실로 쓸 만한 인물인데 매번 의망(擬望: 추천)하여도 낙점하지 않으시니 혹시 무슨 참소나 이간의 밀이라도 있는 것입니까?" 하자. 임금이 이르기를,

"여립은 칭찬하는 자도 헐뜯는 자도 없으니 어디 쓸 만한 자라

147) 『기축기사』, 이희권, 앞의 책, p.29.
148) 묵재일기, 『연려실기술 3』, p.399.

고 하겠는가. 이름만 취하는 것만으로는 옳지 않고 써 본 뒤에야 알 수 있다."[149] 하였다.

이 내용은 『선조수정실록』에서도 비슷하게 진술되어 있다.[150]

정여립은 율곡이 죽고 10개월이 지난 뒤, 그해 11월에 노수신에 의하여 추천에 올렸다.[151] 하지만 임금은 그의 오만함을 미워하여 오랫동안 비점을 내리지 않다가 드디어 그 다음 해 4월에 홍문관 수찬으로 삼았다.[152]

말하자면 율곡이 살아 있는 동안 벼슬을 갖지 못하고 있다가 그가 죽은 후 15개월 만에 노수신의 추천에 의하여 관직에 오른 것이다.

아마도 율곡은 비록 정여립을 추천은 했지만, 거기에 단서를 달았기 때문에(병통이 있는 사람으로), 임금도 쉽게 그를 받아들이지 않았을 지도 모른다. 율곡은 그 일(정여립에 관하여 말한 일)이 있은 뒤, 겨우 두 달도 못되어 세상을 떠났다.(선조 16년 10월 22일 정여립을 추천하였던 이이는 다음 해 1월 17일에 별세하였다)

셋째, 정여립을 '철새 정치인의 원조'라고 한 것은 잘못이다.

최근 나온 『당쟁으로 본 조선역사』에 '정여립은 요즘으로 말하면 동교동계 추천으로 국회의원이 된 후 상도동계로 가서 동교동계를 원색적으로 공격한 어느 정치인과 비슷하다.'고 하면서 그를 '철새 정치인의 원조'[153]라고 하였다.

---

149) 선조실록 17권, 선조 16년 10월 22일 1번째 기사.
150) 선수 17권, 선조 16년 10월 1일 3번째 기사.
151) 선수 18권, 선조 17년 11월 1일 1번째 기사.
152) 선수 19권, 선조 18년 4월 1일, 4번째 기사.
153) 이덕일, 『당쟁으로 본 조선 역사』(서울, 석필, 1997), pp.94-95.

하지만 그는 동교동계의 내천(즉 서인들의 추천)으로 수찬(홍문 관)이 되지도 않았고, 또 상도동계의 내천(동인계의 추천)으로 수찬 이 되었지만, 그는 동교동계만 원색적으로 공격한 것이 아니다. 동 인, 서인 양 계통 사람들을 모두 공격하고 자신은 수찬의 자리에 서 물러났다.[154] 다만 정여립이 자신이 존경하던 율곡을 가리켜 '오국소인'이라고 말한 일에 관하여는 좀 더 신중히 검토할 필요가 있다.

3. 상황의 변화와 당쟁의 격화

정여립이 율곡 이이를 두고 '오국소인(誤國小人)'이라고 했다. 왜 그는 이러한 엄청난 발언을 하고 벼슬에서 물러났을까. 그 배 경과 당시의 상황을 살펴보자.

1) 동·서 분당을 반대한 율곡과 정여립

정여립은 애당초 동·서 분당을 반대하였다. 그런 입장에서 정 여립은 서로 같은 태도를 갖고 있던 율곡을 따르고 존경하였다.

정여립은 선조 초에 문과에 합격한 뒤 관직에 출사하지 않고 고 향에 머물러 독서에 전념하였다. 그는 이이와 성혼 등을 찾아다니 면서 학문을 논하였고, 아마도 이이의 초당파적 태도와 진보적 개 혁정책 등에 깊은 감명을 받았으리라 믿는다. 이때 정여립은 이이 를 존경하여 이른바 '덜 익은 감'에 비유하여 그를 추존하는 말을 했다.

동·서 붕당의 대립에 관하여, 당시 영의정 박순이 경연에서 진

---

154) 선수 19권. 선조 18년 4월 1일 4번째 기사.

계하기를,

"동·서(東, 西)가 서로 붕당을 지었다는 설은 항간의 잡담이니 조정에서는 거론하지 말아야 합니다. 어찌 이런 일 때문에 쓸 만한 사람을 버릴 수 있겠습니까. 김효원(동인)은 그 재능이 쓸 만하니 버릴 수 없습니다." 하였고,

이이도 아뢰기를,

"동·서의 설이 사라지지 않는다면, 사류(士類: 선비)가 서로 의심하고 꺼려하여 안정될 때가 없을 것입니다. 성상(임금)께서 반드시 동·서의 구별을 말끔히 씻으셔서 털끝만한 흔적도 없도록 하셔야 합니다. 김효원을 이러한 (붕당의) 설에 구애되어 쓰지 않는다면 사류들이 불안해 할 근본이 될 것입니다."155) 하였다.

정인홍(동인) 등이 심의겸(서인)을 탄핵했을 때도 이이는 동·서를 떠나서 심의겸의 논죄에 따랐다.156) 또한 이이는 계미년(선조 16년) 오랑캐가 변경을 침범했을 때, 이를 물리치는 과정에서 서얼(庶孼)의 허통(許通: 관직에 진출할 기회를 줌)과, 공사천(公私賤)의 양인 신분을 허용하며 곡물을 바친 자에게 죄를 면제해 주는 법을 만들어 신분의 벽을 완화하도록 노력하는 등 진보적 정책을 폈다.

이이는 그의 뛰어난 재능과 중후한 인품으로 임금의 신임을 받고, 상하의 여러 선비들로부터 깊은 존경을 받고 있었다. 그리고 이이가 정여립을 추천하여 그를 높은 벼슬에 올렸다는 기록이 야사들에 나온다.157) 하지만 정여립이 특정의 관직을 제수받아 활동

155) 선조실록 15권, 선조 14년 5월 24일 3번째 기사.
156) 선조실록 15권, 선조 14년 7월 ?? 2번째 기사.

한 내용에 관하여, 『선조실록』이나 『선조수정실록』에는 한 줄의 기사도 없다.

다만 막연히 조정에 천거했다거나,[158] 혹은 앞서 언급한 바와 같이 이이가 죽기 2개월 전에 정여립을 추천했다는 기록이 있을 뿐이다. 이이는 그를 추천할 때에도 분명히 단서를 달아, '정여립이 병통(病痛: 행동에 해가 되는 결점)이 있다.'고 하였다.

『선조실록』에 의하면 정여립은 이이가 죽은 10개월 후 좌의정 노수신이 추천하여 그로부터 5개월이 지난 선조 18년 4월에 수찬이 되었다. 『선조수정실록』에는 '정여립이 전에 정언으로 있었다.'[159] 하나 그 당시의 년, 월과 추천 내용에 관한 『선조실록』 혹은 『선조수정실록』의 기사는 없다. 『선조실록』에 정여립의 관직이 나온 기사는 선조 17년 11월과 18년 4월뿐이다. 『선조수정실록』에 의하면, '정여립이 학문을 강론하는 것으로 행세하여 세상 사람들을 속이고 있었다. 이조좌랑 이경중은 그의 사람됨을 미워하여 그가 진출, 기용되는 것을 저지하였으므로 정여립이 전랑(銓郎: 이조전랑)의 의망(擬望: 추천)에 참여하지 못하였다.'[160]는 기사가 있는데 이는 이경중의 선견지명(先見之明?)을 칭송하기 위하여 쓴 글이다.

이러한 여러 자료들을 토대로 분석해 보면, 정여립 자신도 율곡처럼 탈붕당적(脫朋黨的) 태도와 진보적 생각을 가지고 있어서 개인적으로 그를 존경하였을 뿐이다. 그가 율곡 이이로부터 큰 은혜를 입었거나 혹은 서인(西人)들의 도움으로 출세했다는 사실을 입

---

157) 『부계기문』, 『연려실기술 3』, p.411, 괘일록, 이희권 앞의 책, p.130.

158) 선수 23권, 선조 22년 10월 1일 7번째 기사.

159) 선수19권, 선조 18년 4월 1일 4번째 기사.

160) 선수 15권, 선조 14년 3월 1일 2번째 기사.

증할 만한 기사는 보이지 않는다.

그는 단지 개인적인 친분과 의리로 율곡을 존경하고 기대해 왔으며, 대개 그가 죽은 뒤 자신이 관직(官職: 홍문관 수찬)에 임명될 때까지 상당 기간 율곡에 관하여 침묵을 지키고 있었다. 그 후 자신이 옥당(玉堂: 홍문관)의 수찬이 되고, 자신을 둘러싼 상황이 바뀌면서 드디어 자신의 역할이 무엇인가를 의식하게 되었을 것이다.

2) 이이를 '오국소인'이라고 비난한 사례들

정여립이 이이를 가리켜, '나라를 망친 소인[誤國小人].'이라고 말했다. 물론 그것은 정여립이 처음 내놓은 말이 아니다. 선조 16년, 이이가 병조판서로 있을 때, 이미 대간과 임금의 입에서 그 말이 나왔다. 즉

임금이 비망기로 대신들에게 전교하기를,

"요즘 병조판서 이이의 말로 인하여 대간의 논박이 서로 격앙되고 반복하여 얽혔다. 급기야는 옥당(玉堂: 홍문관)이 차자를 올려 이이를 '나라 일을 그르친 소인(誤國小人: 오국소인)'에 비유하기에 이르렀다.

이는 언어 문제로서만 우연히 나온 말은 아니다. 그 전부터 이이는 신진 선비들이 시대에 영합하고 당에 아부하는 것을 싫어하였다.

이이는 그들의 이러한 행동을 억제하기 위하여 여러 번 개진(開陳: 의견을 진술함)하여 논하였다. 이 때문에 시론(時論)의 미움을 받아온 지가 오래되었다. 그런데 마침내 이이가 실수를 하게 되자 기회를 틈타 반드시 탄핵하여 (그를) 제거시킨 뒤에야 그만 두려고

한 것이다."[161] 하였다.

위 글의 내용은 『선조실록』이나 『선조수정실록』이 모두 같다. 이 말은 그 뒤에도 양사의 합계에서,[162] 홍문관 상차에서 거듭 나온다. 그 내용 몇 구절을 소개하면 다음과 같다.

예 1. 홍문관이 아뢰기를,

"아아, 이이(李珥) 한 사람 때문에 전후 물리침을 당한 자가 대체 몇 사람입니까. 그들도 처음에는 이이의 성질이 명민(明敏: 총명하고 민첩함)하여 글을 읽어 뜻을 펴 보려는 사람으로서 원대하게 성취될 희망이 있다고 생각했기 때문에 일찍이 탑전(榻前: 임금의 자리 앞)에서 그를 칭예(稱譽: 칭찬)했습니다. 그러나 사사로운 원한으로 공의(公議: 공평한 의론)를 배척하여 못하는 짓이 없고 또 나라의 중임을 맡고서도 하는 짓이 모두 경망(輕妄: 경솔)하여 '나라를 그르칠 사람'이라는 것을 알고 나서야 비로소 공공의 논의를 한 것입니다."[163] 하였다.

예 2. 대사성 김우옹이 상소하였다. 그 한 구절을 보면,

"이이의 뜻은 큰데 재주는 그에 미치지 못하며 도량은 좁고 의사가 편벽되어, 좋아하는 사람에게 치우쳐 있습니다. 한 나라의 공론(公論)이나 세상의 일들을 제대로 처리하시 못하고, 자신의 의견만을 내세우니 온 나라의 인심을 얻지 못하고 있는 것입니다. 이

---

161) 선조실록 17권 선조 16년 6월 20일 5번째 기사. 선수 17권 선조 16년 6월 1일 10번째 기사.
162) 선조실록 17권, 선조 16년 7월 19일 1번째 기사. 동 7월 21일 1번째 기사.
163) 위의 실록 2번째 기사.

이의 본심이야 조정을 안정시켜 시국을 구제하려는 것뿐 어찌 다른 것이 있겠습니까. 다만 그 의견이 한쪽에 치우쳐서 그 해(害)가 여기에 이른 것입니다.

선비들의 마음에는 이이의 본심을 알지 못하는 바가 아니었으므로 처음에는 그를 공격할 의사가 없었습니다. 다만 뜻하지 않게 삼사(三司: 사헌부, 사간원, 홍문관)의 논의가 점점 과격해져서 탄핵하는 글이 너무 혹독하여 듣기에도 놀랄 지경이었습니다. 그의 과오로 인하여 '임금께 거만하고 권세를 마음대로 한다는 죄'로 지목을 받게 되었습니다.

그의 말씨가 고분고분하지 않는 것으로 인하여 결국 (율곡에게) 변하지 않는 임금의 총애를 요구하고, 공론을 배척한다는 죄를 씌워서, '나라를 그르치는 소인'으로 지목하고 추한 훼방을 함부로 하기에 이른 것입니다.

근래 이이와 사류(士類: 유학하는 선비)가 서로 화합하지 못하였으므로, 괴상한 미신이나 어지러운 이론(異論: 다른 의론)이 그 사이에 여러 가지로 나오게 된 것입니다." 하였다. 이에 양사(兩司: 사헌부 사간원)가 '부박 경조하다' 하여 김우옹이 피혐하였다.[164]

예 3. 임금이 대사헌 구봉령(具鳳齡)을 돌아보면서 이르기를,

"삼신(三臣: 송응개, 박근원, 허봉)이 이이를 거간(巨奸)이라 하였는데 과연 그가 간특한가. 바른대로 말하라." 하니 이에 대답하기를,

"이이가 비록 간인은 아니지만 진실로 경솔한 사람입니다.

---

164) 계갑일록, 『연려실기술 3』, p.368.

그는 스스로 자기 의견만을 옳다 하고 다른 사람의 말은 듣지 않으니, 만일 그가 나라 일을 맡아 하게 된다면 본심은 아니지만 끝내 나라 일을 그르치게 될 것입니다. 다만 문장에는 능합니다." 하였다.

노수신은 말하기를,

"이이는 자기에게 아첨하는 것을 좋아하며, 다만 문장에 이르러서는 대책 문에서 속담을 섞어 가며 줄줄 나와서 막힘이 없습니다." 하였는데, 얼마 안가서 삼신(三臣 혹은 삼찬)이 석방되었다.[165]고 하였다.

끝으로, 이이가 죽은 뒤 대신들이 의논하여 이이를 (박순이 아뢴대로) 추숭할 것을 아뢰었으나, 임금은 이를 받아들이지 않고 다만 "이이에 대해서는 내가 그의 사람됨을 속속들이 다 알고 있다. 관직이 찬성에 이르러 그의 품계가 이미 높았으니 추증(追贈: 죽은 뒤 벼슬을 줌)이 무슨 관계가 있겠는가."[166] 하였다.

3) 서인(西人)이 되어 버린 이이[167]에 대한 비난

이이에 대한 탄핵은 개인적인 일과 붕당의 일 등 대개 두 단계로 제기되었다.

(개인적 실수에 대한 탄핵)

처음에는 이이(李珥)나 정철(鄭澈) 등의 개인적인 실수를 들어 탄핵하였다. 즉 옥당(玉堂: 홍문관)이 아뢰기를,

165) 자해필담, 위의 책, pp.393 – 394.
166) 선조실록 18권, 선조 17년 3월 6일 1번째 기사.
167) 이건창, 이덕일 등 역, 『당의통략』(서울, 태광문화사, 1998), p.35.

"병조판서 이이는 임금이 계신 곳이 바로 지척(咫尺)인데도, 납마(納馬: 말을 바친 자에게 군역을 면제해 주는 일)의 명령을 먼저 내리고 뒤에 아뢰었으니, 이는 국권을 멋대로 휘두른 데 가까운 일입니다. 또한 병조(兵曹)에까지 와서도 병을 핑계하고 임금이 계신 승정원에는 오지 않았으니 이는 군부(君父)를 업신여긴 관계입니다."[168) 하였다.

이이에 대한 탄핵은 그 뒤 양사와 홍문관에서 거듭되었는데,[169) 그 내용은 어디까지나 병조판서로서 이이 개인의 실수에 대한 것이었다.

이에 관하여 우의정 정지연은 다음과 같이 아뢰었다.

"이이는 뜻이 크고 재주가 있으며 그 마음은 나라를 위해 충성을 다하고 있습니다. 하지만 그의 성품이 소탈하고 거친데다가 편견(偏見)과 아집(我執)이 이미 드러났고 변경하기를 좋아하여 혼자에게 맡겨둔다면 일을 그르칠 염려가 있어 식자(識者)들 사이에 그 점을 걱정하였습니다.

한때의 대간들이 어찌 그와 숙원(宿怨)이 있어서 파당을 지어 오직 그를 공격하기에 전념했겠습니까.

양사와 옥당이 이이의 일을 논함에 있어서 말이 지나치기는 하였으나 언책(言責)이 있는 자로서 잘못을 보았을 때는 규핵(糾劾: 규탄하고 탄핵함)하지 않을 수밖에 없는 것입니다. 그 말이 혹 과격하여 맞지 않는 것도 예나 지금이나 언관(言官)으로서 흔히 있을 수 있는 일입니다."[170) 하였다.

---

168) 선조실록 17권, 선조 16년 6월 19일 2번째 기사.
169) 선조실록 17권, 선조 16년 6월 11일 2번째 기사. 동 6월 19일 2번째 기사.

당파 조성에 대한 책임을 비판함

양사가 박순과 심의겸을 탄핵하는 과정에서 이이를 비판하고, 급기야는 이이를 서인의 영수라고 하기에 이르렀다. 즉 양사가 합계하기를,

"심의겸이 척리(戚里: 임금의 내외척)의 신분으로서 권세를 쥐고 있을 때 박순(朴淳: 당시 영의정)은 심의겸에게 붙어 심복으로 결탁하였고 그의 지시대로 움직였습니다. 이이와 성혼도 심의겸의 문객이요 가까운 친구였으므로 박순은 그들과도 사생을 결탁하고 서로가 치켜세우며 성세(聲勢: 명성과 위세)를 의지하여 기세가 대단하였습니다."

"박순과 성혼, 이이는 평소 교분이 깊어 모든 크고 작은 논의에 서로 간여하지 않은 것이 없습니다. 이이가 곧 성혼이며 성혼이 곧 박순이므로 서로 구별하여 볼 수가 없습니다. 이이는 원래 서인의 영수로서 성혼은 이이의 옳은 것만 보고 잘못은 보지 못하고 자신도 모르는 사이에 한쪽으로 빠져들게 된 것입니다."

"애당초 동·서(東, 西)의 설이 있었을 때, 그 사이에는 벌써 옳고 그름의 시비가 있었으며 사대부의 공론이 동(東)이 옳다고 하였습니다. 그런데 이이는 편견에 빠져 서(西)를 부추기고 동(東)을 억누르는 마음을 하루도 잊지 않고 있었습니다."[171] 하였다.

정철이, "박근원, 송응개, 허봉의 죄를 분명히 밝혀 시비를 가려야 한다"고 주장하여, 그들을 갑산(甲山)으로 유배시키자,[172] 사간

---

170) 선조실록 17권, 선조 16년 7월 18일 4번째 기사.
171) 선조실록 17권, 선조 16년 7월 19일 1번째 기사, 동 21일 1번째, 2번째 기사.
172) 선조실록 17권, 선조 16년 8월 28일 1번째 기사.

원이 차자를 올렸다.

즉 그 내용은,

'동·서가 대립하게 된 원인에 대하여 극론하고, 이어 정철이 이리 저리 화를 얽어내어 못하는 짓이 없으며 전후 유생들이 올린 소장(疏章)들도 모두가 정철의 지시에 의한 것이지 공론이 아니라.'173)고 하였다.

이러한 논의는 계속되었고 이이가 죽은 뒤에도 더욱 가열해졌다. 그 한 예를 들면, 양사가 청양군 심의겸을 논박하기를,

"(심의겸은) 지난날 붕당을 세워 사림에 화를 끼쳤고 조정의 정령과 온 조정의 일까지 지휘하지 않는 것이 없었습니다. 부친의 상중(喪中)에 기복(起復: 탈상 전에 관직에 복귀하는 것)을 기도하였고, 내지(內旨: 임금의 은밀한 명령)를 거짓 칭하여 동생의 아내를 독살했으니 파직 시키소서." 하였다. 임금이, "그가 어떤 사람과 교결(交結: 사귀어 정을 맺음)하였는가." 하니, 이에 논열(論列: 죄목을 들춰내어 열거함)하기를,

"박순, 정철, 이이, 박응남, 김계휘, 윤두수, 윤근수, 박점, 이해수, 신응시 등이 심의겸과 생사의 사귐을 맺고 서로 세력을 성원하여 조정을 탁란 시켰습니다. 그의 죄를 빨리 정하소서."174) 하였다.

이런 상황에서 의주목사 서익은, 정여립을 비판한 상소에서,

"전에도 정여립이었고 지금도 같은 정여립인데 어찌하여 지금와서는 직접 이이를 팔고서도 부끄러움을 모를 수가 있단 말입니

---

173) 선조실록 17권. 선조 16년 9월 9일 1번째 기사. 동 9월 11일 2번째 기사.
174) 선조실록 18권. 선조 17년 8월 18일 1번째 기사.

까."[175]하였다.

　물론 서익의 그 말 또한 당색에 집착한 자기중심적인 것이었다. 정여립이 전에는 재야에 있으면서 당색을 초월한 이이를 존경하였으나, 이제는 상황이 달라졌음을 전혀 염두에 두지 않은 것이다. 즉 이이는 평소 자신의 소신과는 상관없이 서인의 영수로 지목되어 그 당여들과 함께 비판의 대상이 되고, 정여립 자신은 동인 세력에 의하여 추천된 옥당의 수찬이 되었다.

　당시는 대개 '동인은 모두 나이 젊고 총민하고 학문과 덕행이 있으며, 명예와 절개에 스스로 힘쓰는 자들이었고, 반면 서인들 중에는 비록 어진 사대부도 있지만 이익을 탐하는 무리들이 그 가운데 섞여 있었다.'[176]고 믿는 것이 공론처럼 되어 있었다.

　구태여 정여립의 입장에서 그를 변명하자면 다음과 같이 말할 수 있다. 정여립은 이제 개인으로서 자신이 존경하는 이이를 논한 것이 아니고, 범국가적 차원에서 서인의 영수가 된 율곡과 그의 당여들에게 공인의 입장을 표명해야 할 시점에 와 있었다.

　당초에 정여립은 당색을 초월한 이이를 가리켜 성인이라 하였고, 그 후 한쪽 당의 영수가 된 이이와 그 세력들에 대하여, '나라를 망친 소인의 짓'이라고 한 것이다. 그리고 자신은 동인도 서인도 아닌 재야 선비로 낙향하였다.

　선조는 '정여립은 오늘의 형서'라 하여 서인들의 손을 들어주었고 그것은 기축옥사의 중요한 동인(動因)이 되었다.

---

175) 선조실록 19권, 선조 18년 5월 28일 2번째 기사.
176) 『괘일록』, 이희권 앞의 책 p.124.

제3절 기축옥사의 전모

기축옥사에 관한 사초(史草)는 임진왜란 때 모두 불타고 따라서
『선조실록』의 기사는 거의 없는 것이나 다름없다. 다만 추후에 이
사건을 합리화하기 위하여 쓴 『선조수정실록』의 편파적인 글이 있
을 뿐이다.

물론 『선조수정실록』은 정여립의 역모와 기축옥사의 정당성에
관하여 이를 입증할 수 있는 완벽한 시나리오(?)를 썼으리라 믿는
다. 하지만 그런 글들 중에도 수긍이 가지 않는 구절이 너무 많다.

『선조수정실록』이 근거 자료로 사용한 야사나 개인 문집 등은
앞에서도 살펴본 바와 같이 조작과 왜곡이 심하다. 특히 이들 글
의 내용은 대개 서인들이 쓴 것이고 다만 『괘일록』과 『동소만록』
만이 좀 다를 뿐이다

1. 모반의 동기

우선 그 내용을 보면,
『선조수정실록』에서는, 기축옥사의 원인으로 국가 위기의 간접
적인 원인과 정여립 개인의 불만 등 직접적인 동기로 나누어 썼다.

1) 간접적인 원인

이에 관하여 『선조수정실록』은 다음과 같이 기술하였다. 즉
'당시(선조 22년경) 국가는 군정(軍政)이 문란하고 재력이 탕갈
되었다. 해마다 흉년과 재변이 들고 도적이 일어났다. 민간에서는

항상 그 일족과 이웃의 군포(軍布)를 징수하는 것을 괴롭게 여기고 또 북쪽지방에서는 백성을 쇄환(刷還: 외국에서 유랑하는 동포를 데려옴)하는 요소가 많았다.

정여립은 백성이 반란을 생각하는 조짐이 있는 것을 보고 드디어 그들과 반란을 도모하였다.

해서(海西)지방은 풍속이 완악(頑惡: 성질이 완만하고 모짐)한데다가, 일찍이 임꺽정의 난리가 있음을 보고 (정여립이) 황해도사(黃海都事)가 되기를 청했으나 이루지 못하였다. (정여립이) 안악(황해도) 사람 변숭복, 박연령, 해주사람 지함두 등과 몰래 서로 교결하여 권유하니 응하는 자가 수백 명이 되었다.[177]' 하였다.

이를 요약하여 풀이하면,

정여립은 황해도 지역에 재변이 심하고 국정이 문란하여 반란의 기운이 있는 것을 보고, 또 황해도는 임꺽정의 난리가 있었던 지역이라, 드디어 역모를 결심했다. 그래서 황해도사(종5품 지방관리)가 되어 그 일을 추진하려 했다는 내용이다. 『선조수정실록』 편찬자가 정여립의 마음을 추측하여 쓴 글이다.

전주에 낙향하여 살고 있는 선비가 황해도 사람들의 반란 조짐을 알고 드디어 반역의 결심을 했고, 그에 응하는 자가 수백 명에 이르렀다 한다.

정여립은 말없이 죽었으니 그의 역심(逆心?)은 확인할 길이 없고, 전주에서 황해도는 너무나 먼 거리다. 전주(全州)도 아닌 황해도에서 일어난 일을 가지고 천리 길을 내왕하면서 반란을 계획했다니 아무리 초인적(超人的)인 능력을 가진 사람도 상상할 수 없

---

177) 선수 23권. 선조 22년 10월 1일 5번째 기사.

는 일이다. 이는 정여립 사건을 해서(海西: 황해도)지방에서 고변한 데 대한 변명서에 불과하다.

2) 직접적 동기

이에 대한 『선조수정실록』의 내용은 다음과 같다.

'정여립은 조정에서 물러나 쉬고 있었다. 조정에서 이를 애석하게 여겨 매양 청현직(淸顯職: 홍문관 등의 직)에 추천하였으나 임금이 끝내 윤허하지 않았다.

정여립이 원래 발호(跋扈: 사납게 날뜀)하는 뜻이 있었는데 억누름이 심하게 되자 배반하려는 모의를 더욱 펴게 되었다. 이에 강학(講學)을 구실 삼아 무뢰배들을 불러 모았는데 그중에는 무사나 승려들도 섞여 있었다.'[178]

한편, 정여립은 호강한 세력으로 남의 재물을 함부로 강탈하여 전원을 광대하게 점유하고 또 주군(州郡)에 구청(求請)하여 조금만 마음에 들지 않으면 대관에게 부탁하여 공격, 모함하였다.

그를 복종하며 따르는 자가 문을 메웠고 선물과 증유(贈遺)가 뜻에 차지 않음이 없었다. 그 자신이 실로 관가(官家)와 같았는데 이것으로 몰래 무리들을 모았다.'[179] 하였다.

쉽게 말하여, 정여립은 원래부터 반역의 기질이 있었는데 억누름이 심하자 배반하려는 마음을 먹고 몰래 무리들을 모았다는 뜻이다. 여기서 '원래 발호할 마음이 있었다'고 한 것은 앞에서 언급한 성장 배경에 문제가 있었음을 의미한다. 그 일은 사관(이식)의

---

178) 위의 기사.
179) 위의 기사.

추측에 불과하다고 앞에서 언급하였다.

정여립은 이미 말한 것처럼 '원래 관직 진출보다 학문에 뜻을 둔 선비'였다. 그가 수찬이 되었을 때도 주변의 눈치를 살펴 상황에 아첨하는 쉬운 길을 굳이 외면하고, 자진 사퇴하여 (천안을 다시 뵙지 못할 것입니다 하면서) 귀향한 사람이다. 당시 그는 자신의 취향에 맞게 가장 만족하고 있었을는지도 모른다. 과연 그가 억누름이 심하다고 생각했을까.

그리고 고향에 돌아와서 어느 정도 치부(致富)를 하고, 얼마나 행패를 부렸는지도 알 수 없다. 설혹 억누름이 심했다 해도 그 일 때문에 반역을 했다는 것도 어색하고, 또 반역을 계획한 사람이 그토록 방만하게 처신할 수 있는지도 의문이다.

다만 『선조수정실록』에서는 정여립이 '아주 형편없는 소인'이라는 데 그 글의 초점을 두고 썼음에 불과하다는 생각이 든다.

2. 풍수도참설의 유포

약 100여 년 전에 목자(木字, 李씨를 말함)가 망하고 전읍(奠邑, 정씨를 말함)이 일어난다는 참언이 있었다.

정여립은 기왕에 유포된 이러한 풍수설을 자신의 역모에 활용했다고 한다. 즉 『선조수정실록』에 의하면,

'정여립이 요승 의연과 모의하여 옥판에 이 글자(이씨가 망하고, 정씨가 일어난다는)를 새긴 다음 지리산 석굴 안에 숨겨두었다. 승도인 도잠, 설정 등과 산을 유람하면서, '아무 방위에 보기(寶氣)가 있다' 하고 같이 가서 그 글을 찾아내게 하였다.

의연은 운봉 사람인데 또 넌지시 풍자하여 말하기를,

'전주에 왕기(王氣)가 있다 하여 살펴보니 그곳이 전주 동문 밖
(정여립이 살던 곳)이다.' 하였다. 정여립은 말하기를 '내 아들 옥
남의 등에 왕(王) 자의 무늬가 있는데 피기(避忌: 회피함)하여 옥남
이라 하였다.'고 하였다. 정여립이 의연과 산천을 유람하다가, 폐사
(廢寺: 중 없는 절)의 벽에 다음과 같은 시(詩) 한 편을 썼다.

> 손이 되어 남쪽지방 노닌지 오래인데,
> 계룡산이 눈에 더욱 환하여라.
> 무자, 기축년에 형통한 운수 열리거니
> 태평성세 이루는 것 무엇이 어려우랴.

정여립은 지함두 등으로 하여금 말을 퍼뜨리기를,

'정팔룡(정여립을 말함)은 신용(神容: 신과 같이 거룩한 존재)한
사람으로 마땅히 왕(王)이 되어 계룡산에 도읍을 정할 터인데 머지
않아 군사를 일으킬 것이다.'라 하고, 또 '전주지방에 성인이 나타
나서 우리 백성을 구할 것이다.'[180]고 하였다.

풍수설에 관련된 유언비어는 그 근거를 따지기도 어렵고 또한
논의의 가치도 없다고 생각한다. 다만 정여립이 역모를 계획한 것
이 사실이라면 오히려 이런 참설(讖說: 앞일의 길흉에 관한 말)들
이 나오지 않도록 철저한 보완을 하는 것이 상례이다. 서인 측에
서, 그의 역모를 합리화하기 위하여 조작했거나, 혹은 정여립이 자
신을 과시하기 위하여 말을 퍼뜨렸을 가능성도 있다.

---

180) 선수 23권, 선조 22년 10월 1일 5번째 기사.

3. 역모 계획

정어립의 역모 계획에 관한 내용은 『선조수정실록』에 구체적으로 언급되어 있다. 이는 필시 『토역일기』와 『혼정록』을 근거로 했음이 분명하다. 『선조수정실록』에 소개된 정어립의 거사 계획은 다음과 같다.

'비밀로 부서를 약속하여 이 해 겨울 말에 서남지방에서 일시에 군사를 일으키기로 기약한다. 강물이 얼어 관방(關防: 국가의 방위)의 원조가 없기를 기다려 곧바로 서울로 쳐들어간다. 무기고를 불태우고 서강의 창고를 점거한다. 도성 안 심복의 내응(內應)으로 자객(刺客)을 보내 대장 신립(申砬)과 병조판서(兵曹判書)를 죽인다. 전지(傳旨)를 사칭하여 병사(兵使)와 방백(方伯)을 죽이도록 언약하였다. 대관에게 청탁하여 전라감사와 전주부윤을 논핵, 파면하고 그 틈을 타서 거사하기로 한다.'181) 하였다.

한편 『토역일기』에 나오는 죄인의 자백 내용도 이와 비슷하다. 즉 '경인년 정월 아무 날에 전주로부터 군대를 모은다. 전주의 관리와 전라도 병사, 감사는 금부도사를 거짓 칭하여 죽이고 다른 고을의 수령도 그렇게 죽인다. 서울로 들어가서 내응인 황억수와 함께 병조판서를 죽이고, 화약고를 불태운다. 길삼봉을 추대하여 우두머리로 삼는다. 사실은 길삼봉은 거짓 호칭이고 정어립이 우두머리이다.'182)라고 하였다.

다만 『혼정록』에서는, '서(황해도), 남(전라도)지방에서 일제히 군

---

181) 위의 기사.
182) 민인백 『토역일기』, 이희권 앞의 책, pp.178-179.

사를 일으켜 바로 서울을 범하려 하였다.'[183]고 하고, 『토역일기』
에서는, '군기와 군량은 내가(정여립이) 저장해 둔 것을 사용하며
각 관청의 것을 약탈하여 쓴다.', '홍제원에서 진을 치고 오랜 동
안 버틴다.'[184] 등의 기록이 있다.

위의 『선조수정실록』과 야사들을 비교하여 보면,
첫째, 정여립은 군대를 가지고 있지 않았다.
『혼정록』에서는 서, 남 지방에서 일제히 군사를 일으킨다고 하
였고, 『토역일기』에서는 전주에서 무기를 들고 서울까지 올라간다
는 죄인의 자백 내용과 특히 변사정의 다음과 같은 진술이 있다.
즉 변사가 말하기를,
'홍제원에 이르러 진을 치면 용산에 있는 서강창의 미곡을 먹을
수 있다. 그리고 싸우지 않고 오랫동안 버티면서 진을 풀지 않으
면 서울 밖의 미곡이 모두 우리 것이 된다. 그 외에 8도 각 지역
에서 (미곡을) 수송해서 올 것이다. (그 곡식들을 우리가 점거하고
있으면) 서울 도성 안의 사람과 말이 굶어 죽게 되어 결국 성문을
열게 될 것이다. 그 연후에 도성 안으로 가히 들어갈 수 있다'[185]
고 하였다.
『토역일기』에 나오는 이들 진술은, 정옥남(정여립의 아들), 박연
령, 박문장, 정소, 김세겸, 이광수, 이기, 박응봉, 방의신, 황언륜 등
이 자백한 내용이라[186] 하였다.

---

183) 혼정록, 『연려실기술 3』, p.410.
184) 『토역일기』, 이희권 앞의 책, p.178.
185) 『토역일기』, 이희권, 앞의 책, p.179.
186) 위의 책, p.178.

『선조수정실록』에서는 이들 야사들을 참고하였으면서 위의 내용들을 인용하지 않았다. 이들은 실현 가능성이 없거나 이치에 맞지 않는 말이기 때문이리라. 다시 말하여 군사작전의 실체를 정확하게 밝히지 못하였다.

무기고를 불태운다든가, 자객이나, 전지(傳旨)를 속여 병조판서와 각 병사들을 죽이는 일은 군사적 집단행동은 아니다.

만일 정여립이 군대를 이끌고 서울로 입성한다면 무기고를 (불태우지 않고) 점령하여 이를 탈취해야 한다.

결국 『선조수정실록』이 제시한 정여립의 반란계획은 소수 심복에 의한 일종의 요인 암살에 해당된다. 군사를 이끌고 서울에 들어왔지만 그 후의 행동은 개별적인 수준의 행동에 불과하다.

『토역일기』를 보면,

"정여립이 평소에 활 쏘는 사람들로 조직된 계원들을 황산에 모아 놓고 술이 막 반쯤 취하자 말을 꺼내기를,

'가까운 날에 조정에서 나에게 많은 군사를 주어 토벌할 일이 있을 것이라 하는데 누가 나를 따르겠느냐'고 물었다. 김제 교생 최팽진이 대열에서 나와 꿇어 앉아 말하기를, '제가 선생님을 따르겠습니다.' 하였다. 옥사가 일어나자 이 일이 역도들의 공초에 나왔는데 최팽전이 죄를 자백하였으므로 법에 따라 처리하였다."[187] 하였다.

여기서, '활 쏘는 사람들'은 계원들이고 '앞으로 많은 군사를 준다'는 말은 분군(分軍)을 말한다. 분군에 관하여는 다음 항목 대동계에 나온다.

---

187) 위의 책, p.190.

둘째, 『선조수정실록』에서 『토역일기』의 진술과 달리, 병판과 다른 병사는 죽이되 전라감사와 전주부윤은 대관을 시켜 파면한다 (『토역일기』에서는 죽인다고 하였음)고 한 것은 무슨 뜻인가.

아마도 기축옥사의 공격 초점이 이미 죽어 버린 정여립에 있지 않고, 여타의 다른 벼슬아치들에 있음을 암시한다. 『선조수정실록』은 이들 특히 대간을 장악한 동인 실세들을 정여립과 공범자로 보겠다는 것이다.

셋째, 이 내용들은 모두 황해도 지역의 고변자나, 고문에 의한 자백으로 그 신뢰성이 없다.

4. 역모의 고변

역모의 고변은 고발한 자와 밀고한 자 그리고 죄를 자백한 자로 구분할 수 있다.

1) 역모 고발자

역모를 고발한 자는 황해도 관찰사 한준, 재령군수 박충간, 안악군수 이축, 신천군수 한응인 등이다.[188] 그 과정을 살펴보면 다음과 같다.

『선조수정실록』에 의하면,

"먼저 황해도 구월산의 중(僧) 의연이 재령군수 박충간에게 비밀히 고하였다. 박충간은 이를 안악군수 이축에게 알리고, 이축은 자신의 외가 친척인 남절을 통하여 정여립의 제자 조구와 접선하였다. 이축은 이를 다시 박충간과 신천군수 한응인 그리고 황해도

---

188) 선수 23권, 선조 22년 10월 1일 5번째 기사.

관찰사 한준에게 알렸다.[189]"고 하였다.

한편 『괘일록』에 의하면,

"송한필의 무리들이 황해도 땅에서 어리석은 백성들을 꾀어서 말하기를,

'전주에 성인이 났으니, 즉 정수찬(정여립)이다. 길삼봉(吉三峰)과 서로 친하게 왕래하는데 삼봉은 하루 300리 길을 걸으며 지혜와 용맹이 비할 데 없는 역시 신인(神人)이다. 너희들이 만일 가서 볼 것 같으면 벼슬이 스스로 올 것이다.' 하였다.

교생 변숭복, 박연령 등 몇 사람이 그 말을 듣고서 정여립에게 가 보니 여립도 그들을 후하게 대접해서 보냈다. 그때에 재령군수 박충간이 이축에게 달려가서, '정여립의 역적 음모가 이미 드러났으니 속히 도모해야겠다.' 하였다. 박충간은 이축과 한응인을 몇 차례 방문한 뒤, 이들을 협박, 공갈하여 드디어 감사에게 보고하는 장계를 올렸다.[190]"고 하였다.

『선조수정실록』에서는 송익필 형제에 관련된 내용을 기술하지 않았다. 다음에서 우선 위에 열거된 인물들을 살펴보자.

한준(1542 - 1601, 청천군 좌참찬)

한준은 수양대군의 책사인 한명회의 동생 한명진의 6세손이다. 그는 선조 20년 정해왜변 때, 왜석의 형세가 욍성한 것을 보고 감사(전라감사)의 직분을 잊고 도망쳐 버린 위인(爲人: 사람 됨됨이)이다. 그때 당시의 기사를 보면 다음과 같다. 즉 사헌부가 아뢰기를,

---

189) 위의 기사.
190) 괘일록, 『연려실기술 3』, p.415.

"전라 감사 한준은 이대원이 패하여 죽었을 당시 순천에 도착하여 적의 형세가 왕성하다는 말을 듣고 내지(內地)로 급히 돌아갔습니다. 그때 노약자들이 길을 막고 붙들면서 호소하였지만 돌아보지도 않고 벌벌 떨며 물러가 웅크렸기에 남쪽 백성들에게 욕을 먹었습니다. 파직시키소서." 하니 체차(遞差: 경질)하라고 왕이 답하였다.[191]

반면, 전주의 정여립은 남언경의 지시에 따라 분군의 책임자가 되어 출병한 일이 있다. 국가가 위기에 처했을 때 감사의 높은 관직에 있으면서 도망간 자가 그 2년 후 국가방위를 위해 자진 출두했던 정여립을 역모로 고변하여 죽인 것이다. 자세한 것은 대동계 조항에서 설명하겠다.

박충간(? - 1601, 상산군)

박충간은 그의 형이 덕산 현감으로 있을 때 작폐가 심하여, 당시 청홍도 관찰사 안방경이 그를 두고, '덕산에 현감이 둘이 있다.'고 말할 정도로 못된 성격을 가진 위인이었다.[192]

임금이 역적 체포를 맨 먼저 도모한 박충간, 이축 등을 녹훈하자 양사가 포상이 외람됨을 논하였다. 지평 윤형은 심지어 중종 때 노영손의 고변을 예로 들어 녹훈의 부당성을 지적한 바 있다.[193](노영순의 고변은 후술하겠다)

박충간의 서자 박치의는 광해군 때 조령의 도적당(박응서, 서양

---

191) 선조 21권, 선조 20년 6월 4일 1번째 기사.
192) 명종실록 32권, 명종 21년 3월 27일 1번째 기사.
193) 선조실록 24권, 선조 23년 2월 12일 2번째 기사.

갑 등)으로, 서울 상인들을 죽이고 포도청에 잡혔다. 국구 김제남
과 몰래 통하여 영창대군을 임금으로 받들려 하였습니다.'고 하였
다. 그 일부는 사형을 당하고 박치의는 도주하여 끝내 잡히지 않
았다.[194]

한응인(1554 – 1614, 우의정)

한응인은 김장생(이이의 제자)과 친 사돈이다(한응인의 며느리가
김장생의 딸이다). 김장생은 역시 정철과 친 사돈간이다(김장생의
누이가 정철의 아들 정기명의 아내다). 정철의 아들은 한응인의 며
느리에게는 고모부가 되며, 이들 세 인사는(김장생, 정철, 한응인)
모두 친 사돈간이다.

한응인은 의표는 결백하였으나 재주와 국량이 없어 백구상공(白
鳩相公: 속 좁은 재상)이라 불리었으며 스스로도 백졸(百拙)이라
호를 지어 자조하였다 한다.[195]

이축(1538 – 1614, 좌참찬)

이축은 양녕대군의 고손자로 그의 증조할머니가 포은 정몽주 선
생의 손녀이다.[196] 그의 어머니는 의령 남씨로 남언경과 8촌간이
다. 친척 중에 남절(南截)이란 자가 있어서 정여립을 밀고했다.

임진왜란이 일어나자 이축, 한준은 공신의 몸으로 처음부터 임

---

194) 하담록, 일월록, 『연려실기술 4』, pp.87 – 89.
195) 광해군일기 76권, 광해 6년 3월 23일 7번째 기사.
196) 이축의 증조모(정포은의 손녀)는 그의 형제(정보, 즉 정포은의 손자)가 사육신 사건에 관련
    되어 서녀가 되었다. 그 일로 이축의 조부들은 모두 서자가 되었다. 고종실록 40권, 고종
    37년 5월 19일 2번째 기사.

금을 호종하지 않고 까닭 없이 뒤쳐졌다 하여 사간원의 탄핵을 받았다.[197] 특히 이축이 더 비겁했다.

상소 내용 한 대목을 보면, 즉 사간원이 아뢰기를,

"종산군 이축은 원훈 재신으로서 마땅히 국가와 더불어 휴척(休戚: 기쁨과 근심, 걱정)해야 합니다.

그는 왕사에 충실하지 않고 오직 숨어 다니며 목숨 보전하는 것만 꾀하였습니다. 변란이 일어나자 어디로 도망갔는지 알 수 없으며 그가 국은(國恩)을 배반한 죄는 이미 들어났습니다."[198] 하였다.

송익필(1534 - 1599, 성리학자), 송한필(송익필의 동생)

송익필은 이이, 성혼과 사귀어 성리학에 통달했으며 그 문하에 김장생, 정엽 등 여러 선비를 키웠다. 그 부친인 송사련이 서출(庶出) 소생으로 중종 때 '안당의 옥사'를 일으켰다. 선조 9년, 안당 등의 무죄가 밝혀지면서 이들 형제는 다시 비운(悲運)의 길을 걷게 되었다.

당시 이들 형제에 대한 선조의 전교와 『사신』의 평을 소개하면 다음과 같다. 『선조수정실록』에, 상이 형조에 전교하기를,

"사노(私奴) 송익필 형제가 조정에 원한을 품고 기필코 일을 만들려 하였다. 조헌이 올린 소장도 이 사람이 사주한 것이라 하니 통분스러운 일이다.

종으로서 주인을 배반하고 나타나지 않으니 더욱 놀랍다. 잡아 가두고 끝까지 추국하라." 하였다. 『사신』이 평하기를,

---

197) 선조실록 32권, 선조 25년 11월 3일 4번째 기사.
198) 선조실록 39권, 선조 26년 6월 17일 8번째 기사.

"안 씨의 자손들이 송사를 일으켜 결단코 천적(賤籍: 천한 신분)으로 환속(還俗: 천한 신분이 됨)시키고 죽어서 원수를 갚으려 하였으므로 송익필 등이 모두 도망하였다. 이들은 이산해, 정철 능이 서로 숨겨 주어 죽지 않게 되었다."[199]고 하였다.

『선조실록』에 나오는 『사신』의 평을 보면,

"송익필은 종으로서 주인을 배반하여 인륜에 죄를 지었다. 그 은미한(겉으로 들어나지 않은) 심술이 부정에 근본을 두었기 때문에 기축옥사 때 정철, 백유함 같은 무리의 심복이 되어, 없는 죄를 만들어서 한 시대의 청류로 하여금 마침내 살아남지 못하게 하였다.[200]" 하였다. 다음 장에서 다시 논의하겠다.

2) 역모 밀고자

역모를 밀고한 자는 보인(保人: 군인 보조병), 조구, 진사 남절, 이수 등이다. 밀고인 학사 이수, 강응기는 당상으로 승진되고, 보인 조구는 정직(正職)에 제수되었다.[201] 남절은 온양 군수가 되었는데 임진왜란 때, 왜적이 고을에 이르기도 전에 도망하여 집으로 가 숨었다. 이에 왕은 전교하기를,

"군법에 따라 처단하고 경리에게 고해야 한다. 그리고 속히 처결하라는 일로 비변사에 말하라"[202] 하였다.

---

199) 선수 23권, 선조 22년 12월 1일 11번째 기사.
200) 선조실록 109권, 선조 32년 2월 18일 3번째 기사.
201) 선조실록 23권, 선조 22년 12월 16일 1번째 기사.
202) 선조실록 93권, 선조 30년 10월 9일 4번째 기사.

3) 복주(伏誅: 형벌을 받고 죽음)된 자

① 해서지방의 죄인들

죄인들은 빌어먹는 무식꾼들이었다.

정옥남과 박연령이 포박되어 해서(황해도)의 죄인과 함께 궐 앞뜰에 잡혀 왔다. 임금이 친히 임어하여 국문하였다. 정옥남의 공초에,

"길삼봉이 모주(謀主: 역모의 주범)이고 해서(황해도) 사람 김세겸, 박연령, 이기, 이광수, 박익, 박문장, 변숭복이 수시로 왕래하여 교제가 친밀하였습니다. 중 의연과 도사 지함두가 서당에 주재하여 함께 거쳐하며 모의했습니다."[203] 하였다.

한편 『괘일록』에는 다음과 같은 글이 있다.

'반역을 모의한 우매한 백성 몇 사람을 황해감사 한준(韓準)이 칼을 씌워 올려 보냈다. 선조가 친히 국문한, 즉 모두가 빌어먹는 곤궁한 백성들이었다.'

선조가 웃으면서 말하기를,

"정여립이 비록 반역을 한다 해도 어찌 이 같은 무리들과 함께 모의야 했겠느냐." 하시고 묻기를, "너희들이 반역을 했느냐." 하니 대답하기를,

"반역(反逆)은 알지 못하나 반국(叛國)은 하려 했습니다." 하였다.

'반국이 무슨 뜻이냐고 물으니 대답하기를, "의복과 음식에 여유가 있는 것이라 하였다. 사건의 정상이 분명치 못하여 정여립이 오기를 기다려 놓아 보내려 하였다. 그때 정여립이 자살했다는 소식이 들어와 서인들은 기뻐 날뛰고 동인들은 의기소침(意氣銷沈)

---

203) 선수 23권, 선조 22년10월 1일 6번째 기사.

하였다.'204) 하였다.

이들이 처형된 과정은 다음과 같다.

선조 22년 10월 11일.

판돈녕 정철(鄭澈)이 고양으로부터 들어와 숙배한 후 비밀히 차자를 올렸다.205)

선조 22년 10월 15일.

죄인(罪人) 이기, 이광수 등이 정여립과 반역을 공모한 사실을 승복하여 당고개에서 교수되었다.206)

선조 22년 10월 17일.

안악의 수군(水軍) 황언륜, 방의신 등이 정여립의 집에 왕래하며 반역을 공모한 사실을 승복하여 복주되었다.207)

같은 날 정여립이 진안 죽도에서 자결하였다.

선조 22년 10월 20일.

박연령 등을 체포하여 친국하자 정여립과 공모한 사실을 승복하여 군기시 앞에서 책형(磔刑: 죄인의 사지를 찢어 죽임)하였다.208)

② 호남지방의 죄인들

호남의 죄인들은 죽을 때까지 죄를 승복하지 않았다.

『선조수정실록』을 보면,

"이광수, 박언령, 지함두 등이 잡혀 들었는데 이들은 정홍(호남

---

204) 『괘일록』 이희권, 앞의 책 p.132.

205) 『연려실기술 3』, p.417.

206) 선조실록 23권, 선조 22년 10월 15일 1번째 기사.

207) 선조실록 23권 선조 22년 10월 17일 1번째 기사.

208) 선조실록 23권, 선조 22년 10월 20일 1번째 기사.

사람), 방의신, 황언륜과 함께 모두 복주(伏誅: 형벌을 받아 죽음)
되었다.

이진길, 정여복 형제, 한경(고부의 선비로 정여립에게 수학한 자
이며, 그 정상을 알고 변고를 위에 고하려 했다고 함), 송간(태인의
무인으로 상변하려 했음), 조유직, 신여성 등은 곤장을 맞고 죽을
때까지 승복하지 않았다. 중 의연은 김제 숲속에 숨어 있다가 잡
혀 복주되었다."[209]고 하였다.

4) 왜 고변이 황해도에서 나왔을까
이에 대한 해답은 역대 군왕들의 행동에서 유추할 수 있다.
① 선대왕들의 악습(惡習)
선조는 선대왕(先代王)들이 저지른 악습(惡習)을 이어 받아 죄
없는 선비들을 마구 죽였다. 그는 연산군, 중종, 문정왕후처럼 살
육(殺戮: 사람을 마구 죽임)과 숙청만이 왕권을 유지할 수 있는 가
장 확실한 수단이라고 생각했을 것이다. 조선조 왕들이 일으킨 사
화나 옥사를 보면 대개 일방적인 고변으로 충분하였고, 구태여 대
간의 탄핵이나 금부당상의 법에 따른 절차가 필요 없었다. 선조의
할아버지인 중종 시대, 무고 사건들을 예로 들면 다음과 같다.

사례 1. 김공저, 박경, 조광보 등의 일
김공저 등이 박원종, 노공필을 해치려 한다 하므로 잡아다 국문
하고 이들을 참형에 처하였다. 고변자는 심정, 김극성, 남곤이고
추관은 유순, 유자광, 박원종, 유순정, 성희안이었다. 대신을 모해

---

209) 선수 23권, 선조 22년 10월 1일 6번째 기사.

하는 말을 듣고서도 고하지 않았던 정미수 등은 유배를 갔다. 당시 정미수(우찬성, 문종의 외손, 경혜공주의 아들)는 공술하기를,

'조광보가 유자광, 박원종을 해하려 한다 하므로 신은 미친 말로 생각하고 귀담아 듣지 않았습니다.'[210) 하였다.

사례 2. 노영손의 고변

노영손의 고변으로 이과, 하원수, 손유는 능지처사하고 윤귀수, 신희철, 유흥조, 유영, 윤철영은 결장 1백 대에 삼천리 길 유배령을 내렸다.[211) 이 무고로 중종은 자신의 동생 진성군(甄城君)을 죽였다. 그는 후에 그 일을 두고두고 후회하였다.

사례 3. 정막개의 고변

의정부 노복 정막개는 천한 신분으로 태어난 것을 평생의 한으로 생각하였다. 마침 박영문, 신윤무 등이 불평한 말을 듣고 이들을 역모로 고변하였다. 옥사는 다른 증거는 없고 단지 정막개가 고변한 내용대로 이루어졌다. 박영문은 두 번 고문받았으나 말하지 않았고, 신윤무는 매를 맞을 때마다 이를 견디지 못하고 매양, '그렇소', '그렇소' 하고 대답하였다.

사실 정막개가 신윤무의 집 마루 밑에서 이들이 한 말을 자세히 들었다고 하였지만 사람들의 진술에 의하면, 그 마루는 너무 얕아서 사람이 엎드려 들어갈 수도 없을 정도였다고 한다. 당시 『사신』은 평하기를,

---

210) 중종실록 2권, 중종 2년 윤 1월 27일 3번째 기사.
211) 중종실록 3권, 중종 2년 8월 29일 12번째 기사.

'대저 즉위(중종) 초에 녹공이 너무 많아서 사람마다 화를 만들기를 좋아하여 밀고하는 문이 열렸다.'[212]고 한탄하였다.

사례 4. 신사무옥

남곤, 심정 일파인 송사련의 고변으로 안당(安瑭)의 집안 가족이 모두 화를 당하였다. 송사련(宋祀連, 1496 - 1575)은 안돈후의 서녀 감정의 아들로 평소 사주를 잘 보았다. 사주를 본즉, 자신은 그 해에 운수 대통하여 부귀 공명할 운이고, 안당의 집 사람들은 죽고 망할 운이었다. 그는 엉뚱한 생각을 현실로 실행하여 드디어 허위 사실을 날조, 안당 집안사람들을 고변하였다.[213]

역모의 고변이 들어오면 천하의 재상이라 해도 입을 다물어야 했고 역대 군왕들은 그 못된 무고(誣告)의 행동을 은근히 이용하여 그들 절대적인 권력을 유지하였다.

이러한 선대왕들의 그릇된 선례로 당시 조선왕조의 풍토는 언제 어디서나 밀고가 가능하였다. 특히 정여립은 왕의 미움을 사고 있었고 황해도는 다음과 같은 몇 가지 고변에 유리한 조건들을 갖고 있었다.

② 해서지방의 여러 조건들

첫째, 해서(海西: 황해도) 지역은 이이가 살던 곳이요,[214] 그곳은 '송한필의 무리들이 우매한 백성들을 속이고 있었다'[215]는 지역이다.

---

212) 중종실록 19권, 중종 8년 10월 25일 1번째 기사. 이 내용에 관하여는 김재영, 『중종을 움직인 사람들』(파주, 한국학술정보, 2008) 제4장 참조.
213) 중종실록 43권, 중종 16년 10월 11일 2번째 기사. 『연려실기술 2』 p.345.
214) 선수 19권, 선조 18년 4월 1일 4번째 기사.
215) 『괘일록』, 이희권, 앞의 책, p.130.

또한 박충간, 한응인(그는 별다른 선정(善政)을 베푼 일이 없고, 여러 번 대간이 되었으나 곧은 의논을 낸 일이 없으며,216) 김장생 등과 사돈이다.), 한준(앞서 말한 대로 정해왜변 때 도망쳤던 전라 감사이다.) 등이 관직에 포진하고 있어 서인들의 영향력이 컸던 지역이었다.

반면 전주 지역에서는 정여립이 사람들의 절대적인 호응을 받고 있었다. 즉 당시 정여립을 반역으로 혹평하고 있던 『선조수정실록』을 보면,

"그가(정여립이) 거주하는 고을의 이민(吏民: 관리와 백성) 남녀가 그의 침독(侵毒: 침범하여 해를 끼침)을 괴롭게 여겼는데 감사, 수령, 사신의 무리가 앞을 다투어 모여들어 공장(供帳: 연회용 설비와 막)과 번다한 비용이 드는 것을 보고 모두 원망하여 말하기를,

'이 적(賊: 정여립)이 무슨 사랑할 만한 일이 있기에 아는 사람이 저처럼 많단 말인가.'217)할 정도였다."

둘째, 해서 사람들은 정여립에 관하여 생소하다.

전혀 아는 것이 없는 사람들에게 유언비어를 만들고, 이들을 유혹하는 것은 별로 어려운 일이 아니다. 정여립이 누구인가를 전혀 모르고 있던 해서(海西) 사람들은 그 누군가의 의도적인 술수에 쉽게 속았고, 잡혀 들어간 뒤에도 곧바로 각본대로 자백하여 정여립의 역모를 정당화해 주었다.

셋째, 해서 지역은 임꺽정의 악몽이 아직 사라지지 않고 있었다. 위의 조건들은 선조를 충동하기에 알맞은 곳임을 뒷받침한다. 역모

---

216) 선조실록 19권, 선조 18년 4월 21일 2번째 기사.
217) 선수 23권, 선조 22년 10월 1일 7번째 기사.

가 서(황해도), 남(전라도) 지역에서 동시에 일어나고 특히 임꺽정의 악몽이 되살아난다고 하면 소심한 선조는 극히 민감한 반응을 할 것이기 때문이다.

결국 정여립 사건은 처음부터 끝까지 황해도에서 이루어졌다고 해도 과언이 아니다. 역모의 밀고와 고변이 황해도에서 시작되었고, 이를 정여립에게 알려 주고 같이 죽은 변승복과, 정여립의 아들 정옥남과 같이 잡혀와 역모를 자백한 박춘룡, 정여립과 공모를 자복하여 죽은 사람들이 모두 황해도 사람들이었다.

전주 땅에서 천리 길이나 떨어진 황해도 사람들이 스스로 사건을 꾸미고 죄를 받은 것이다.

③ 호남 지역의 조작된 사건들의 정체는 무엇인가

호남 지역에서 일어났다는 일련의 사건들을 보면 극히 애매하여 과연 그 일들이 사실인가 의심스럽다. 그 예를 들면 다음과 같다.

사례 1. 해서 지역에서는, '호남, 전주지방에서 성인이 나서 우리 백성을 구제할 것이다.'란 말이 자자하게 떠돌았다. 어리석은 백성들이 그 말을 듣고 와자하게 (그 말이) 전파되었다. 호남의 사인(士人: 벼슬을 하지 않은 선비)들도 더러는 정여립이 장차 군사를 일으키려고 도제(徒弟)가 그 사이에 왕래한다는 말을 전해 들었다.

승려와 무뢰한이 뒤섞여 거쳐하고 남녀가 분별이 없음을 보고 크게 의심하였다.

사례 2. 장성의 사인(士人) 정운룡이 처음에는 정여립과 교유하였으나 그의 소위를 보고 깜작 놀랐다. 장성 현감 이계(李啓)에게 말하여 상변(上變: 급변을 위에 고함)하려 하였으나 단서를 잡지 못하였다. 정여립에게 편지를 보내 다른 일을 의탁해서 그를 끊어버린 다음 경기지방으로 피신하였다.

사례 3. 정여립의 형 정여복은 먼 마을에 떨어져 살았는데 (동생 정여립이) 난을 일으키려는 조짐이 있음을 살피고 경계의 편지를 보냈다.

여립이 그 의도를 알아채고 몸소 형의 집에 찾아가 다른 뜻이 없음을 스스로 변명하니 감히 고발하지 못했다. 정여립의 사위 진사 김경일도 고부에서 민간에 전파된 말을 듣고 편지를 보냈다. 정여립이 답서를 보내 경계하기를,

"나를 원수로 여기는 자가 이러한 말들을 지어낸 것이니 절대로 입에 담지 말고 또 문자에 드러내지 말도록 하라."고 하였다.

사례 4. 이길(李洁)이 임금의 부름을 받고 상경 길에 금구에 들려 여립의 집에 여러 날 묵었다. 술을 마시는 자리에서 여립의 말이 수상하여 힐문(詰問: 책망하여 묻다)하니, 붓을 술에 적셔 소반에 썼다.

이길이 깜짝 놀라 은진현 현사로 달려가 그의 형 이발(李潑)에게 편지를 썼다. 그리고 현감에게 말하기를,

"도중에 도적의 위협이 있을 듯하니 군병을 호행해야겠습니다." 하였다.

과연 도중에 장사 두세 사람이 군장 차림으로 지나갔는데 방비가 있는 줄 알고 감히 접근하지 못하였다. 이길이 형 이발과 상의

하여 (정여립을) 처치하려 하였으나 미치지 못하여 드디어 말을 숨겼다. 이발이 아우의 편지를 보고 달려가 삼례역에 이르렀을 때 역변을 들었기 때문이다.

야사에서는 정여립이 소반에 술로 글자를 써서 장차 반역의 뜻을 표시하였다.[218] 하고, 『선조수정실록』에서는, '세상에서는 정여립이 (당시 이길에게) 한 말이 무엇인지를 몰랐다.[219]'고 하였다.

사례 5. 고부의 사인(士人) 한경(韓憬)은 정여립에게 수학하였는데 그 정상(정여립의 역모를 말함)을 알고 상변하려 하다가 미처 못 하였다. 집에 돌아와 여러 날 굶었다고 하였다.

사례 6. 태인의 무인(武人) 송간(宋侃)은 정여립이 여러 차례 찾아와 부득이 만났다가 수개월 동안 억류당하였다. 그도 정여립의 그 정상을 알고 상변하려고 하였으나 미처 행하지 못하였다고[220] 하였다.

이상 사례들을 보면 모두가 잡혀 죽은 자들의 말로 신빙성이 없다. 그 내용도, 막연히 '의심하였다', '상변하려 하였으나 단서가 없었다', '다른 뜻이 없다고 말하였다', '전혀 확인할 길이 없다' 등으로 극히 애매한 말뿐이어서 논의의 대상이 될 수 없다.

특히 이길의 경우 해서에서 들어온 (정여립 역모의) 고변은 10월

---

218) 부계기문, 계갑록, 『연려실기술 3』, p.426.
219) 이상 사례 1에서 4까지는 선수 23권, 선조 22년 10월 1일 5번째 기사에 있다.
220) 사례 5, 6,은 위의 실록 6번째 기사임

인데 이들이 만났다는 시기는 8월 그믐께[221]와 9월[222]로 되어 있어 시기상으로도 맞지 않는다. 이 말들은 필시 정여립의 역모를 정당화하기 위하여 교묘하게 꾸며낸 악의적인 수식어늘에 불과하다.

5. 의문의 죽음

정여립의 죽음을 자신의 눈으로 직접 확인하고 쓴 기록은 오직 민인백의 『토역일기』뿐이다. 『선조수정실록』이나 기타 자료들은 모두 이 글을 근거로 작성하였음이 틀림없다. 우선 『선조수정실록』을 보면 다음과 같다.

『선조수정실록』

"조구(趙球)가 (정여립을) 고변했다는 말을 듣고 변숭복이 안악으로부터 정여립에게 달려가 고하였다. 그는 4일 만에 금구에 도착하였다. 정여립이 곧 박연령의 아들 박춘용, 자기 아들 정옥남과 함께 밤을 이용하여 도망했다. 집안사람들은 알지 못하고 있었다. 금부도사 유담(柳湛)이 이튿날 금구와 전주 두 곳의 집을 엄습했으나 잡지 못하니 도성 안이 진동하였다."[223] 정여립이 도망하여 진안의 산골짜기에 숨었다. 진안 죽도에 그의 서사(書舍)가 있으므로 그 근처에 숨은 것이다. 현감 민인백이 수색하여 그를 잡았다.

정여립이 정옥남 등 3인과 밭가 풀 더미 속에 숨어 있었는데, 관군이 포위하자 형세가 궁박하게 되어 변숭복을 먼저 베고 옥남

---

221) 『부계기문』, 『계갑록』, 『연려실기술 3』, p.426.
222) 민인백, 『토역일기』, 이희권, 앞의 책, p.194.
223) 선조수정실록 23권, 선조 22년 10월 1일 5번째 기사.

을 베려 하였다. 옥남은 칼을 피하여 살아났다. 정여립은 즉시 칼을 거꾸로 꽂고 목을 늘여 찔러 죽으니 그 소리가 소 울음과 같았다. 민인백이 산 채로 잡으려고 군사에게 다그치지 않고 그의 자(字)를 부르며,

"'대보(大甫: 정여립의 자)야, 내 말을 들으라, 조정에서 대보가 딴 마음이 없음을 알 터이니 스스로 변명하라.' 하였다. 정여립이 이에 응하지 않고 죽었다."[224]고 하였다.

『토역일기』

『토역일기』에 나오는 정여립 자살에 관련된 일지를 보면 다음과 같다.

"선조 22년 10월 7일, 전라감사 이광(李洸)이 진안현감 민인백에게 공문을 보냈다. 죽도의 정여립 서당을 수색하여 토벌하라는 내용이었다.

그곳에 달려가니 정여립은 없고 승려 지영(志永) 등 6명과 관리인 1명이 집을 지키고 있었다. 캄캄한 빈방과 다락 위에는 쌀 200여 석과 찧지 않는 잡곡 100여 석이 있었다.

10월 8일, 각 고을에 포도막(捕盜幕: 도둑을 잡기 위해 설치한 막사)을 설치하고 검문, 검색을 강화하였다.

10월 6일(8일의 착오인 듯), 저녁에는 의금부 도사와 선전관이 전주에 들어와 대각을 불고 종을 쳐 군대를 모았다.

10월 10일, 각 면의 임원을 불러 모으고 체포를 당부하였다. 아울러 위장과 부장을 정하였다.

---

224) 위의 실록 6번째 기사.

10월 11일, 독포어사 이대해와 선전관 이인남이 전라도에 들어 왔다.

10월 14일 새벽, 행장을 정리하여 신원(新院)에 도착하였는데 보 고가 들어왔다. 그 내용은 다음과 같다.

진안 관아 아전의 보고서를 받아 보니 황당한 사람이 서면(西面: 현재의 진안군 부귀면)에 나타나서, 면민 박장손이 마을 사람 9명 을 거느리고 추격 중이라 했다. 관아의 문루에 올라 대각을 불고 북을 치게 하였다.

이 소리를 듣고 눈 깜짝 사이에 모여든 사람이 150여 명이었다.

즉시 인솔하고 산척점(주막이나 여관)에 이르니, 다복동(부귀면 오룡 부락) 촌민 36명이 적(賊: 정여립)을 포위하고 있었다.

그들은 그(정여립)의 위세를 두려워하여 이름을 부르지 않고 '아 무개'라고만 하였다.

때는 해질 무렵, 적들은 다복동 동쪽에 있었다.

뒤에는 절벽이 가파르게 솟아 있고 좌, 우와 앞은 나무숲이 파 랗게 빽빽하였다. 적들이 일어서면 얼굴이 보이고 앉으면 형체가 보이지 않았다. 적들 중 한 사람이 가끔씩 군도를 휘두르며 위용 을 부렸다.

내(민인백)가 정여립의 이름을 부르며 크게 꾸짖기를,

'네가 임금 앞에서 경선(經典)을 강론히며 모시던 신하로 감히 반란을 도모하였기로 체포를 명하였으니 마땅히 귀순하여 형벌을 받아야 한다. 어찌 칼을 빼어 들고 체포에 항거하느냐.' 하였다.

정여립은 아무 대답도 없이 4인이 즉시 앉으니 형체가 보이지 않았다.

나는 그를 사로잡지 못할까 염려되어 친근한 자 2명을 시켜 몰래 염탐케 하였다. 칼을 손에 쥔 자가 말하기를,

'전주(全州)에서 천만 군대 가운데서도 능히 탈출하였는데, 지금이 군대는 200명이 되지 않으니 칼을 휘두르고 벤다면 달아날 수 있습니다.' 하였다.

정여립이 말하기를,

'저들이 모두 쇠뇌 시위를 한껏 당기고 있어 도주할 방법이 없다. 부질없이 무고한 양민을 죽일 것인가. 우리들이 일찍 자결하는 것이 좋겠다.' 하였다.

갑자기 정여립이 칼을 빼앗아 그 사람에게로 다가가니 그가 목을 느리어 칼을 받았다. 두 사람이 칼을 맞고 쓰러졌다.

정여립이 마침내 칼을 땅에 꽂아 놓고 목을 느리고 엎드려 칼을 받았다.

두 사람의 시신과 포로들을 전라감사에게 바치려, 일행이 곰팃재를 넘었다. 그때 복병이 화살을 난사하며 싣고 가던 시체와 포로들을 탈취코자 하였다.

내가 관군에게 명하여 응사하니 복병들이 곧 후퇴하여 도망하였다."[225] 하였다.

두 기록(토역일기와 선조수정실록)의 차이점

『선조수정실록』과 『토역일기』는 앞서 살펴본 대로 다음 두 가지 큰 차이가 있다. 『선조수정실록』은

첫째, 정여립이 자결한 장소가 다복동이 아니라 죽도 근처이다. 죽도 근처란 현재 진안읍 가막리 혹은 상전의 내송 부락을 말한

---

225) 민인백, 『토역일기』, 이희권, 앞의 책, pp.165 - 172.

듯하다.

둘째, 민인백이 정여립에게 부르짖던 말도 '반란을 도모했다'고 하지 않고, '조정에서 그대가 딴 마음이 없음을 안다.'고 하였다.

몇 가지 의문점

이상의 기록에 대하여 다음 몇 가지 의문이 제기된다. 즉

첫째, 정여립은 이미 10월 6일경에 자신이 고변되었음을 변승복으로부터 들었다.

만일 그 일이 사실이라면 정여립은 왜 전주의 자기 집도 들리지 않고 곧바로 진안으로 도망하였을까. 고변을 받았으면 우선 집으로 달려가 자신이 가지고 있던 편지나 서류 등을 모두 없애야 했다. 그리고 죽도는 이미 현감 민인백이 먼저 들어와 자신의 체포를 기다리고 있을 터인데 그가 호랑이 굴로 스스로 찾아갈 이(理)가 없다.

정여립이 정말 반역을 꾀하였다면 '한번 호령으로 군대를 모으거나', 그 자리에서 자결을 할 수는 있어도 적어도 도망가지는 않았을 것이다.

둘째, 변승복이 찾아왔다는 10월 6일부터 정여립이 자결했던 10월 14일까지 8일간 정여립 등은 어디서 무엇을 하고 있었을까. 이들은 그날 밤(10월 6일) 금구에서 전주로 왔다고 했다. 다음 전주에서 진안은 단 하루거리도 되시 않는다.

『토역일기』에서는, '낮에는 잠복하고 밤에 걸어서 진안 경내의 서면(지금의 부귀면)에 숨었는데 3일간이나 익힌 음식을 먹지 못했다.' 했다. 하지만 또 다른 4일간은 어디에 있었는지, 민인백도, 정옥남도 그에 관한 진술이 없다.

셋째, 『토역일기』에서는 왜 정여립이 자결한 장소를 다복동으로 바꾸었을까. 그리고 그의 자살 장면을 필요 이상으로 자세히 묘사한 점도 수상하다. 마치 요즘의 '묘기 대행진'을 보는 기분이다.

넷째, 정여립은 자신의 고변을 정말 알고 있었을까. 만일 이를 알았다면 언제 알았을까.

다섯째, 도대체 변숭복의 정체는 무엇일까.

그의 이름은 안악에서는 변숭복이지만 전주에서는 변사, 동래에서는 백일승이라 했다.[226] 그는 혹시 해서의 조구와 같은 편이 아닌가. 그리고 그는 누구의 칼에 맞아 죽었을까. 등 의문이 꼬리를 물고 제기된다.

역사학자들의 주장

이런 저런 의문점에 관하여 그동안 사가(史家)들마다 여러 의견들을 제시한 바 있다.

① 남하정의 『동소만록』

먼저 남하정은 그의 『동소만록』에서 다음과 같이 말하였다. 즉

'정여립이 진안 죽도에서 마침 휴식을 즐기고 있었다.[鄭汝立方遊鎭安竹島]

그때 현감 민인백이 군사를 인솔하고 그를 포위하여 살해하고 그가 자결하였다고 보고하였다.'[227] 하였다.

---

226) 인조실록 6권, 인조 2년 5월 29일 4번째 기사.
227) 남하정, 『동소만록』, 심노숭 편 신국판 22책, p.553.

② 김용덕 교수의 주장

최근 이에 관한 김용덕 교수의 주장이 유명하다.

『조선을 뒤흔든 역모사건』의 저자인 신정일은 김용덕 교수의 주장을 인용하여 다음과 같이 말하였다.

'오직 정철만은 정여립의 도주를 확신하고, (앞으로의) 옥사를 처리하기 위해 (당장 상경하여) 선조를 만나려고 하였다. 정철이 바로 정여립을 유인해 암살하도록 지시한 최고 지휘자였기 때문이다. 그 이유로 다음과 같은 내용들을 열거할 수 있다.

첫째, 정여립은 고변 사실을 몰랐다. 만일 그가 고변 사실을 알았다면 집안에 연루자 등에서 온 서신을 방치하고 하필이면 죽도(행방이 알려진)로 도망쳤을 리 없다.

둘째, 만약 변승복이 정여립을 유인하였다면, 『동소만록』의 기사, 즉 그가 타살되었다는 기록은 맞다.

셋째, 칼을 거꾸로 꽂고 목을 느려 죽었다는 자살의 방법이 너무 인위적이다.

넷째, 『송강행록』에 의하면 정철은 김장생의 반대에도 불구하고, 입궐을 고집하여, (기축옥사의) 위관(委官)을 맡았다. 김장생은 정철의 제자이며 서인의 명사다. 정철이 그의 말을 끝까지 무시하고 입궐한 것은 이미 정여립이 도망한 것을 알고 있었기 때문이다.'[228] 라고 요약하였다.

③ 필자의 의견

이 책에서 필자가 새로이 지적하고 싶은 문제는 다음 세 가지이다.

---

228) 신정일, 『조선을 뒤흔든 최대 역모사건』(서울, 다산초당, 2007), pp.345 - 347.

첫째, 정여립은 목에 칼을 꽂고 죽은 것이 아니고 (칼에) '찔려 죽은 것'이다. 민인백이 말한 것처럼 '정여립이 칼을 거꾸로 꽂고 목을 늘이어 엎드려 별나게 죽었다.'는 것은 너무 극적이다.

그런 방법은 생사를 초월한 순교자들에게나 기대할 수 있는 일이라고 한다.[229] 정여립이 진정 목에 칼을 맞고 죽은 것이 확실하다면, (왕이 이를 확인이라도 하였다면) 아마도 그가 깊이 잠든 사이 누군가가 몰래 그의 목에 칼을 꽂아 죽이고, 임금께는 자살하였다고 보고했을 가능성이 있다.

둘째, 정여립이 자신의 집에 들르지 않고, 약 8일 후에 진안 죽도(竹島)에서 발견된 것은 나름대로 그 사유가 있다. 우선 그를 다른 곳으로 도주시켜야만 그 집을 수색하여 여타의 관련자들을 잡을 수 있고, 또 그를 죽게 하는 데는 약간의 시간적 여유가 필요했을 것이다. 처음에 조정에서는 그가 역모에 관련되었음을 모두 믿지 않았다가, 10월 11일 정철이 조정에 들어온 뒤, 살육의 바람을 일으키기 시작했기 때문이다. 그를 유인했을 가능성의 이유가 여기에 있다.

셋째, 민인백이 『토역일기』에서 정여립의 자결 장소를 다복동으로 옮긴 것도 그럴 만한 사정이 있다. 즉 죽도는 이미 10월 7일에 그가 들어가서 지영(志永)이라는 승려를 잡아 갔기 때문에[230], 정여립을 다시 그곳에서 잡았다고 하면 거짓말이 되고, 결국, 아무것도 모르고 있는 정여립을 죽도로 끌어들인 일이 명백해진다. 이러한 입장은 모두 변승복이 정여립을 유인했고 따라서 정여립이

---

229) 이희권, 앞의 책, p.58.
230) 『토정일기』, 이희권, 앞의 책, p.165.

자신이 (역적으로) 고변되었음을 몰랐다는 전제하에 가능하다. 기축옥사는 분명 날조되었고,[231] 그러기 때문에 그 고변에서 죽음에 이르기까지 의문투성이다. 그럼에도 불구하고 조정에서는 누구 하나 그 사건의 억울함을 호소할 형편이 아니었다. 드디어는 '백관이 서립(序立: 차례대로 열을 서서)한 가운데 정여립이 역적으로 복주되었음을 종묘에 고하였다.'[232]

식자들은 정여립의 억울함과 기축옥사가 무옥임을 잘 알고 있다. 학자들 중에는 그의 미처 꽃 피우지 못한 생각들을 평가하여, '이 땅의 개혁사상가요, 심지어는 공화주의자'라고 하면서 그의 한(恨)을 풀어 주려고 한다. 신복룡 교수는 정여립을 조선조의 올리버 크롬웰(Oliver Cromwell, 1599-1658)이라고 했다. 다음으로 넘어 가자.

제4절 정여립의 사상

학자들은 대개 정여립의 역모사실은 부정하면서도, 그의 혁명사상은 높이 평가하는 경향이 있다.[233]

특히 단재 신채호는 그를 혁명사상가로 높이 평가하여, '정여립이 불사이군 비판의 주장으로, 공자와 주자의 필법을 반대하니, 그 제지 신극성이 이를 극찬하였고, 재상과 학자들도 그 재기와 학식에 경도하는 이가 많았다.'[234]고 하였다.

---

231) 김용덕, 『한국사 수록』(서울, 을유문화사, 1984), p.320.
232) 선수 23권, 선조 22년 10월 1일 9번째 기사.
233) 신복룡, 『한국정치사상사』(서울, 나남출판, 1997), 제13장. 이희권, 앞의 책, 제2장 등 참조.
234) 신채호, 『조선상고사』 상 (서울, 삼성미술문화재단, 1980), p.64.

김용덕 교수도, 다산이 주장한 탕론(湯論: 세습 군주제도를 부인하는 근대식 사상)의 선구를 정여립에서 찾을 수 있다.[235] 하였다. 과연 그의 이러한 반군주(反君主) 사상이 사실일까 아니면 희망사항일까, 분석할 필요가 있다.

1. 근거 자료의 문제

위의 정여립 사상은 『토역 일기』, 『혼정록』, 『선조수정실록』 등에 나온다. 『토역일기』를 보면, 정개청이 『배절의론』 한 편에 '불사이군(不事二君)'에 관한 왕촉과 이윤(伊尹)의 말을 썼다고 하였다. 이는 앞서 '근거자료'의 항목에서 살펴보았다.

『토역일기』는 위의 세 자료 중 가장 먼저 나왔다. 그리고 정개청은 화담 서경덕의 문하에 출입하여 성리학을 공부한 학자이기 때문에 그가 이러한 현실에 관심을 가졌다고 말할 사유가 된다. 하지만 『선조수정실록』의 내용 중에는 정개청의 불사이군에 관련된 구절은 없다. 다만 그 내용에다 몇 가지 사항을 윤색하여 정여립의 반군주론(反君主論)을 내놓았을 뿐이다.

뒤에서 논의하겠지만 정개청이 정여립과 학문적 교류를 했다는 증거도 없다. 이러한 의문점 등을 염두에 두고, 정여립에 관한 『선조수정실록』의 주장들을 중심으로, 그의 사상을 분석해 보자.

---

235) 김용덕, 『한국사 수록』(서울, 을유문화사, 1984) p.376.

2. 중국 삼국통일의 정통과 불사이군에 관한 이론

『혼정록』에서는 다음과 같이 썼다. 즉

정여립이 기백이 굉장하고 말솜씨가 좋아서 입을 열기만하면 그 말이 옳고 그른 것은 불문하고 좌석에 있는 이들이 칭찬하고 탄복하였다. 그가 항상 말하기를, '사마광(司馬光)이 위(魏)나라로 정통을 삼아 기년(紀年)한 것은 참으로 직필이다.', '천하는 공물(公物)이니 어찌 일정한 주인이 있으리오.', '요, 순, 우가 임금의 자리를 서로 전한 것이 성인이 아닌가' 하였다. 또 말하기를, '충신은 두 임금을 섬기지 않는다고 한 것은 왕촉이 죽을 때에 일시적으로 한 말이고, 성현의 통론은 아니다.' 하고,

'유하혜(柳下惠)가 누구를 섬기든 임금이 아니겠는가' 하였으니, 그는 성의 화[聖之和]가 아닌가. 맹자(孟子)가 제(齊)나라, 양(梁)나라 같은 제후들에게 천자가 될 수 있는 왕도 정치를 권하였으니 성인의 다음이 아닌가.' 하였다.

그의 제자 조유식, 신여성 등이, '선생(정여립)의 이러한 의논은 고금의 유현(儒賢)들이 아직까지 말하지 못했던 것이다' 하였다.[236]

『선조수정실록』에서는 앞의 글을 그대로 인용하였는데 다음 두 대목이 다르다. 즉

첫째, '사마온공의 『통감』은 위(魏)로 기년을 삼았으니 이것이 직필인데 주자(朱子)가 그것을 그르게 여겼다.'의 다음에 '대현(大賢)의 소견이 이렇게 각기 다르니 나는 이해할 수 없다[大賢所見各異, 吾所未解也]'라는 구절을 추가하였다.

---

236) 혼정록, 일월록, 조야기문, 『연려실기술 3』, pp.409 - 410.

둘째, 말미(末尾)에 나오는 제자 조유식과 신여성의 말을 쓰지 않았다.[237] 『선조수정실록』의 내용들을 분석하면 다음과 같다.

첫째, 삼국의 정통에 관하여,

여기서 기년이란 황제의 연호를 기원으로 가산한 햇수인데 누가 정통성 있는 황제냐가 문제이다. 중국 한(漢)나라가 망한 뒤 위, 오, 촉한의 세 나라가 정립하였다. 그중 중원을 석권하고 한(漢)나라를 정복한 것은 위(魏)다. 하지만 한(漢)나라의 종족(宗族)은 촉한의 유비(劉備)인지라, 어느 나라가 정통인가 논의가 있다.

『자치통감』의 저자인 사마광은 위를 정통이라 하고, 주자는 『통감강목』에서 촉한을 정통이라 했다.

정여립의 주장은 현실적으로 중국을 통일한 위나라가 정통이라고 생각하고 있는데, 주자가 또 다른 주장으로 촉한을 정통이라 주장하고 있으니 성현들의 뜻을 이해할 수 없다고 하였다.

『혼정록』과 달리, 『선조수정실록』이 '대현의 소견이 이렇게 각기 다르니 나는 이해할 수 없다.'는 구절을 추가한 것은 무슨 연유일까. 이는 결국 정여립의 주장에 대한 확실한 근거가 없다는 뜻으로 풀이된다. 정여립의 주장은 결국 사마광이나 주자가 모두 대현들이니 어느 주장이 옳은지 모르겠다는 뜻으로 누구나 할 수 있는 평범한 말이다.

둘째, '천하가 공물[天下公物]이다. 요, 순(堯, 舜)이 서로 전수하였다.'고 한 말은 중국뿐 아니라 조선의 선비들이 이상으로 여겼던 정치신화(政治神話)의 이야기다.

요, 순에 관련된 구절들은 조광조, 이황, 이이 등도 하나의 이상

---

237) 선수 23권, 선조 22년 10월 22일 7번째 기사.

적 정표로 전제한 경우가 흔히 있다[238] ('천하가 공물이다'에 관하여는 다음 대동계의 항목에 나온다).

주자는 말하기를, '요, 순은 본성대로 한 임금이다. 즉 그들은 태어날 때 하늘로부터 온전한 것을 부여받았다.'고 하였다.[239] 주자 역시 그들이 서로 전수한 왕위 계승을 합리화했다는 점에서 정여립과 상통한다고 볼 수 있다. 동일 내용의 주장도 그 표현 방법과 해석의 차이에 따라 그 평가가 다를 수 있다.

셋째, 유하혜가 말하기를, '누구를 섬기든 임금이 아니겠는가'의 내용은 문제가 있다. 우선 이 글의 출처인 『맹자』의 구절들을 살펴보자.

『맹자』 공손축 상(上)에, 백이(伯夷)는 말하기를,

"섬길 만한 군주가 아니면 섬기지 않으며, 부릴만한 백성이 아니면 부리지 않아서 세상이 다스려지면 나아가고 어지러워지면 물러간다." 하였고, 이윤(伊尹)은 말하기를

"어느 분을 섬긴들 내 군주가 아니며, 어느 사람을 부린들 내 백성이 아니겠는가. 다스려져도 나아가고 혼란해도 나아간다."고 하였다.

『맹자』 만장장구 하(下)에서, 유하혜(柳下惠)가 말하기를,

"'더러운 군주를, 섬김을 부끄러워하지 않으며, 작은 벼슬을 사양하지 않으며, 나아가면 어짊을 숨기지 아니하며, 벼슬길에서 버림받아도 원망하지 않고 곤궁을 당해도 걱정하지 않으며, 향인(鄕人)들과 더불어 살되 유유 적적하여 차마 떠나지 못한다.' 하였다.

---

238) 선조 1권, 선조 즉위년 11월 17일 1번째 기사. 율곡집, 『성학집요』 제5 성현도통 편.
239) 『율곡집』(서울, 민족문화추진회, 1977), pp.434 - 435.

유하혜의 풍도를 들은 자들은 비루한 지아비가 너그러워지며, 박한 지아비가 인심이 후해진다." 하였다.

유하혜의, '더러운 임금이라도 섬겨야 한다.'고 한 주장은 결국 역으로 해석하면 '군주가 비록 더러워도 오직 그 한 군주에게 충성을 바쳐야 한다.'는 불사이군(不事二君)과 같은 뜻이 된다.

효종 때 이조참판 조석윤이 사직 상소를 올리자, 왕은 『맹자』의 유하혜가 말한 고사를 인용하면서('유하혜는 더러운 임금도 부끄럽게 여기지 않고, 성인 중의 화(和)한 사람이다' 라는), 그를 만류한 일이 있다.[240]

『혼정록』이나 『선조수정실록』이 이윤(伊尹)이 아니라 유하혜의 말을 인용해서 쓴 것은 특별한 이유가 있다고 본다. 또 『선조수정실록』이 '조유직과 신여성은 모진 매를 맞고도 끝까지 승복하지 않고 죽었다.'[241]고만 하였을 뿐 그들이 정여립과 대화를 나누었다는 기사를 쓰지 않은 것도 유념할 필요가 있다.

『선조수정실록』 등이 이윤(伊尹)을 쓰지 않고, 유하혜를 쓴 일에 관하여, 만일 이 대목에서 유하혜 대신 이윤의 이름을 내 놓았을 때, 집필자의 책임문제가 제기될 가능성이 있다.

기왕에 정여립의 역모를 조작했다 해도, 조선의 지엄한 군주를 (이윤과) 태갑에 비유함은 엄청난 불경(不敬)이 될 수 있다. 이윤은 현자이고 충신이지만 그는 왕(태갑, 탕왕의 손자)을 귀양 보낸 (패륜의?) 신하가 될 수 있기 때문이다.

『맹자』 만장장구 상(上)을 보면 다음과 같다.

---

240) 효종실록 9권, 효종 3년 9월 12일 3번째 기사.
241) 선수 23권, 선조 22년 10월 1일 6번째 기사.

"이윤이 태갑(왕)을 동(桐) 땅에 3년간 유폐시켰다. 태갑은 자신의 과오를 뉘우쳐 스스로 원망하고 다스렸다. 인(仁), 의(義)의 처신으로 3년을 수양하여 이윤이 자신을 훈계한 것을 따랐다. 그리하여 다시 호읍(상(商)나라 수도)으로 돌아왔다."고 하였다.

넷째, 설사 정여립의 주장이 혁명성을 갖고 있다 해도 그 내용들이 그의 어떤 『문집』이나 『서한』에서 인용한 것이거나, 체계를 갖춘 이론이 있는 것은 아니다. 단지 상징적으로 내놓은 몇 구절만 가지고(반균주 사상가라는) 깊이 있는 결론을 내릴 수는 없다고 생각한다.

3. 대동계

지금까지 알려진 바로는 정여립이 장차 반란을 일으키려고, 대동계를 조직, 훈련시켰고, 정해왜변 때 이들을 동원했다고 한다. 학자들은 정여립의 대동사상을 혁명사상으로 높이 평가하고 있으며, 실제로 그럴싸한 이야기도 전해지고 있다. 즉 김제의 제비산 근처에 정여립이 군대를 훈련시켰다는 터가 있고, 진안 죽도 근방에서 지름 6m의 초대형 돌솥을 본 사람이 있었다는 유언비어가 있다. 다만 유언비어는 (증거가 없어) 이 책에서 다루지 않기로 한다.

1) 대동계에 관한 기록

정여립이 대동계를 조직했다는 말은 『선조수정실록』과 『혼정록』에 나온다. 『선조수정실록』에 다음과 같이 기술되어 있다.

"정여립은 잡술에 두루 통하여 감여(堪輿)의 성기(星紀) 등에 관한 서적을 중국에서 사다가 무리들과 강설하였다. 그는 국가에 장차 임진왜란이 일어날 것을 알고 때를 타고 갑자기 일어나려 하였다.

이웃 고을의 여러 무사(武士), 공사천(公私賤)의 장용(壯勇)한 사람 등과 대동계(大同契)를 만들었다. 매월 15일에 한 곳에 모여 활쏘기를 겨루고 술과 밥을 장만하여 즐기면서 말하기를,

'활쏘기란 육예(六禮) 중의 하나이니, 남자로서 마땅히 학습해야 한다.' 하였고, 수학(受學)하는 문인은 모두 활쏘기를 익히는 것을 업으로 삼으면서, 말하기를, '우리 동방의 선유(先儒)들은 예학(禮學)만 알 뿐인데 사예(射禮)를 가르치는 것은 오직 우리 선생이 있을 뿐이다.'"242)고 하였다.

한편, 『혼정록』에서는,

"이웃 고을은 구체적으로 전주, 금구, 태인 등'이고, 활쏘기 연습하는 장소는 '여립의 집'이라 명시하였다. '그 경비 지출에 관하여, 술과 고기는 집에서 여립이 준비하고, 여러 고을에 편지를 보내어 각종 물자를 청구하였다고"243)고 하였다.

2) 정해왜변에 관한 기록

『선조수정실록』의 내용은 다음과 같다.

"정해년(선조 20년, 1587년) 왜변에 열읍(列邑: 여러 고을)이 군사를 조발(調發: 고루 발동함)하였다. 전주부윤 남언경이 소활(疎闊: 성품이 짜이지 못함)하여 조처할 바를 몰랐다. 그래서 정여립에게 분군(分軍: 군대를 나눔)을 청하였더니 여립이 사양하지 않았다. 그의 호령 한마디에 군병이 모았는데 부서를 나누어 조견(調

---

242) 선수 23권, 선조 22년 10월 1일 5번째 기사.
243) 혼정록, 『연려실기술 3』, p.411.

遣)하는 데 하루가 안 되어 마무리 지었다. 그 장령들은 여립이 대동계의 친밀 무사를 썼다. 적이 물러가고 군사를 해산하자 여립이 장령에게 말하기를,

'훗날 혹시 변고가 있으면 너희들은 각각 부하들을 거느리고 와서 기다려라.' 하였다. 여립이 군부 1건을 가지고 갔고, 남언경은 감탄하여 말하기를

'이 사람은 유술(儒術)뿐이 아니니, 그 재능을 따를 수 없다.'"[244] 하였다.

『혼정록』의 내용에는, 대개 『선조수정실록』과 일치하고, 다만 '분군'이라는 내용이 없다.

3) 근거자료의 분석

위 내용들을 분석해 보면 다음과 같다.

① 정여립이 임진왜란이 일어날 것을 미리 알았다면, 왜 자신이 그보다 먼저 능지처참되고 그 일가친지들이 몰살되리라는 것을 몰랐을까. 5년 후 나라의 변란을 예측한 감여가가 코앞에 다가온 자신의 운명조차 몰랐다면 그 일은 언급할 가치조차 없었을 것이다.

② 대동계의 계원들이 대개 주인이 있는 공사천(公私賤)이고, 또 그 비용을 각 고을에 편지를 해서 구입했다면 그들은 필시 지방 양반이나 고을 수령들의 양해 혹은 승인을 받은 것이다.

③ 정여립이 군부(軍簿: 군대의 명단) 일부를 가지고 갔다고 했다. 다시 말하여 정여립은 그 이전에는 자신이 호령하여 소집한 군사들의 명단조차 가지고 있지 않았다는 해석이 된다.

---

244) 선수 23권, 선조 22년 10월 22일 5번째 기사.

④ 분군이란 군대를 나누어 지휘하는 것으로 그 군대의 소속은 어디까지나 전주부윤에 속한다.[245] 다만 그 지휘관들을 정여립과 친밀한 대동 계원으로 임명했다는 뜻이다. 결국 정여립은 남언경이 지휘하는 군대의 일부를 맡아서(분군하여) 부서를 정하고 그 부하 직원을 배치했을 뿐 자신의 군대나 그 명단이 있는 것은 아니었다.

⑤ 『토역일기』의 다음 구절을 주목할 필요가 있다. 즉

"선조 23년 4월 1일, 왕이 선정전에 납시어 나(민인백)에게 묻기를, '이전에 역적(정여립)과 만나 대화한 일이 있느냐'고 물었다. 나는, '무자년(선조 21년) 가을에 동곡에 있는 정여립의 집을 지나다가 들렀고, 또 작년(선조 22년) 3월에 정여립이 병조좌랑으로서 병조의 노비와 정기(鄭紀: 정여립의 조카) 및 지경함을 이끌고 죽도 서당에 가는 길에 진안현에 들렀으므로 신(민인백)이 나아가 저녁 식사를 대접하였습니다.' 하고 그 이후의 대화 내용까지 소상히 말한 일이 있다."[246]

이 일은 그가 정해왜변 때 대동계원을 동원한 1년 후의 일이다.

임금 앞에서 민인백이 거짓말을 했을 것 같지도 않고, 또 (사적으로) 대동계를 (조직하여) 그 계원을 동원한 혐의가 있는 사람을 조정에서 설마 병조좌랑을 시켰을 이도 없다. 과연 『토역일기』가 거짓말을 했을까, 아니면 『선조수정실록』에서 모든 것을 감추었을까.

앞에서도 지적한 바와 같이 정여립은(자신에게는 군사가 없고) '가까운 날에 조정에서 나(정여립)에게 많은 군사를 주어 (왜병들

---

245) 예종실록 1권, 예종 즉위년 10월 18일 3번째 기사. 선수 25권, 선조 24년 10월 1일 2, 3번째 기사 참조.

246) 『토역일기』, 이희권, 앞의 책, pp.200 - 202.

을) 토벌할 기회가 있을 것이다.'고 말할 정도에 불과했다.

이 글의 내용을 미루어 보면, 정여립이 공사천의 종들을 모아 주인과 관가의 양해하에 활동했을 뿐이며, 그가 은밀한 집단을 조직하여 장차 행동을 일으키려 했다고 할 수는 없다.

그리고 분군을 청한 남언경은 서인이다. 그는 정철의 친구로[247], 그의 사돈이 모두 서인 집안이다. 그의 며느리는 성혼의 제자인 홍천민의 딸이요, 손자며느리도 서인(西人)인 김상용의 딸이다.

남언경은 정여립에게 분군을 청했을 뿐 아니라 야장(冶匠: 대장장이)을 시켜 정여립의 집에서 군기(軍器)를 만들기도 하였다.[248] 그 만큼 그들은 당색을 초월해서 서로 신뢰하였고, 남언경은 정여립의 행동에서 전혀 반역의 기미를 느끼지 못한 것이다.[249]

⑥ 정여립이 대동사상을 가졌다는 구체적인 증거가 없다.

대동사상의 내용으로, '천하는 공물이다. 요, 순이 전수했다.'는 것은, 『예기』에 나오는 중국 신화시대의 이상을 말한 것으로 그야말로 '요, 순 시대의 이야기'이다.

이율곡도 『예기』에 나오는 대동사상을 인용하여, '대도(大道)가 행할 때에는 천하가 공평하게 되어야[天下爲公] 하고 어진 이와 능한 이를 선발하여 신의를 강구하고 화목을 닦는다.'[250] 하였다.

정여립이 대동계의 구체적인 목표나 이상을 천명한 일도 없으며, 조정에서도 그의 대동계에 관하여 대응한 일이 없다. 오히려 광해

---

247) 선수 23권, 선조 22년 12월 1일 19번째 기사. 정철 스스로가 남언경을 그의 친구라고 하였다.
248) 선조실록 25권, 선조 24년 2월 11일 2번째 기사.
249) 남언경은 기축옥사 후 이 일로 추국을 받았다. 위의 기사.
250) 율곡집, 『성학집요』 제10장 위정공효.

조에 들어서서 대동법을 만들어 이를 팔도에 시행하라 하였다. 251)

참고로 정해왜변을 설명하자면 다음과 같다.

정해왜변은 처음 왜선 수척이 침범한 것을 녹도보장(종9품 관리) 이대원이 미처 주장(主將)에게 보고하지도 않고 그들을 모두 죽였다. 주장 심원은 이를 미워했다. 후에 왜선 18척이 다시 침범하여 이대원이 전사했다.

심원은 이대원을 응원하지 않는 일로 효수(梟首)되었다.

왜국 어선과 상선은 이처럼 가끔씩 쳐들어와 노략질하고 사람을 잡아갔다. 조정에서는 그들이 공전(攻戰)할 계획이 없고 곧 달아났기 때문에 그것을 보통 일로 여겨 그다지 근심하지 않았다.252) 하였다.

4. 정옥남(鄭玉男)의 이름

『선조수정실록』과 『혼정록』에서는 반역의 증거로 정여립의 아들 정옥남의 이름을 댔다.

『혼정록』에서, '정옥남은 태어날 때부터 얼굴이 준수하고 눈동자가 두 개씩이요 두 어깨에 사마귀가 일(日)월(月) 형상으로 박혀 있다. 여립이 역적 도모할 마음이 생긴 것은 대개 옥남이를 믿는 까닭이라.'253) 하였다.

한편, 『선조수정실록』에서는, 여립이 항상 말하기를,

"내 아들 옥남의 등에 왕(王) 자의 무늬가 있는데 피기(避忌)하

---

251) 광해군일기 101권, 광해 8년 3월 11일 3번째 기사.
252) 선수 21권, 선조 20년 2월 1일 1번째 기사.
253) 혼정록 등, 『연려실기술 3』 p.412.

여 옥 자로 해서 옥남이라 했다."[254] 하였다.

최근 어느 학자는 한발 앞서서 옥남의 호가 거점(去點: 옥자에서 점을 제거함을 뜻함)이니 반역의 사실이 틀림없다고 주장한다.

이들 내용을 분석하면 다음과 같다.

첫째, 자신의 몸 깊은 곳에 행운의 반점이 있다는 그 가엾은 아이(정여립의 아들 정옥남)는 열일곱 살 꽃다운 나이에 매 맞아 죽었다. 『혼정록』에서는 그 몸속의 사마귀가 해와 달 같은 모양이라 하고, 『선조수정실록』에서는 그 아버지의 입을 빌려 아들의 등에 왕(王)자가 있다고 했다. 두 자료가 서로 다른 것은 사실이 아니기 때문일 것이다.

둘째, 이름이 죄가 될 수 없다. 옥남(玉男)의 이름에서 점을 빼면 왕의 남자(王男)가 된다 하였다. 하지만 그것은 한 가지 예(例)를 들어 설명하는 예증(例證)에 불과하다. 반대로 다른 예를 들면 다른 반증(反證)이 얼마든지 가능하다.

즉 왕(王) 자가 든 이름도, '왕의 남자'뿐 아니라 '왕좌재(王佐才: 왕을 보좌하는 사람)', '왕처럼 훌륭한 남자', '왕에게 충성을 다하는 남자' 등 수많은 해석이 가능하다. 또 왕(王)이라는 글자 외에도 천(天), 군(君), 용(龍) 등 이에 관련된 글자가 많다.

광해군 때, 역모로 몰려 죽은 연흥부원군 김제남의 아들은 그 이름이 임금 왕(王) 번에 올 레(來) 자와 서옥 규(圭) 자가 있다. 임금이 되어 돌아오고, 임금의 땅 혹은 옥좌를 차지한다는 해석이 가능하다. 그리고 그 손자도 첫 자에 천(天) 자와 군(君) 자가 있다.(金琜, 金珪, 金天錫, 金君錫) 모두가 역모로 해석될 수 있는

---

254) 선수 23권. 선조 22년 10월 21일 5번째 기사.

이름이다. 하지만 당시 아무도 그 이름을 탓한 사람은 없었다. 그 외에 최군옥(崔群玉), 홍서룡(洪瑞龍) 등 제왕이 될 수 있는 이름들을 얼마든지 찾아볼 수 있다.

셋째, 거점이라는 호(號)가 문제라고 한다.

왕(王)이라는 이름을 직접 쓸 수 없으니, 일단 옥(玉) 자를 쓰고 그 가운데 점을 제거한다는 뜻으로 그의 호를 거점이라 지었다는 주장이다. 정말 왕이 되려고 했으면, 구슬 옥자에 점을 뺀다는 호를 그토록 복잡하게 붙일 필요가 있었을까? 또 정여립이 언제 무슨 뜻으로, 그 호를 지어 주었는지, 가령 예를 들어 그 점을 빼고 싶은 소망을 호(號)에 사용하였는지, 아니면 그런 호(號)가 점(點)이 있는 사람에게 필요해서 지었는지, 그 이유는 얼마든지 만들 수 있다.

제5절 호남인 살육의 소용돌이

호남 땅에 새 인물로 촉망되었던 정여립의 사지(四肢)가 저자 한복판에서 찢기고, 그 가문이 박살이 났다. 그의 죽음을 신호로 바야흐로 호남인 살육의 피바람이 소용돌이치기 시작하였다. '호남인 살육'의 과정을 이해하기 위하여 우선 상소를 올린 자들의 면모를 알아보자.

1. 잇따른 상소

1) 생원 양천회의 상소

선조 22년 10월 28일, 정여립의 시신이 거리에서 찢긴 바로 그 이튿날, 같은 호남 출신 양천회가 상소를 올렸다.

『선조실록』, 『선조수정실록』에 다음과 같은 상소 내용이 있다. 즉 '신은 호남 출신으로 역적의 정상을 자세히 알고 있습니다. 이이와 성혼이 세력을 잃은 뒤에는 정여립이 맨 먼저 창끝을 돌려 이발 등과 아면을 바꾸고 붕당을 지어 남을 참소하고 충현을 모함할 계획을 세웠습니다.

지금 역적이 사우(死友: 죽음을 함께할 벗)로 결탁하여 심복이나 형제 같은 사이로는 이발, 이길, 백유양 등이 있고, 절친한 친척으로 정언지, 정언신 등 많이 있어 서로 친밀하고 다정한 사이임을 길 가는 사람들도 모두 알고 있습니다.

이들이 조정의 녹을 먹고 대궐에 드나들며 길거리에서 소리치는 등 의기양양한 기세가 평일과 다름이 없는데 한 사람도 소장을 올려 자핵(自劾: 스스로 탄핵함)하는 자가 없으므로 인심이 저마다 통분하게 여기고 있습니다. 어찌 이런 이치가 있을 수 있겠습니까.' 하였다.

이에 관하여 『선조실록』은,

'소(疏)는 정철(鄭澈) 등이 사기들과 의견이 다른 사람들을 모조리 죽이기 위하여 양천회를 사주하여 올린 것이다.[255]'고 썼고, 『선조수정실록』은,

---

255) 선조실록 23권, 선조 22년 10월 28일 2번째 기사.

소장을 올리자, 임금이 전교하기를, "양천회의 상소가 아, 늦었도다."[256) 하였다. 다음 야사들의 평(評)들을 주목해 보자.

『일월록』의 한 구절.

임금이 말하였다.

"그윽이 생각하건대, 만약 역적 사건이 들어나기 전에 이 소(疎)를 올렸다면 그 공적이 조헌(趙憲)과 견줄 만하다.

지금 옥사가 크게 벌어져서 여러 연루자들이 두려워 떠는 때에, 문득 교묘히 중상하여 비밀을 고발하는 말을 스스로 발하고 역적의 실정을 전부터 자세히 알고 있었다 하니 이는 군자가 할 바가 아니다. 하늘이 사림에 큰 화를 내리려 하여 이런 괴이한 귀신같은 무리를 내고, 따라서 번복하는 해(害)를 가져다주었던가.[257)" 하였다.

『노서집』의 한 구절.

조익(趙翼)이 김장생(金長生)에게 묻기를,

"송강 정철이 기축옥사에 있어 어떤 과한 처사가 있었던가." 하니, 김장생이, "송강은 별다른 과한 일은 없었고, 다만 한 가지 유감스러운 일은 양천회의 상소를 송강 자신이 하지 않고 양천회가 하도록 한 것은 잘하지 못한 것 같다."[258) 하였다. 참고로『일월록』은 이성령이 썼고,『노서집』은 서인 윤선거가 썼다. 자료의 성향에

---

256) 선수 23권, 선조 22년 11월 1일 2번째 기사.
257) 일월록,『연려실기술 3』. p.422.
258) 노서집,『연려실기술 4』. p.484.

관하여는 제2장 근거자료 편에 있다.

2) 선홍복의 진술

선조 22년 12월 12일, 양천회가 상소를 올리고, 한 달 보름 만이다. 『선조실록』에 다음과 같은 내용이 있다.

"낙안 교생 선홍복의 집에서 문서를 수색해 냈는데 역적 정여립과 상통한 흔적이 있었다. 그를 잡아들여 심문하여 승복을 받은 뒤 사형에 처하였다. 그가 문초를 받고 진술한 말에, 이발, 이길, 백유양 등이 관련되어 모두 장사(杖死: 매 맞아 죽음)하였고 이발의 형 이급(李汲)도 장사되었다.

선홍복의 초사에 이진길, 유덕수의 집에서 참서(讖書)를 입수했다고 하자 그를 잡아들여 국문하였으나 승복하지 않고 죽었다. 그 때 정철 등이 자기들과 친한 금부도사를 시켜 거짓으로 선홍복의 가서(家書)를 만들어 선홍복에게 은밀히 전하였다. 이들이 선홍복에게 말하기를, '만약 이발, 이길, 백유양 등을 끌어넣으면, 너는 반드시 살아날 수 있다.' 하고 큰 버선을 만들어 통을 넓게 하여 밖으로 제쳐 놓고, 그 말을 버선 안쪽에 써 두었다가 결박되는 때 거기에 쓰인 대로 진술케 하였다.

선홍복이 낱낱이 그대로 진술하였다. 자백이 끝난 뒤 끌어내 사형에 처하려 하자, 선홍복이 크게 부르짖기를,

'가서(家書)와 버선 안의 글에, 이발, 이길, 백유양 등을 끌어데면 살려 주겠다 하고, 어찌 도리어 죽이려고 하느냐? 하였다.' 정철 등이 사주하여 살육한 것이 이토록 심하였다."[259] 하였다.

---

259) 선조실록 23권, 선조 22년 12월 12일 1번째 기사.

이 대목에 『선조수정실록』에서는 다음과 같이 썼다.

"이발 등의 이름이 처음에는 고변서에 나오지 않았는데, 정즙, 선홍복이 처형에 다다라 어지럽게 끌어댔다. 정상에 정확한 근거가 없었고 단지 여립과 편당을 지어서 추천하고 비호하였으며 논의가 구차하였다는 연유뿐이었다.

상이 역적의 가서를 보게 되어서는 그중에 이발의 서찰이 가장 많았고, 시사를 논하고 주상의 동정을 모두 통보하여 이 때문에 죄를 받은 것이 혹독하였다. 정철이 같은 반열의 대신에게 말하기를, '이발의 죽음이야 어쩔 수 없거니와 이길도 아울러 사형에 처해야 되는가.' 하였다. 상이 백유양 역시 역적으로 처단하려고 하자. 대신이 아뢰기를,

'경악(經幄: 경연) 사이에서 하나의 정여립이 나온 것도 불행한 일인데 백유양이 무상하기는 하지만 어찌 다시 여립으로 삼을 수 있겠습니까(정여립처럼 죽일 수 있겠습니까),' 하니 상이 아래에서 전단(專斷: 독단)한다고 책망하니 곧 감히 말하지 못하였다."[260] 고 하였다.

『연려실기술』에 선홍복에 관하여 다음과 같은 주석이 있다. 즉

"선홍복도 처음에는 여립의 당이라고 잡혀가서 세 차례나 형을 받은 뒤에 놓여나와서 낙안의 경주인(京主人: 지방 각 고을 사무를 중앙과 연락하는 사람) 집에 유숙하고 있었다.

그때 어떤 금부도사가 와서 꼬이기를, '네가 옥에 있을 적에 지금의 명사(名士) 두 서너 명만 무고하여 끌어드리면 그만 놓여나왔을 것인데 어찌하여 악형을 받고 있었는가.' 하였다. 선홍복이 두

---

260) 선수 23권, 선조 22년 12월 1일 6번째 기사.

번째 역적의 초사에 관련되어 잡혀 들어가서는 그렇게 하였다. 즉 '나와 공모한 사람은 백유양, 이발, 이길 등 세 사람입니다.' 하여 백유양을 포천으로부터 잡아 왔으나, 그때는 이미 선홍복이 사형을 받았으므로 서로 대질을 못하였다.[261]" 하였다. 하지만 역모의 혐의를 받은 죄인이 무슨 이유로 감옥에서 풀려났다가 다시 들어갔는지 이에 관한 설명이 없다.

『선조수정실록』에서는 백유양에 관한 변명을 대신(같은 반열의 대신)이 아뢰었다고 썼는데 『연려실기술』에서는 정철이 아뢰었다고 하였다.[262]

『괘일록』에서는 다음과 같이 썼다. 즉

"남계 이길(李洁) 형제를 귀양 보낸 뒤, 정철이 의원 조영선(趙永善)을 시켜 죄인 선홍복을 은밀하게 교사하여 말하기를, '네가 만일 이발 형제를 끌어들인다면 너는 무사하고 또 좋은 관직을 얻게 될 것이다.' 하였다. 선홍복이 그 말을 믿고 유인하는 대로 하였다. 이발 형제는 재차 투옥되어 죽었고 선홍복 또한 저자의 형장에 내몰렸다. 선홍복이 형을 받을 때 말하기를,

'내 죄는 마땅히 죽어야 옳을 것이다. 조영선의 말을 듣고 죄 없는 사람을 모함하였으니 부끄럽고 한스러워 어찌하랴,' 하였다.

정철이 조영선을 나라 안에서 존경받는 뛰어난 인물로 대우하니, 그의 교만함과 망령됨이 날로 심하였다. 정철이 훈작을 베푸는 회합에 조영선 또한 참석하였다. 정철이 조영선으로 하여금 술 권하는 일을 행하게 하니, 심충겸(심의겸의 동생)이 말하기를, '내가 비

261) 『연려실기술 3』, p.476.
262) 『연려실기술 3』, p.431.

록 노둔하기는 하지만 차마 조영선의 술잔을 마실까 보냐.' 하고
화를 발끈 내며 일어났다."[263] 하였다.

3) 정암수 등의 상소

선홍복의 초사가 있었던 바로 2일 후, 전라도 유생 정암수 등
50여 명이 소를 올렸다. 그중 그가 고변한 인물들을 열거하면 다
음과 같은 내용이 『선조실록』에 실려 있다.

"신들이 듣고 보았던 바를 죄다 말씀 드리겠습니다.

이산해(李山海)는 본시 음흉한 자질로 역적과 간담(肝膽: 속마
음)이 서로 맞아 교의(交誼: 사귄 정의)가 깊다는 것은 사람들이
다 알고 있습니다.

전 현감 나사침(羅士忱)의 아들 덕명(정개청의 문인), 덕준 등은
평소 여립과 교분이 매우 깊었습니다. 그는 아들을 구출하면서,
'무고하는 사례가 어느 세대인들 없었겠는가' 하였으니 그 소행이
정언신과 꼭 같습니다.

정인홍(鄭仁弘)은 정여립과 정의(情誼)가 매우 돈독(敦篤)하여
마치 한 몸과 같은 사이입니다. 전 현감 정개청(鄭介淸)은 오랫동
안 정여립과 교우가 친밀하여 온갖 사설(邪說: 그릇된 설)에 서로
호응(呼應)한 자입니다.

진주의 유종지(柳宗智)도 정여립과 상종이 각별합니다.

정여립은 정언신과 결탁하고, 정언지, 권극례, 권극지 등과 더불
어 친구가 되고 요로를 차지하여 상호 주선하였습니다.

이일(李鎰)은 정언신의 조아(爪牙: 자신에게 꼭 필요한 사람, 심

---

263) 괘일록, 이희권, 앞의 책, pp.150-151.

복)로서 남북에서 기염을 부리던 사람입니다.

감사 유영립, 추관 김우굉 등이 뇌물을 받고 죄인을 석방해 주었습니다.

이양원, 윤의중(이발, 이길의 외숙: 고산 윤선도의 조부), 윤탁연의 무리가 높은 직위에 있으면서 악행을 좋아하고 청탁이 끊이지 않았습니다.

성주(聖主: 임금)의 배양하신 학맥(學脈)이 아직도 깊어 양천회, 백유함 등이 이어서 충언을 올려 모두 가납되었습니다.

유성룡(柳成龍)은 붕당에 영합하여 역적을 위하여 매번 억지와 찬양으로 그를 끌어들여 우익을 삼으려 하였습니다.

역적과 마음속으로 가장 친밀한 자는 송언신, 윤기신, 남언경, 이언길 조대중, 김홍미, 이홍로, 이순인, 유몽정입니다. 송언신은 역적에게 마음을 숨기지 않았고, 윤기신은 앞장서서 아첨하였고, 남언경은 선물에 찬양까지 하였고, 이언길은 목재를 실어다가 집을 지어 주었습니다.

조대중은 역적을 위해 눈물을 흘렸고, 김홍미는 이진길의 집에서 유숙하였고, 이홍로는 여립의 적삼을 자랑삼아 입었습니다. 이순인과 유몽정의 무리는 하찮아서 말할 나위도 없습니다." 하였다.

이 소가 올라오자 상이 즉시 이산해, 유성룡을 인견하여 위로하고 이어 전교하기를,

"진사 정암수, 박천정, 박대붕, 임윤성, 김승서, 양산룡, 이경남, 김응회, 유시경, 유영 등이 국가의 역변을 이용하여 감히 무함하는 술책을 쓰고 있다. 근거 없는 말을 날조하고 그릇된 논의의 소를 올려 현상명경(賢相名卿)을 모조리 지척, 온 나라가 텅 빈 뒤에야

그만 두려한다.

그 속셈을 따져보면 장차 어찌하려는가. 그 흉참한 양상이 더욱 해괴하다. 이는 반드시 간사한 자의 사주를 받은 것이 단연 의심이 없으니 잡아들여 추국하고 율에 따라 죄를 적용하라."264) 하였다.

이에 관하여

『선조실록』은 이 상소가 정철의 손에서 나왔다고 하였다. 즉

"이때 심희수(沈喜壽)가 정철의 문객으로 그 집에 출입하다가 정암수의 무함하는 소가 정철의 손에 의하여 작성되는 것을 보았는데, 정철이 패한 뒤에 심희수가 죄에서 벗어나기 위하여 이 사실을 퍼뜨렸다. 사람들은 모두 이 일로 정암수의 소가 정철에게서 나왔음을 알게 되었다."265) 고 하였다

한편 『선수조수정실록』은 그 끝머리에,

"양사가 잇따라 계사를 올려 언자(言者)를 죄 주지 말라고 청하였으나 윤허하지 않았다."266)고 말할 뿐이었다.

4) 『선조수정실록』의 변명

그 뒤 정철의 아들 정종명과 정홍명이 그 부친의 무고함을 여러 번 상소한 일이 있다.267) 하지만 그 내용 중 앞의 세 건(양천회, 선홍복, 정암수 등의 상소와 공초)에 관한 변명은 없었다.

『선조실록』을 샅샅이 살펴보고 이에 대한 변명으로 쓴 『선조수정실록』은 따로 한 기사를 설정하여 그 부당함을 평하였다. 즉 그

---

264) 선조실록 23권, 선조 22년 12월 14일 1번째 기사.
265) 선조실록 23권, 선조 22년 12월 14일 5번째 기사.
266) 선수 23권, 선조 22년 12월 1일 16번째 기사.
267) 선수 28권, 선조 27년 5월 1일 3번째 기사. 광해군일기 23권, 광해 1년 12월 23일 4번째 기사. 인조실록 6권, 인조 2년, 5월 29일 4번째 기사.

대표적인 글은 다음과 같다.

"이덕형과 이항복은 모두 어진 재상으로서 세상에 기대하는 것이 컸기 때문에 기자헌과 이이첨의 무리가 무척 시기하여 모함할 계략을 꾸몄다. 근거도 없는 사실을 가지고 마음대로 욕하면서 사책(史冊)에 기록하였다.

최영경의 죽음을 가지고 한 무리의 사람들(동인들)이 전적으로 정철을 공격하였다. 당시 이항복은 기축옥의 문사랑(問事郎: 죄인 심문 때 필기, 낭독의 관리)으로서 그 전말을 자세히 알고 있었다.

이항복은 항상 말하기를,

'최영경이 처음 체포되었을 때 정철이 차자를 초안하여 장차 그를 구하려 하였는데 문득 풀어 주라는 명령이 내려 마침내 차자를 올리지 못하였다.

두 번째 그를 국문할 때, 정철이 대간이 논한 것을 듣고 매우 놀라 심희수에게 입이 달토록 말해 주었으니 그의 마음 씀이 이와 같았다."[268]고 변명하였다. 이토록 『선조수정실록』은 일부러 한 항목의 기사를 만들어서까지 서인 측 당인들에 대한 잘못된 평가를 바로잡고자 하였다. 하지만, 정철의 다른 일(상소나 초사를 사주한 일)에 관한 변명은 『선조수정실록』의 그 어떤 기사에서도 발견할 수 없다.

2. 억울하게 희생된 사람들

기축옥의 피해는 너무나 광범위하고 그 수법이 잔혹하였다. 『당

---

268) 선수 40권, 선조 39년 1월 1일 3번째 기사.

의통약』에서는 그 피해가 천 명에 이른다고 하였다. 즉

"사방에서 고(告)하는 자가 계속 이어졌다. 감옥을 다스린 지 한 해가 넘도록 동인의 연루자는 모조리 처벌하여 1천 명을 헤아렸다."[269]고 하였다.

『선조수정실록』에서도 다음과 같이 기록하고 있다. 즉

"경인년 5월(선조 22년 10월부터 선조 23년 5월)에는 정철(鄭澈)이 감국 하였고 그 후에는 유성룡, 이양원 등이 대신하였다. 이 해에는 이발 형제 외에는 갇힌 사람이 없었다. 기축년(선조 22년) 10월부터 이때에 이르기까지 20개월 사이에 죽은 자가 수백 명이나 되었다. 조신(朝臣: 조정의 신하)과 명관(名官) 중에 죽은 자가 10여 인이었다.

이발, 이길, 백유양, 유덕수, 조대중, 유몽정, 김빙은 장형(杖刑: 곤장으로 볼기를 침)으로 죽었고, 윤기신, 정개청은 장형을 받고 유배 도중 길에서 죽었으며 최영경은 옥사하였다.

연좌되어 유배된 자가 몇 백 명이었는데 조신 가운데 귀양 간 자로는 정언신, 김우옹, 홍종록 등이었으며 파출(罷黜: 파면)된 자도 수십 명이었다. 이들은 모두 옥사가 일어난 초기에 결정된 자들이다.

역변이 일어난 후에 윤자신(尹自新)이 전주부윤이 되어 온 고을의 사인(士人: 벼슬을 하지 않는 선비)들을 모아 놓고 묻기를,

"'이 가운데 반드시 역적과 절친한데도 모면한 자가 있을 것이다. 각자 고하도록 하라.' 하였다. 모든 사람들이 감히 말하지 못하였는데, 어떤 사인(士人)이 '남천의 물고기, 북산의 꿩[南川魚北山

269) 이건창, 『당의통략』(서울, 자유문고, 1998), p.49.

稚]'이라는 내용의 글을 올렸다. '남천의 물고기'란 남면에 사는 아무의 자(字)가 어룡(魚龍)이며, 북촌의 꿩은 북촌에 자화(子華)란 자(字)를 가진 자를 말한다. 꿩은 화충(華蟲: 아름다운 새)이라고도 한다.

이로 말미암아 서로 끌어들여 역적과 가까이 지냈던 자들이 모두 벗어나지 못하고 혹 죽음을 당하거나 찬축되었다. 전주 사람들이 가장 많이 죽었다."270)고 하였다.

당시에도 이 사건은 필시 '사화'의 수준이라고 주장한 자들이 있었다. 즉 성균관 유생 최희남 등의 상소에 의하면,

"조야(朝野)에서 이름이 조금이라도 있는 선비로서 자기(정철 등을 말함)의 당에 붙지 않는 자에게는 모두 화를 전가시켜 마침내 씨를 말리려 하였습니다. 사화(士禍)의 극렬함이 여기에 이르러, 사기가 좌절되고 국맥이 끊어지지 않을 수 없게 되었습니다."271) 하였다.

또 최영경의 집을 수색하여 이황종의 편지를 찾아냈는데 그 내용 중에, '시사를 극도로 비방하고 역옥(기축옥을 말함)을 사림(士林)의 화(禍: 즉 사화)'라고 한 말이 있다.

최근에 기축옥의 피해 규모를 논하고 이를 사화라고 주장한 학자가 계속 늘고 있다. 그중 한 예(例)로 유일지의 논문272)을 들 수 있다. 이때 억울하게 희생된 사람들을 지역별, 가문별 혹은 그 추종자 등 기준으로 분류하여 보면 다음과 같다.

---

270) 선수 25권, 선조 24년 5월 1일 9번째 기사.
271) 선조실록 87권, 선조 30년 4월 11일 2번째 기사.
272) 유일지, 『선조조 기축옥사에 대한 고찰』, (청구대 논문집 2, 1959), pp.165 - 173.

1) 황해도 사람들

황해도 사람 이기, 이광수, 박익, 등은 정여립과 공모하였다 하여 자복을 받고 사형을 집행하였다(선조 22년 10월 15일). 정옥남과 함께 도주했다가 체포된 박연령 등을 친국하자 정여립과 반역을 공모한 사실을 승복하므로 군기시 앞에서 책형(磔刑: 사지를 찢어 죽임)을 하였다.[273] 변숭복은 정여립과 함께 죽도에서 자살하였다.

지경함은 해주의 교생(校生: 향교의 학생)으로, 죽도 서당에 왔다가 정여립에게 몸을 의탁하였다. 정여복(정여립의 형)의 여종을 아내로 삼고 그 집에 머물고 있었다. 정여복이 잡히던 날 그도 관군에 붙잡혀 심문을 받고 죽었다.[274]

박문장과 김언린은 황해도 안악 사람이다. 정여립과 함께 역모를 하다가 도망갔다. 박문장은 횡성현감 구효연에게, 김언린은 충주목사 이경린에게 체포되어 모두 자복하고 법에 따라 처벌(사형)되었다.[275]

김세겸은 황해도 사람이다. 그는 정여립의 가장 가까운 심복으로 자복하고 법에 따라 처벌(사형)되었다. 그는 자복하기를,

"창능동 어구에 모여 장차 거사를 하고자 하였으나 전라도 사람들이 모이지 않아서 그만 두었다."[276]고 하였다.

안악 수군 황언륜과 방의신 등이 자복하고 죽었다(선조 22년 10월 17일). 박연령의 아들 박춘룡은 정옥남과 함께 자복하고 죽었다.[277]

273) 선조실록 23권, 선조 22년 10월 20일 1번째 기사.
274) 『토역일기』, 이희권, 앞의 책,p.166.
275) 위의 책, p.191. 『해동야언』, 『연려실기술 3』, p.418.
276) 위의 책, pp.191 - 192.

2) 정여립의 가족들

동래 정씨 대호군파

정여립

정여립은 죽도에서 자결하였다. 정여립의 아들 정옥남과 정소(鄭紹)가 매 맞아 죽고, 그 사위 김정일(金精一)도 곤장을 맞다가 죽었다. 정여립의 형제인 정여흥, 정여회, 정여복은 모두 곤장을 맞다가 죽었다. 정여흥의 노비와 전답은 '추국청이 상격으로 받았다.' 하고, 민인백은 '특별히 여립의 첩과 노비를 하사 받았다.'[278]고 하였다.

정옥남은 그의 나이 겨우 17세에 고문을 받았다. 위관이 말하기를, '정옥남이, 입과 귀를 데었다는 것은 실상이 아니라'고 변명하였지만,[279] 그 말을 누가 믿었을까. 정여립의 조카 정집(鄭緝)과 정약(鄭約)도 자복하고 죽었다.

『선조수정실록』에 의하면,

"정여립의 조카 정집이 고문을 받아 승복하면서 같은 당여를 괴람(乖濫: 분수에 넘침)하게 끌어댔는데 70여 인이 넘었다. 또 여립의 조카 정약과 중 의연의 공초에서도 조정 신하를 많이 끌어댔으므로 잡혀 수금된 자가 많았다."[280]고 하였다.

진주의 생원 김경지(金敬止)와 이인경(李麟慶)은 정여립의 매부들이다. 이들은 모두 민인백과 같은 해에 과거에 합격하였다. 김경

---

277) 『연려실기술 3』, p.417, p.418.
278) 광해군일기 51권, 광해 4년 3월 14일 4번째 기사.
279) 『연려실기술 3』, p.418, p.445.
280) 선수 23권, 선조 22년 11월 1일 7번째 기사.

지는 정여립과 절교하였음을 고하고 풀려났다. 전주부윤이 김경지의 두 딸이 정여립의 친당(親黨)이라는 말을 듣고 장차 그녀들을 관비로 삼으려 하였다. 이들 자매가 그 소식을 듣고 같은 날 치마끈으로 스스로 목을 매어 죽었다.

주상이 (김경지를) 다시 잡아들여 국문하라 하였으므로(붙잡아다가) 곤장을 치고 신문하였다. 그는 자복하지 않고 딸들의 곁으로 갔다.[281]

이인경은 정여립을 섬겨 받들었다. 마침 소송사건이 일어나 다섯 아들과 함께 머리를 나란히 하고 형벌을 받았다.[282]

이진길

이진길(李震吉)은 정여립의 생질이다.

먼저 그는 사관(史官)의 직을 박탈당하고 그가 쓴 사초(史草)는 불살라졌다.[283] 또 그를 사관으로 추천했던 홍문관 저작 정경세, 봉교 박승종, 금천현감 한준겸이 하옥, 파직되었다.[284]

이진길이 대궐 뜰에서 공초를 받을 때 붓대를 집어 던진 불경(不敬)한 행동을 하여 왕을 분노케 하였다.[285] 그가 죽은 후 한백겸과 심경은 그의 장례를 주관하였다는 죄로 형을 받고 북도로 귀양 갔다.[286]

(선조 22년 10월 27일) 정여립과 변숭복의 시체를 저자에서 사

---

281) 『토역일기』, 이희권, 앞의 책, p.185.
282) 위의 책 p.1186.
283) 선조실록 23권, 선조 22년 10월 9일 1번째, 11월 25일 1번째 기사.
284) 선수 23권, 선조 22년 11월 1일 12번째 기사.
285) 광해군일기 51권, 광해 4년 3월 9일 2번째 기사.
286) 괘일록, 이희권 앞의 책, p.146.

192 호남의 한(恨)

지를 찢었을 때, 임금은 백관에게 명하여 둘러서서 보게 하였다. 이진길은 끝내 불복하다가 매를 맞고 죽었다. 그가 정여립에게 보낸 편지 중, '지금 임금이 혼암한 것이 날로 심하다.'고 쓴 내용이 있어 임금이 '역적으로 처단하라.'[287]하였다.

정언신

정언신(鄭彦信)은 정여립의 9촌숙이다.

정수홍(鄭守弘, 세종조 대사헌, 이조판서)의 세 아들(俊, 傑, 任) 중 정여립은 정준(鄭俊)의 고손(高孫)이고, 정언신은 정걸(鄭傑)의 증손(曾孫)이다.

정언신은 정여립의 고변이 들어왔을 때, 어전에서 하늘을 쳐다보고 웃으면서 말하기를, '정여립이 어찌 역적이 될 수 있을까.' 하였고 국청에서도 같은 말을 하면서, '고변한 자를 잡아 죽여야 한다.'[288]고 하였다.

정언신은 슬하에 정협(鄭協), 정율(鄭溧), 정관(鄭慣), 정박(鄭博) 네 아들이 있었다. 정언신이 국문에 대답하려고 할 적에 둘째 아들 율(溧)의 말을 듣고 정여립과 친하지 않았다고 대답하였다. 선전관 이응표가 정여립의 집에 들어가 문서를 수색하였다.

그는 정언신과 친한 사이였는데, 돌아와 정언신에 보고하기를,

'한두 곳에 대감(정언신)의 이름자가 쓰인 것이 있었는데 모두 없애버렸습니다.' 하였다. 이응표는 무인(武人)이었기 때문에 종로신(宗老信: 종중의 어른이신 정언신)이라고 쓴 서찰을 (미처 알지

---

287) 일월록, 조야기문, 『연려실기술 3』, p.418.
288) 송강연보, 『연려실기술 3』, pp.414-415.

못하여) 잘 모르고 그대로 두고 왔던 것이다. 그 일이 문제가 되었다. 추후에 정여립의 집을 수색하여 서찰을 찾았다.

임금이 정언신의 집에서 나온 서찰을 보았다. 그중에 정언신이 시사(時事)를 논한 서찰 19장을 뽑아 정원에 내리며 이르기를, '정언신이 나를 눈이 없다고 여기는 것인가.' 하고 다시 (정언신을) 옥에 가두었다.[289]

양사에서 (정언신이) 임금을 기망한 죄를 논하여 율대로 시행하기를 청하니, 왕이 사사(賜死)하기를 명하였다. 우의정 정철이 회계(回啓: 임금의 하문에 답하여 아룀)하기를,

"우리나라의 인후(仁厚)한 풍속은 반역을 재외하고는 한 사람의 대신도 죽인 일이 없습니다. 지금도 마땅히 이를 준행해야 하므로 감히 명을 받들지 못하겠습니다." 하니 임금이 사형을 감형하여 멀리 유배시키라 명하였다. (정철이 정언신을 적극 변호하여 사형을 면한 것이다. 이 글은 『혼정록』에도 나온다.[290])

정언신은 연로한 대신으로 궐정에서 고문을 받게 되니 사람마다 기를 잃었다. 아전들조차도 감히 해독을 가하지 못하여 1차 고문하고 정지하였다. 아들 정율은 자신이 아버지의 추사를 잘못하게 하였다 하여 음식을 끊고 굶어 죽었다.[291] 이항복이 죽은 정율(鄭慄)을 조상(弔喪)하여 다음과 같은 애도의 글을 읊었다.

사람은 본래 잠깐 왔다 가는 것이니
먼저 가고 뒤늦게 가는 것을 누가 논하랴.

---

289) 선수 23권, 선조 22년 11월 1일 7번째 기사.
290) 혼정록, 『연려실기술 3』, p.471.
291) 선수 23권, 선조 22년 12월 1일 1번째 기사.

이 세상에 오는 것은 또 돌아가는 것이리라.

내 이 이치를 먼저 밝혀 그대를 위해 애도하네.

이 사람은 아직 속됨을 면치 못하여,

입이 있으나 말할 수 없고 눈물이 쏟아져도 소리 내어 울 수 없다네.

베개를 어루만지며 남이 엿볼까 두려워

이토록 소리를 삼키며 흐느껴 우네.

어느 누가 잘 드는 칼날에 내 슬픈 마음을 도려내 주리.292)

정언신의 형 정언지(참판)는 정여립의 조카 정즙의 초사에 관련되어 멀리 유배되었다.293)

선조 24년 10월, 정언신이 유배지에서 죽었다.

선조 32년, 선조는 좌우 신하들로부터, '정언신이 처음에는 사실대로 공초하려 했으나 아들 때문에 실수한 것이고 그 일로 아들 율(慄)도 굶어 죽었다.'는 말을 들었다. 임금이 '그러한가' 하고 비로소 마음을 풀었다. 그 후 신잡(申磼)이 아뢰자 복직을 명하였다.294)

정협(鄭協: 정언신의 장남)은 자신의 부친이 죽은 이후 이항복과 시종 왕래를 그치지 않았다. 이항복은 정협의 아버지인 정언신이 기축년 화를 당할 때 옥사를 맡은 관원이었다.

『선조수정실록』에서 이식은 『선조실록』을 편찬한 자들이 이 일(정협이 이항복과 왕래한 일)을 가지고 협(協)을 가리켜, '이(利)를 찾아 원수를 잊은 사람'이라 지목했다고 비난하였다.295) 하지만 항상 서인의 입장에서 정철을 옹호하던 『선조수정실록』은 다음과 같은 의미 있는 말을 수록하였다. 즉

---

292) 백사집, 『연려실기술 3』, pp.470 - 471.

293) 선조실록 23권, 선조 22년 11월 12일 1번째 기사.

294) 선수 25권, 선조 24년 10월 1일 6번째 기사.

295) 선수37권, 선조 36년 5월 1일 3번째 기사.

"정언신의 아들 정협이 그의 아버지를 따라 북도에 들어갔다.

그때 정철이 강계(江界)에 귀양 갔다는 말을 듣고 정언신이 아들 협(協)을 시켜 문안드리게 하였다. 전일 살려준 은혜를 사례하게 하였는데 협이 그대로 따랐다.

정협의 친구가 그 일을 나무라니 협이 말하기를,

'부친의 뜻을 받들었으니 진실로 이렇게 해야 한다. 나의 뜻이 아니다.' 하였다. 혹자가 말하기를 '구원해 준 자취가 있는데 어찌할 것인가.' 하자 협이,

'옛날 왕망(王莽: 전한의 왕위를 찬탈하고 신이라는 나라를 세움)이, 하고자 하는 일이 있으면 살짝 의도를 풍기기만 했다.

그 무리가 그의 뜻을 (알아차리고 이를) 아뢰면 왕망은 눈물을 흘리며 굳이 사양하였다. 정상(鄭相: 정철을 말함)의 행위도 이와 같다.

그가 당시 사람들마다 구해 주는 척하였지만 그의 본심은 아니었다.'"[296]고 평(評)하였다.

정언신과 정철의 관계

이들 관계에 관하여 필자는 다음 세 차원에서 문제를 접근하려 한다. 즉

① 정철이 정언신을 살렸는가

첫째, 과연 한 사람의 대신도 죽인 일이 없는가.

앞에서도 언급했지만 정철은 양천회, 정암수 등을 사주하여 정언신을 고변하였다. 선조 22년 11월 11일 정언신은 처음 중도에

---

296) 선수, 선조 23년 6월 1일 5번째 기사.

유배되었다가 불러와서 다시 옥에 갇혔다.[297) 그 사흘 후 정암수의 소(疏)가 또 올라왔다. 그 안에는, '정언신이 오랫동안 병권을 장악하고 많은 무사들과 결탁했다'는 내용이 있었다.[298]

『선조수정실록』에 의하면 정언신은 선조 22년 12월 1일 갑산(甲山)으로 유배되었다(『선조실록』은 남해로 유배되었다고 했다).[299]

그때 정철은 임금에게 회계(回啓)하기를,

"아조(我朝: 조선왕조)의 풍속은 인후하여 반역을 제외하고 한 사람의 대신도 죽인 일이 없다."[300]고 하였다.

정철이 말한 '아조(我朝)의 풍속'은 지극히 상투적인 인사였다.

그동안 임금은 대신들을 함부로 죽였다. 태종은 영의정 심온(沈溫)을 죽였고, 성종은 구성군(龜成君) 이준을 죽였다. 이들에게는 역적의 굴레가 씌웠다. 중종 대에 우의정 안당은 아들의 역모 혐의에 대한 불고지죄[不告知] 혹은 연좌제를 적용시켜 죽였다.

좌의정 심정과 우의정 김안로는 역모와 상관없이 죽였다. 안당(安瑭)의 일에 관하여, 중종은

'삼공(三公: 영의정, 좌의정, 우의정)의 반열에 있는 사람이라도 용서할 수 없다.'고 하면서 사사(賜死)의 명을 내렸다.[301]

심정(沈貞)의 경우, '삼공의 반열에 있는 자에게 중률(重律: 사형)을 가할 수 없다.', '대신을 죽이는 것은 매우 어려우므로 윤허할 수 없다.'고 하였지만[302] 결국 '국가의 대계(大計)를 위하여 특

---

297) 선조실록 23권, 선조 22년 11월 1일 7번째 기사.
298) 선조실록 23권, 선조 22년 12월 14일 1번째 기사.
299) 선조실록 23권, 선조 12월 4일 2번째 기사.
300) 선수 23권, 선조 22년 12월 1일 1번째 기사.
301) 중종실록 43권, 중종 16년 10월 17일 3번째 기사.

별히 사사(賜死)하여 인심을 진정시킨다.'303) 하였다.

김안로(金安老)를 사사할 때도, 중종은 '대신의 반열에 있는 자에게 차마 중한 형을 가할 수 없다.'304)고 하였다. 그 말 역시 형식적이고 상투적인 제스처에 불과했다. 오죽하면 윤원형이 주도한 『중종실록, 사신』의 말로,

김안로의 사사가 '조정에서 나오지 않고 외척에서 나온 공정하지 못한 처사.'라고 했을까.305)

당시 선조가 정철의 건의를 받아들인 것은 아마 나름대로 서로의 이해가 합치한 결과라고 생각한다. 즉 선조의 입장에서 아무 죄 없이 대신을 죽인 것은 부담이 되었다. 그리고 정철도 정언신의 선례(先例)를 만들어 미구(未久)에 자신에게 닥칠 수도 있는 화(禍)를 막으려는 속셈이 있을 수도 있다.

둘째, 정철은 유배지에 있는 정언신을 계속 감시하고 탄압하였다.

"일찍이 정언신이 갑산으로 귀양 갈 때 부사 신상절(申尙節)이 대접을 후하게 하였더니, 어사 백유함이 그들의 편지 왕래한 것을 밝혀내서 문책하고, 이 일로 정언신까지 해치려 하였으나 이루지 못하였다.

이때에 정철이 강계로 귀양 가자 부사 조경(趙璥)이 역시 정철을 후대하였다. 대간이 이 소식을 듣고 조경을 탄핵하여 옥에 가두었다. 이를 두고 사람들이 말하기를,

'이는 백유함이 정언신에게 한 짓을 보복한 것이다.' 하였으니

---

302) 중종실록 69권, 11월 25일 3번째 기사. 동 26일 1번째 기사.
303) 중종실록 72권, 중종 26년 12월 1일 4번째 기사.
304) 중종실록 85권, 중종 32년 10월 26일 2번째 기사.
305) 중종실록 85권, 중종 32년 10월 26일 2번째 기사. 『사신은 논한다』

동·서 분당의 화가 이토록 혹독하였다."306)고 하였다.

이는 정철이 정언신을 살리고자 했다는 선의(善意)를 의심할 수 있는 사례 중의 하나이다.

셋째, 정철은 정언신(유배지에 있는)을 다시 치죄(治罪)하자고 청했다.

정언신이 갑산으로 유배된 후 정철은 다시 정언신의 일을 거론하여 그의 죄를 물어야 한다고 아뢰었다.『선조실록』에 의하면, 좌상 정철이 아뢰기를,

"신이 정사(鼎司: 삼사, 즉 정승식을 말함)로 들어온 때는 정언신이 국문을 받은 뒤였습니다.

정언신이 고변한 자(정여립의 일을 고변한 자)를 참(斬: 사사를 말함)하겠다고 한 소문은 전파된 지 이미 오래인데도 지체하고 위에 아뢰지 않았으니 신의 죄가 큽니다. 정언신의 죄는 이미 드러났으니 그냥 덮어 두고 묻지 않을 수 없습니다. 즉시 대신들을 불러 죄를 논하소서."307) 하였다.

임금이 추국에 동참했던 대신과 금부 대신들을 불러 정언신이 말한 것을 들었는지의 여부를 물었다.

영부사 김귀영(金貴榮)은 오른쪽 귀가 먹어 들을 수 없었고, 이준(李準)은 앉은 곳이 좀 가까웠으나 듣지 못했고, 유홍(兪泓: 사계 김장생과 사돈, 신독제 김집의 장인이다)과 홍성민(洪聖民)은 들었다고 하면서 그 곡절을 말했다.308)

---

306) 하담록,『연려실기술 3』, p.500.
307) 선조실록 24권, 선조 23년 5월 19일 2번째 기사.
308) 선조실록 24권, 선조 23년 5월 19일 3번째 기사.

『시정록』에서는,

홍성민이 이산해(李山海)를 끌어대면서, '이산해가 우상(右相: 당시 정언신을 말함)의 말도 옳다고 했다.'고 하였다. 이에 이산해가 '분명히 기억할 수 없다'고 하자, 홍성민이 말하기를,

"아마 이산해가 큰 병을 치른 나머지 정신이 없어 잊어버려서 그랬을 것이지만 그러나 괴이하다고 아니할 수 없습니다. 하늘과 해가 내려다보고 귀신이 옆에 지키고 있는데 군부(君父)를 속이고 어찌 살 수 있겠습니까." 하였다.

이 말을 듣고 임금이 답하기를,

"경(홍성민을 말함)이 이미 친히 봤으면 어찌 그 즉시 말하지 아니하고 지금 유소(儒疏: 유생의 상소)가 나온 뒤에 허다한 말을 늘어놓는가. 심히 이치에 맞지 않는다. 사람의 말은 이러기도 하고 저러기도 하는 것은 이상한 일이 아닌데 하필 한 사람의 말(홍성민)로 인하여 다른 사람(이산해)에게 책임을 전가하는가, 이미 관직을 사퇴했으니 그대로 하라."309)고 하였다.

참고로 『괘일록』은 유홍과 홍성민을, '정철의 명성과 위세에 의지하는 사람들'이라 했다.310)

『연려실기술』에도 다음과 같은 기사가 있다.

"선조 23년 6월 20일 밤, 대궐문이 닫힌 뒤, 위관들이 비밀리에 아뢰는 것을 금부도사가 문틈으로 보았다. 그 내용은,

'정언신은 역적과 체결하고 군부(君父)를 기망하였으니 이는 국가를 저버리고 임금을 능멸한 것입니다.' 하였다.

---

309) 시정기, 『연려실기술 3』, pp.446 - 447.
310) 『괘일록』, 이희권, 앞의 책, p.151.

17일(월별 표시가 없음)에 왕이 전교하기를, '정언신을 궐정에서 추국하라,' 하였다.

18일에 정언신의 원성(原情: 사정을 하소연함)을 아뢰니, 처음에 사사하라는 명을 내렸다가, '우리나라에서는 일찍이 대신을 죽인 일이 없습니다.' 하자, '그대로 두고 조용히 처리하라.' 하였다.

정언신이 옥중에 있으면서 정철이 다시 나와 일을 본다는 소식을 듣고 손을 들어 빌면서 말하기를, '좌상(정철을 말함)이 나왔으니 우리들은 살았다.'고 하였다. 정철이 계초를 만들어 영상(이산해)에게 보이자 아무 말이 없었다. (정철이) 들어가 (임금께) 아뢰려 하자 승전색(承傳色: 왕의 뜻을 전함)이 나왔다.

양사에서 정언신을 여러 번 국문하기를 청하자 드디어 20일에 (왕의) 허락이 났다. 그날 밤 한 번 국문을 하고, 22일에 갑산에 귀양 보내라고 명하였으나 양사가 합계하여 다시 국문하기를 청하였다. 이에 임금이 말하기를,

"반역당(정여립의 당을 말함)의 공초에 의하면 '먼저 정언신과 신립을 죽인 후에 군사를 일으킨다.' 하였으니 이것만으로도 정언신의 죄는 마땅히 용서할 만하다(즉 정언신이 정여립과 한편이 아니라는 뜻).

지금 만약 국문하다 죽으면 '대궐 앞에서 대신을 때려 죽였다'는 말이 날 것이고 그 사이에 병이 나서 죽으면 '대신이 옥에서 죽었다' 할 것이다.

경들은 어찌 차마 이런 일을 할 것인가." 하니 양사에서 아뢰기를 중지하고 정언신은 옥문에서 나왔다.'"[311]고 썼다.

---

311) 『연려실기술 3』, p.453. 일부는 『석실어록』, 『연려실기술 3』 같은 책. p.454

위 내용들을 종합해 보면 정철이 진심으로 정언신을 살리려고 하였는지 의심이 간다. 그 이유는 다음과 같다. 즉

첫째, 정철이 처음에는 유생들을 사주하여 정언신을 잡아들였다. 그리고 정언신이 대신을 지낸 사람이니 적어도 그의 목숨은 살려야 한다고 간청하였다.

둘째, 그 뒤 유배지에 있는 정언신을 계속 감시하고, 다시 새로운 죄목을 가지고 그에게 국문하여 죄를 주어야 한다고 임금께 청하였다.

또 정철은 그(정언신)가 정승을 지낸 사람이니 살려야 한다는 계초(啓草: 상소의 초안)를 만들었다고 한다. 하지만 이 일은 확인되지 않았다.

셋째, 임금은 정언신이 죄 없음을 말하면서 재차 국문하려는 청을 거절하여 다시 귀양지로 보냈다. 이처럼 임금과 정철의 태도가 헷갈려 서로의 태도를 헤아리기 어렵다.

② 과연 누가 누구에게 인사를 드려야 했는가

정언신은 그가 유배지에 있으면서 역시 귀양살이를 하고 있는 정철에게 아들을 시켜 감사의 인사를 드렸다.

앞에서 잠깐 살펴본 바와 같이 서로가 서로를 믿을 수 없는 상황에서 그의 태도는 부득이한 일이라 이해할 수 있다.

정언신은 정철의 그동안의 행적으로 보아, 그 길만이 서인들의 끈질긴 음해를 차단할 수 있고, 또 그것은 임금의 노여움을 풀고 시세에 어긋나지 않는 처신이기도 하다. 하여튼 그 후 임금은 정언신 부자의 선의(善意)를 확인하고 그를 신원시켰다.

여기서 잠깐, 그동안 조선조 시대 벼슬아치들의 행태에 관하여

한마디 췌언(贅言)을 해 보자. 사람을 죽이는 것은, 아무리 정치적 행동이라고 하지만 분명 살인행동이다.

한 예를 들어, 중종 대의 남곤은 조광조를 죽이지 않았다. 중종이 조광조를 붙잡아 죽이려고 할 때 그는 단지 정암 조광조를 '절도에 안치함이 옳겠습니다.'고 간곡히 아뢸 뿐이었다.[312] 남곤은 임종할 때 평생의 초고를 모두 불사르고 자제들에게,

'내 헛된 이름으로 세상을 속였으니 너희는 이 글을 전파시켜 내 허물을 거울삼아야 한다.'[313]고 하였다. 죽음 앞에서까지 자신의 허물을 뉘우치지 못하고 떠날 수는 없다고 생각한 섯이다.

정언신은 선조 24년 10월(향년 65세), 유배지에서 죽었고, 정철은 그 2년 후인 12월 21일(향년 58세)에 죽었다. 정언신은 적어도 자신에게 '병(病: 혹은 禍) 주고 약(藥: 은혜) 주고' 또 병을 주려고 했던 자를 용서하고 그에게 감사의 인사를 보냈다. 정철에 관하여는, 『왕조실록』의 그 어느 구절에서도 그의 행동을 뉘우쳤다는 평을 볼 수 없다.

③ 살아남은 자의 앙금

일시에 아버지와 동생을 잃고 철없는 조카들을 떠맡아야 했던 정협의 심정은 어떠했을까. 그가 '왕망의 비유'를 예로 든 일은, 아직도 그날의 비극이 가져다준 상처가 가시지 않았다는 증거였다. 이러한 김정은 사간 이상익(李尙翼: 정협의 친사돈, 즉 그의 아들 鄭世美의 장인)의 상소에서 우회적으로 확인할 수 있다. 대사간 이기, 사간 이상의 헌납 최관이 아뢰기를,

---

312) 중종실록 37권, 중종 14년 12월 16일 1번째 기사.
313) 중종실록 38권, 중종 22년 3월 10일 4번째 기사. 『사신은 논한다』

"고(故) 인성부원군 정철은 사납고 괴팍하여 어진 이를 꺼리고 남을 이기기를 좋아하며 조그마한 원한도 반드시 보복하였습니다. 역적의 변이 있는 틈을 타서 문득 배척하고 무함할 계책을 내어 허다한 근거 없는 말로 옥사를 일으켰습니다.

최영경을 배척하고 무함한 것이 정철이 지시, 사주하지 않는 것이 없습니다. 이제 와서 많은 사람들을 추구하여 시끄러운 단서를 열어서는 안 되겠기에 정철의 죄만을 논계하려던 것입니다."[314] 하였다.

화를 당한 쪽의 가족들은 역시 그 참화(慘禍)의 한(恨)을 씻는 일이 쉽지 않았으리라고 생각한다. 정언신의 장남 정협(鄭協)은 그후 삼사(三司)의 장(長)을 두루 거친 뒤 이조판서가 되었다. 그는 문장에 능하고 술을 잘 마셨으며 교유(交遊: 서로 사귀고 노는 일)가 매우 넓어 소장(少長: 老小)과 현우(賢愚: 어질고 어리석음) 구별 없이 한결같이 대하였다.[315]

일시에 고아가 된 그의 조카들(정세규, 정세구)을 자신의 아들처럼 길렀다. 정세규(鄭世規)도 이조판서에 올랐다.[316] 정언신의 넷째 아들 정박(鄭博)은 참판을 지냈고 고향 전주에 묻혔다. 이상의는 『택리지』를 쓴 이중환의 5대 조부이다.

전주(全州)는 어향(御鄕: 임금의 고향)이다. 선조는 동래 정씨들에게 아예 전주에서 떠나라고 전교를 내렸다.

선조 22년 12월 왕이 전교하기를,

---

314) 선조실록 51권, 선조 27년 5월 27일 5번째 기사.
315) 광해군일기 48권, 광해 3년 12월 28일 1번째 기사.
316) 현종실록 4권, 현종 2년 6월 25일 1번째 기사.

"전주는 조종(祖宗)의 어향(御鄉: 임금의 고향)이니 전주에 있는 정여립 조부 이상의 분묘를 그곳 본관(本官)은 낱낱이 파내어 그 족인(族人)들로 하여금 이장(移葬)하도록 하고, 또 그의 멀고 가까운 족류(族類)들도 모두 전주에서 내쫓아 딴 고을에 살도록 하라."[317] 하였다. 그래서 정언신의 자녀들도 대부분 서울로 떠났는지 모른다.

왕의 이러한 결정은 어느 면에서 보면 어향(御鄉)인 전주(全州)의 신성성을 지키려는 태도로 평가할 수 있다. 하지만 이는 조만간 벼슬아치들이 하나하나 전주를 떠나는 계기가 되기도 하였다. 그 실례로 정언신 외에 정여립의 이종형제 이정란의 증손인 만암 이상진도 말년에 고향을 떠났다.

최근 필자가 자주 오르는 전주 기린봉 약수터 너머에 역적(정여립)의 친척 묘를 이장했다는 방송이 보도된 일이 있었다.

그곳에 가 보니 동래 정씨 12세손 정인(鄭絪, 대호군)의 5, 6, 7세손인 정태지(鄭泰之), 정절(鄭節), 정인겸(鄭仁謙, 보은현감, 1458 – 2525) 삼대(三代)의 분묘가 있었다. 정태지와 정절의 비석은 약 1m 길이로 1973년에 세웠고, 그 6년 후에 정인겸의 비석을 크게 세웠다. 비석의 앞면은 '절충장군 중추부 첨지사 겸 오위장 정인겸의 비(碑)'라 씌어 있고, 뒷면에 양곡 소세양(당시 직함 전 부윤)이 지은 비문이 있다. 1979년에 복원한 자손의 이름은 14세 종손 정진호(鄭鎭豪)이고, 15세손 정일영(鄭壹泳)이 썼다.

복원하게 된 사유로, 다음과 같은 글이 소세양의 비문 다음에 추가되어 있다. 즉 '500년 풍상(風霜)을 겪으면서 바람에 깎이고 비에 씻겨 무너져 글자가 희미하여 인정상 눈으로 볼 수 없어[風

---

317) 선조실록 23권, 선조 22년 12월 26일 2번째 기사.

磨雨洗頹敗字混情不忍見] 다시 세운다[改竪].'고 하였다.

분묘 양쪽에는 문인석이 있는데, 서쪽의 것은 목이 없어 시멘트로 복원되었고 동쪽의 것은 오른쪽 귀가 약간 훼손되어 있었다.

전주 황토현문화연구소장인 신정일 씨의 글에 의하면,

"전주 기린봉에 정여립의 11촌 되는 사람의 묘가 있는데 후손들은 충청도 증평으로 쫓겨 갔다. 그 분묘의 문인석 중 하나는 목이 잘린 채 땅속에 묻혀 있던 것을 캐내어 복원했고, 양곡 소세양의 비문도 조각난 상석으로 놓여 있다. 기축옥사 이후 지리산 일대의 영, 호남은 완전히 초토화되었고 지금도 그곳에 가면 기축옥사의 쓰라린 상처를 간직한 후손들을 만날 수 있다."318)고 하였다. 위와 관련하여『동래정씨대호군공파보』를 분석해 보면 다음과 같다.

첫째, 정인겸은 대호군 정인의 종손(宗孫: 맏손자)으로 정여립의 조부 정세완(鄭世完)과는 12촌이다. 정인겸의 장남 정관(鄭觀, 1485 - 1519), 손자 의몽(義蒙, 1513 - 1581), 증손자 응운(應運, 1571 - 1651) 등은 충북 청원과 보은에 묘가 있고 자손들이 지금도 그곳에 살고 있다. 기축옥사 때 생존하고 있었던 정응운은 정여립의 16촌 되는 족제(族弟)로 그는 효종 2년 81세까지 살았다. 정인겸의 차남 정구와 그 자손들은 현재 전주, 익산, 옥구, 김제 지역에서 살고 있다. 정구의 손자 정지춘(鄭智春)의 묘는 전주 지삼동(인후동)에 있다.

둘째, 정여립의 고조부 3형제, 즉 정준(鄭俊), 정걸(鄭傑), 정임(鄭任) 중 정여립은 장남 정준의 고손자이다. 정여립의 사촌 정백우(鄭百佑), 6촌 정몽언, 8촌 정누거 등의 자손들은 현재 전북 지

318) 신정일, 앞의 책, pp.285 - 286.

역에 살고 있다.

셋째, 대호군 정인(鄭絪)에서 정여립의 고조부 정준(鄭俊)까지 5세(정인 – 정승 – 정가종 – 정수홍 – 정순)의 묘는 현재 김제 지역에 있다. 정언신의 증조부 정걸(鄭傑; 鄭俊의 동생), 조부 정홍손(鄭洪孫), 부친 정진(鄭振), 조카 정세창(鄭世昌)의 묘는 전주 지역(완주군 용진면 모란동)에 있고 정걸, 정임의 자손들은 전북 지역에 흩어져 살면서 증직을 받고 장수하였다.[319]

이렇게 가까운 일가는 무사한데 하필 16촌이나 되는 족친(族親)의 분묘가 해를 입었을까. 그리고 정인겸의 장남 정관은 아마도 그의 부친의 임지(보은현감)를 따라 이미 그곳 보은에 정착한 것으로 추측된다.

전의 이씨

충경공 이정난(李廷鸞)과 이정서(李廷犀)는 정여립과 이종간이다.

이들의 부친인 이승효(李承孝: 중종조 사간원 정언)는 김응벽(金應壁: 중종조 수찬)의 사위로 정여립의 부친인 정희증(鄭希曾)과 동서간이다. 이승효는 슬하에, 이정난(李廷鸞), 이정기(李廷麒), 이정룡(李廷龍), 이정서(李廷犀), 유덕수(柳德粹)의 5남매를 두었다.

『토역일기』에 의하면 이들 두 집안은 별로 사이가 좋지 않았는데 이정서만은 그렇지 않았다고 했다.[320] 이정란은 정여립을 평소 원수처럼 여겼기 때문에 옥에서 풀려났다.[321] 이정란은 임진왜란 때 전주를 방어하여 공을 세웠으며 오늘날 전주 도심의 충경로는

---

319) 『동래정씨대호군공파보』(전북 김제, 영연각, 1992), 상권
320) 『토역일기』, 이희권, 앞의 책, p.174.
321) 선수 23권, 선조 22년 10월 1일 7번째 기사, 계갑록, 『연려실기술 3』, p.430.

그의 시호를 딴 명칭이다.

생원 이정기는 전주 풍남문 제자(題字)를 쓴 사람이다. 이정서의 아내 남씨 부인(연산군과 동서인 남경의 증손녀)은, 남편이 체포되었다는 소식을 듣고 목을 매어 자결하였다. 이정서는 같은 지역의 지인(知人) 송 씨와 이 씨의 고변으로 잡혀가, 돌아오지 못하고, 매 맞아 죽은 것으로 알고 있다. 그 아들 증길(增吉)은 재종숙에게 양자로 들어가 목숨을 보존했다 한다.(직계손인 전 우석대 과장 이주필 씨의 말)

유덕수는 이들과 남매간으로 선산부사였다. 선홍복의 초사에, 이진길이 유덕수의 집에서 참서(讖書)를 입수했다고 했다. 위관이 그를 잡아들여 국문하였으나 승복하지 않고 죽었다(그때 정철 등이 자기들과 친한 금부도사를 시켜 거짓으로 선홍복의 가서(家書)를 만들어 유인하였다 함은 전술하였다).[322]

호남 유생 정암수(丁巖壽) 등 50여 명이 상소한 가운데 이언길(李彦吉)이 정여립의 제택(第宅: 살림집과 정자 등)을 지어 주었다고 고변하였다.[323]

이언길이 김제 군수로 있을 때, 환상창의 곡식 10여 석을 정여립 집에 제급(題給: 백성의 청원에 대하여 관청에서 내리는 지령)한 일이 있다. 진안 현감 민인백이 이 일을 가지고 '이언길이 정여립에게 100여 석을 마련해 주었다.'고 무고하여 이언길이 사사되었다.[324]

---

322) 선조실록 23권, 선조 22년 12월 12일 1번째 기사.
323) 선수 23권, 선조 22년 12월 1일 16번째 기사.
324) 괘일록, 이희권, 앞의 책, p.144.

이언길은 이정란 혹은 이정서의 9촌숙이다(그의 고모할머니가 영의정 김수동의 부인이고, 큰어머니가 그의 동생 김수경의 딸이다).

만암 이상진(李尚眞)은 이정린의 증손이고, 목산 이기경(李基敬)은 이정서의 6세손이다.

수원 백씨

백사수(白思粹: 세조조 좌랑)는 그의 손자들 이름에 영웅호걸(英雄豪傑)을 붙여 인현(仁賢), 인영(仁英), 인웅(仁雄), 인호(仁豪), 인걸(仁傑)이라 하였다. 인현, 인영, 인웅은 장남 익장(益長)의 아들이고 인호, 인걸은 차남 익견(益堅)의 아들이다.

부사 백인호의 아들은 백유온(惟溫), 백유양(惟讓)이고, 휴암 백인걸의 아들은 백유항(惟恒), 유함(惟咸)이다. 즉 백유양과 백유함은 사촌간이다.

촌수로는 서로의 핏줄이 같은 사촌이지만, 우선 그들 사둔 사이의 거리가 멀다.

백유양의 아들 진민(振民), 흥민(興民), 득민(得民), 수민(壽民) 중 수민의 처부(妻父: 장인)가 정여흥(汝興: 정여립의 형)이고, 백유함의 아들 해민, 선민, 신민(信民) 중 신민의 처부가 의주 목사 서익(徐益: 정여립을 탄핵한 자)이다.

백유양(1530 - 1589)은 백유함(1546 - 1618)의 사촌형으로 성품이 온화하고 화평하며 옥처럼 아름다운 사람이었다. 옳고 그름을 분별하는 데에는 논의가 강직하여 그 이름이 한 시대에 높았다. 남에게 굴하지 않아서 명망이 두터웠고 같이 사귀어 놀던 사람들도 모두가 어진 스승과 벗들이었다.[325] 그는 아마도 숙부 백인걸의 고고

한 성품을 이어 받았으리라 믿는다.

휴암 백인걸은 을사사화가 일어난 후로는 오랫동안 죄를 받아 쫓겨나 살았다. 장성한 딸이 있어도 혼인하려는 자가 없었다. 그때 혼사 일로 휴암이 조카인 유양에게 상의를 하였다.

"내가 의령군(義寧君)을 사위로 맞고자 하는데 네 소견은 어떠하냐"고 물었다. 유양이 답하기를, "의령군은 종친 중에서도 천한 서얼입니다. 그 어미나 숙모들은 다 머리에 수건을 쓰고 다니는 시정(市井) 여자인데 어찌 그와 혼인하겠습니까." 하였다.

하여튼 휴암은 조카인 유양의 말을 듣지 아니하고 마침내 의령군을 사위로 맞아 드렸다. 의령군은 이 사실을 아내인 휴암의 딸로부터 듣게 되어 유양과 사이가 벌어졌다. 의령군의 아들 이춘영이 이 일로 감정을 품고 유양의 가족을 원수같이 여겼다. 마침 옥사가 일어나자 자신의 외삼촌 백유함과 같이 무근한 말을 만들어 보복하였다.[326]

일찍이 백유양의 아들 백진민은 역변이 일어났을 때 그 무리 10여 명을 모아 상의하기를,

"황해도의 수령은 서인들이 반이나 되고 그 지방에는 율곡의 제자들이 많으니 이번 일은 아마 그들이 무고한 것일 것이다. 정수찬(정여립)이 곧 잡혀 올 것이다. 우리는 마땅히 소(疏)를 올려 그 원통한 것을 호소하자." 하였다.

유영근(柳永謹)을 소를 올리는 수장으로 삼기까지 하였다. 다만 정여립이 자결하였다는 소식을 듣고 놀라서 모두 흩어지고 말았다.

---

325) 괘일록, 이희권, 앞의 책 p.140. 『연려실기술 3』, p.474.
326) 기축별록, 을병조견록, 『연려실기술 3』, pp.474-475.

그가 뒤에 잡혀와 국청(鞠廳: 중한 죄인을 심문하는 곳)에서 공술(供述: 진술)하기를,

"아비가 모르는 일을 자식이 어찌 알 수 있습니까.

죄가 있고 없는 것은 저 푸른 하늘이 증거합니다. 엎어진 새집에서 새알을 어찌 보전할 수 있습니까. 다시 국문할 것도 없이 빨리 죽여 주기 바랍니다." 하였는데 곤장을 맞고 죽었다.[327]

'새집에서 새알을 보전할 수 없다.'고 한 말의 뜻은,

한(漢)나라 공융(孔融)이 조조의 모함으로 죽었는데 그 어린 아들을 잡아 가니 그 아이가 '엎어진 새집에서 새알을 어찌 보전할 수 있습니까.'라고 말한 데서 유래한다.

백유양이 죽고 아직 아들들이 살아 있을 때, 진민, 홍민 두 아들은 양주의 아버지 산소에 시묘 살이(侍墓: 부모 상중에 무덤 옆에서 막을 짓고 3년간을 사는 일)를 하였다.

정철(鄭澈)이 백유함, 이춘영과 같이 내시 이봉정을 시켜 비밀히 아뢰었다.

"외방 공론에 의하면 길삼봉(가공의 이름)의 거처를 백진민 형제가 소상히 안다 합니다." 하여 경인년(선조 23년) 7월 12일에 잡혀왔다.

이들은 "아비가 모르는 일을 자식이 어찌 알 수 있습니까." 하고 옥중에서 소를 올려 변명하려 하였으나 모진 매를 맞아 소를 쓰지 못하였다. 선조 23년 9월 12일 곤장을 맞고 죽었다.[328]

유양의 네 부자(유양과 진민, 홍민, 득민의 세 아들)가 모두 죽으

---

327) 일월록, 『연려실기술』, p.475.
328) 기축별록, 『위의 책』, p.475.

니 이웃 사람들도 혹 화(禍)가 미칠까 두려워 감히 문상하는 이가 없었다. 어떤 서얼(庶孼: 서자)이 와서 정성을 다하여 초상을 치르고 있었다.

백유함이 이를 이상히 여겨 "너는 누구냐"고 물었다.

서얼이, "이 집안 서자입니다." 하니,

백유함이 "그렇다면 어찌 나는 찾아보지 않았느냐" 하였다.

서얼이 대답하기를, "궁향에 사는 천한 인간이 미처 뵙지 못했습니다." 하자,

백유함이 장운익을 시켜 역적을 돌봐 준 죄로, 붙잡아 곤장을 때려 죽였다.

장령 장운익(張雲翼: 1561 - 1599)은 백유양이 무함을 받아 죽었을 때,

"동인들이 매양 외척과 결탁하여 배척하니 그 죄가 큽니다. 삼가 삼족을 멸하는 법을 시행하소서." 하자 선조가, "장령의 말이 옳다."고 한 일이 있다.[329]

백유양의 막내아들 수민은 여립의 조카사위다. 여립의 아우 여복이 서울에 잡혀와 옥에 갇혔다. 그 종 백석(白石)이 옥중에 들여갈 음식을 가지고 서울 거리를 방황하다가 포청에 붙잡혀 왔다.

그때, '백참봉의 아들이란 자가 나를 따라 왔습니다.' 하니 국문하던 대신들이 들어가 아뢰기를,

'이는 반드시 백유양의 아들 수민입니다.' 하고 잡아다 국문하고 때려 죽였다.[330]

---

329) 괘일록, 이희권, 앞의 책, p.140.
330) 기축록, 『연려실기술 3』, p.476.

3) 호남 5신(湖南五臣)

기축옥사 때 희생된 많은 사람들 중에 특히 호남 5신이 유명하다.

정개청(鄭介淸: 1529－1590), 유몽정(柳夢井: ?－1590), 조대중(曹大中: 1549－1590), 이발(李潑: 1544－1589), 이길(李洁: 이발의 동생) 등이다.

이발의 가족.

가) 집안의 전통

이발의 광산(光山) 이씨 집안은 선조(先祖) 이래로 연이어 문과(文科) 출신이 나왔으며 그중 9세 동안이나 청현직(淸顯職)이 계속되었다.

이들은 홍패(紅牌: 문과 급제자에게 주는 붉은색의 증서)로써 병풍을 만들어 제사가 있을 때마다 그것을 중당(中堂: 대청마루 중앙)에 펴 놓고 자제들에게 조상(祖上)을 욕(辱)되게 하는 일이 없도록 훈계하였다. 대대로 입어 온 국은(國恩)에 보답하려는 그들의 정성이 이토록 지극하였다.

이들 형제는 아버지가 돌아가셨을 당시 모두 관직에 있었던 탓으로 임종(臨終)을 못하여 그것을 평생의 한(恨)으로 여겼다. 그 후 홀로 계신 어머니의 곁을 떠나지 않으려고 3형제가 번갈아 가며 벼슬을 하였다. 이들의 효성이 이와 같이 지극하였다.[331] 이발이 서울서 고향에 계신 어머님을 뵈려 돌아가는 도중에 시(詩) 한 수를 지었다.

---

331) 오익창(吳益昌)의 상소. 송준호, 『조선사회사 연구』(서울, 일조각, 1987), p.343.

남녘 길 멀리 멀리 새들은 날아가고,
장안(서울) 서쪽 기우는 해는 구름 속에 가렸네.
아침에 일어나 간밤 꿈을 되새기니,
어머니와 주상에 대한 그리움으로 가득하였네.[332]

이씨 문중(門中)의 전성기에는 문과급제 등 경사(慶事)가 생기
면 조상의 묘에 고유제(告由祭: 그 사유를 고하는 제사)를 지내고,
버드나무에 북을 걸어 잔치를 벌였다. 기축옥사 이후 경사가 없어
져 이 나무도 말라 죽었다. 후손 중 한 사람(이주 신 씨)이 이 나
무 대신 다른 나무를 심었는데 최근 죽었던 그 고목에 새싹이 돋
아났다고 한다.[333]

『국조문과방목(國朝文科榜目)』에 의하면, 이발(李潑), 이길(李洁)
형제가 문과 출신이요(장남 李汲은 음직으로 관직에 올랐다), 그의
아버지 이중호(李仲虎)도 중종조에 문과에 급제하고 이조참판을
지냈다. 이발의 조부 이공인(李公仁), 증조부 이달선(李達先), 그의
4촌 이복선(李復善), 고조부 이형원(李亨元), 이시원(李始元)형제,
5대 조부 이선제(李先齊)가 모두 문과에 급제했다.

고려 대에도 이발의 6대조 이일영(李日暎), 8대조 이기(李奇), 9
대조 이순백(李珣白: 광주 이씨, 상서공파 파조)이 문과(즉 당시의
진사과)에 합격하였다. 고창의 오익창(吳益昌) 등은 이를 두고 '십
삼세연탁과제(13世連擢科第: 13대조 이래 연이어 문과에 합격함)'
라고[334] 하였다.

이발의 외숙 윤의중(尹毅中)의 손자가 고산 윤선도(尹善道)이다.

---

332) 『연려실기술 3』, p.472.
333) 광산 이씨, 양심당공파보, p.136.
334) 송준호 앞의 책, p.343.

앞에서 말하였다. 이러한 호남의 명문 광주 이씨의 가족들이 한꺼번에 몰살당하였다.

이발, 이급 형제는 곤장을 맞아 죽었고, 이길은 귀양 갔다가 잡혀 와서 역시 죽었다.[335] 막내 동생 이직(李瀷)은 생진과에 합격하고 효성이 지극하였는데 부친 상중(喪中)에 과로로 죽었다.[336]

임금은 이들 노모(老母)인 윤 씨와 어린 아들(당시 82세와 8세)을 때려 죽였다.

이길의 사위 홍절(洪절)과 김명룡(金命龍)에게 압슬(壓膝: 무릎 위에 무거운 돌을 얹어 고문함)형을 가하였으며 문생들과 노복에게도 혹독한 형벌을 가했지만 한 사람도 자복한 자는 없었다.(이에 관하여는 후에 다시 자세히 논의하겠음) 도대체 이발 형제의 잘못이 무엇이기에 이토록 참혹한 형벌을 받아야 했는가. 그의 성품과 행적부터 살펴보자.

나) 이발의 성품과 행적(行績: 행동의 실적)

이발은 선조 6년 문과에 장원하여 그 해에 바로 예조좌랑에 올랐다.[337] 그 뒤 홍문관 부교리, 대사간, 대사성의 관직에 이르렀다.[338] 이발은 중후(重厚)하고 엄정(嚴正)하였다. 그의 문학과 명성은 실로 후배의 영수가 되었다.

그는 젊었을 때부터 학문에 뜻을 두어 척암 김근공(金謹恭), 습정 민순(閔純)의 문하에서 배웠고 최영경(崔永慶: 1529 – 1590)과

---

335) 『연려실기술 3』, p.430.
336) 『광산 이씨, 양심당공파파보』 p.29.
337) 선조실록 7권, 선조 6년 9월 26일 3번째 기사. 동년 10월 22일 1번째 기사.
338) 선조실록 10권, 선조 9년 8월 9일, 16일 1번째, 동 16년 1월 22일 1번째, 20년 3월 28일 3번째 기사.

가장 친하였다. 홍가신(洪可臣), 허당(許鐺), 박의(朴宜), 윤기신(尹起莘), 김영일(金榮一), 김우옹(金宇顒) 등과 뜻이 맞는 벗이 되어 서로 원대한 포부를 기약하였다.

이조좌랑이 된 후, 사론(士論: 유교이론)을 부식(扶植: 뿌리를 세움)하여 조광조가 하던 옛 정치를 회복코자 했다. 경연(經筵)에 출입하면서 항상 왕도(王道)를 아뢰고 기강을 강조하며 옳고 그름을 가르치는 것을 자신의 소임으로 여겼다.

성혼(成渾)과 이이(李珥) 두 사람과의 교분이 약간 멀어져서 서인(西人)들의 미움을 샀다. 그들[西人]의 시사(時事)에 같이 참여할 수 없음을 알고, 부제학으로서 차자를 올려 인물의 옳고 그름을 논의하기도 하였다.[339]

이발은 기축옥사가 일어나기 전, '이수(李銖)의 옥사'와 '심의겸을 탄핵'한 일 등으로 정철(鄭澈)과 대립하였다.

이수(李銖)의 옥사

이와 관련하여 『선조실록』, 『선조수정실록』, 『하담록』, 『석담일기』에 나오는 글들을 요약하여 재구성해 보면 대개 다음과 같다.

무안 현감 전응정(全應禎)이 관곡 100석을 멋대로 가져다가 남의 집에 맡겨 둔 일이 있었다. 왕이 전교하여 그를 잡아다가 추국하였다.[340] 당시 조정의 의논이 뇌물에 관한 것을 특히 문제 삼았을 때였다.[341]

김성일(金誠一)은 진도 군수 이수(李銖)가 쌀을 실어다가 윤두수

339) 『연려실기술 3』, p.472.
340) 선조실록 12권, 선조 11년 2월 2일 1번째 기사.
341) 『연려실기술 3』, p.318.

형제 및 윤현(尹晛: 윤두수의 조카)의 집에 뇌물로 바쳤다는 말을 듣고 매우 노하였다. 그가 경연에서 아뢰기를,

"전응정이 죄를 받았다고 하지만 그 후에도 쌀을 실어다 뇌물로 바치는 자가 있어 탐관 하는 습성이 그치지 않고 있습니다."[342] 하였다.

임금이 갑자기 묻기를, "누구인가" 하자, 김성일이 "이수입니다." 고 답하였다. 대간이 이수를 죄 주기를 청하자, 임금이 명하여 옥에 가두고 국문케 하였다.

이수는 윤두수와 내외종 사촌이었다. 윤현은 김성일과 같이 선랑이 되었으나 의논이 서로 맞지 않았다. 윤현의 작은 아버지 윤두수와 윤근수가 모두 요직에 있으면서, 서(西)를 부축하고 동(東)을 억제하는 의논을 주장하여 동인들의 미움을 샀다. 윤두수는 사생활(私生活)이 청백하지 못할 뿐 아니라 (자신을) 절제하지 못하여 뇌물을 좋아한다는 말이 있었다.

어떤 사람이 김계휘(사계 김장생의 아버지)에게 말하기를,

"윤두수를 탄핵해야 할 것이다." 하니, 김계휘가, "공격해서는 안 된다."고 답하여 연소(年少)한 무리들이 이를 불쾌하게 여겼다. 이때에 임금이 동·서의 이야기를 알게 되었다. 이발(李潑)은 동(東)에 치우쳐 주장하고, 정철(鄭澈)은 서(西)에 치우쳐 주장하였다. 이 두 사람은 다 인망이 두텁고 나라를 근심하는 공사에 충실함이 당시에 으뜸이었다.

율곡 이이는 매양 두 사람에게 말하기를, "그대들 두 사람이 마음을 한 가지로 하여 의논이 화합하게 된다면 사림이 무사할 수

---

342) 하담록, 『연려실기술 3』, pp.318 - 319.

있을 것이다."343) 하였다.

정철이 점차 소견을 바꾸어 이발과 교제하면서 함께 공평한 의논을 하였다. 동인 중에 일을 좋아하는 사람이 있어 끝내 서인(西人) 중의 좋지 못한 자를 공격하여 후환을 방지하려고 하였다.

윤두수의 삼부자를 사악(邪惡: 그르고 악함)의 괴수라고 하며 그들을 제거하려고 하였다. 다만 유성룡과 이발만은 이에 따르지 않았다.

김성일이, '이수가 수백 석의 쌀을 세 윤씨 집에 바치려고 한강에 배를 댄다'는 말을 듣고 이를 탐지하였다.

삼윤(윤두수, 윤근수, 윤현)의 죄를 탄핵하고 이수와 그 아우 이치(李치)를 심문하였는데 이수가 불복하여 사건이 성립하지 않았다.

『선조수정실록』은 "장령 이발이 떠도는 말을 주워 모아 직접 써서 아뢴 것이라"344) 하였고, 『하담록』에서는 "김성일이 비밀히 관속을 보내 종적을 알아냈다."고 하였다.

이때 정철과 이발의 의논이 크게 충돌되었다. 동인들은 들어 내놓고 정철을 소인이라고 배척하여 동서가 화합할 가능성이 없어졌다.345) 이 사건의 여파로 윤두수 등이 파직되었다가 복직의 명을 받았다.

양사(兩司: 사헌부, 사간원)가 다시 '이수의 옥사'가 아직 끝나지도 않았는데 '(윤두수, 윤근수, 윤현의 세 사람을) 복직시켜서는 안 된다.'고 논계하였다. 대사간 정철(鄭澈)만은 옥사가 부실하다 하여

---

343) 선수 12권, 선조 11년 10월 1일 4번째 기사.
344) 위의 기사.
345) 하담일기, 『연려실기술 30』, pp.317 - 320. 『율곡집 2』(서울, 민족문화추진회), pp.514 - 515.

참여하지 않다가 탄핵을 입고 체직되었다. 이때 동인들은 정철이 더욱 사당(私黨)을 위한다고 헐뜯었다.[346]

심의겸의 논죄

선조 14년 2월의 일이다.

전한 이발(李潑)이 어머니가 병들었다는 소식을 듣고 상소하여 선위사(宣慰使: 재해 발생 시 왕명으로 위문 가던 직)를 체직하고 고향으로 돌아갔다.[347] 그해 8월, 정철(鄭澈)이 관직을 버리고 향리로 돌아갔다.

정철은 '이수의 옥사'가 일어난 뒤부터, 마음속에 불평을 품고 이를 언사(言辭)로 늘 드러냈었다. 그는 술 마시기를 좋아하여 취하기만 하면 남들의 장단점을 말하였다.

어느 날 술김에 이발(李潑)에게 욕(辱)을 하고 꾸짖자 이발은 드디어 절교하였다. 이때에 대간의 논핵을 중히 여겼기 때문에 (정철은) 가솔(家率: 집안의 식솔)들을 데리고 호남의 향리로 돌아갔다.[348]

그 3년 후 양사(兩司)가 청양군 심의겸(沈義謙)을 논박하였다. 즉 "심의겸은 지난날 붕당을 세워 사림(士林)에 화(禍)를 끼쳤고 밖으로는 조정의 정령(政令)과 안으로는 궁곤(宮壼: 궁중 깊은 곳)의 거조(擧條: 임금께 아뢰는 조항)까지 지휘하지 않는 것이 없습니다. 부친(심강: 명종의 장인)의 상중에 있으면서도 기복(起復: 벼슬에

---

346) 선수12권, 선조 11년 12월 1일 1번째 기사.
347) 선조실록 15권, 선조 14년 2월 25일 1번째 기사.
348) 선수 15권, 선조 14년 8월 1일 3번째 기사.

나아감)을 기도하였고 내지(內旨: 임금의 밀지)를 사칭(詐稱)하여 동생(심지겸)의 아내를 독살하였습니다. 파직시키소서." 하고,

또 아뢰기를,

"박순, 정철, 이이, 박응남, 김계휘, 윤두수, 윤근수, 박점, 이해수, 신응시 등이 심의겸과 생사의 사귐을 맺었습니다. 이들은 서로 세력을 성원하여 조정을 탁란시켰으며 성혼도 그들의 농락을 받았습니다. 그의 죄를 빨리 정하소서." 하니 왕이 뒤에 윤허하였다.

(이때 대사헌은 이식(李拭), 집의 이유인, 장령 한옹(韓顒)과 홍인헌, 지평 심대, 이시언, 사간 이양중, 헌납 정숙남, 정언 조인득, 송언신이었다. 대사간 이발은 아직 상경하지 않았다.)[349]

한편 『선조수정실록』을 보면 심의겸에 관하여 다음과 같은 평이 있다. 즉

"심의겸은 명종의 외숙이다.

그는 형제가 여덟인데 넷째 동생 심지겸은 치광(痴狂: 정신질환)의 병이 있었다. 이씨(李氏) 집안에 장가들어 외아들 심경(沈憬)을 낳았다.

아내 이 씨는 원래 호사스런 가정에서 자라 친정 어미를 위하여 창비(倡婢: 광대)들을 보내 즐겁게 해 주도록 하였다. 이 일로 추잡스런 소문이 떠돌아 조정에 화가 일어날까 우려되었다.

심씨 집안에서 이를 크게 수치스럽게 여겨 은밀히 대비(명종비)에게 고하여 내인을 시켜 그녀(이 씨 부인)를 사사(賜死)케 하였다. 심의겸은 동생을 허(許)씨 집안에 다시 장가보내고 아들 심경은 자기 집에서 양육하였다.

---

349) 선조실록 18권, 선조 17년 8월 18일 1번째 기사.

심경은 10세쯤 되어 자신의 어머니가 비명에 죽은 것을 알았다. 그는 드디어 도망하여 그의 백숙부와는 인연을 끊고, 이이, 이발, 정인홍 등을 추종하였다. 심경이 학문으로 명성을 얻은 뒤, 심의겸을 무너뜨리려 하였다. 사람들은 심경이 제 어미의 원수를 갚는데 권도(權道)를 씀으로 정도(正道)를 잃지 않았다고 칭송하였다."[350]

심의겸의 일로 조정에서는 다음과 같은 논의가 불붙었다.

첫째, 이발이 사직을 청하였다.

이이가 죽은 뒤, 이발은 적극적인 서인 공격에 나섰다. 즉 대사간 이발이 서울에 올라와서 숙배한 뒤 아뢰기를,

"전일 심의겸의 죄를 논할 때 상께서 (심의겸과) 교결(交結)한 자가 누구냐고 하문(下問)하셨습니다. 간관(諫官)으로서 모두 아뢰겠습니다.

예조판서 홍성민(洪聖民), 부제학 구봉령(具鳳齡)은 심의겸의 친우로 논책을 받은 자임에도 진달하지 않았습니다. 그들과 같이 지낼 수 없으니 사직을 청합니다."[351] 하였다.

둘째, 이에 대하여 진사 조광현이 상소를 올렸다.

진사 조광현(趙光玹)이 이발(李潑)의 계사를 논하여 상소하였다. 즉 "삼가 근자에 이발(李潑)의 계사를 보니 이이, 성혼의 허물을 날조하여 기필코 불측(不測: 마음이 음흉함)한 곳에 두려고 했습니다. 처음에는 두 사람(이이와 성혼)의 장점을 거론하여 겉으로는 공론(公論)이라 하면서도, 속으로는 실제로 (그들을) 음해함으로써 전하를 속였습니다.

350) 선수 19권, 선조 18년 8월 1일 1번째 기사.
351) 선조실록 18권, 선조 17년 8월 25일 1번째 기사.

전하께서 보았을 때 어진 이를 방해하고 나라를 병들게 한 진상을 알 수 없게 하였으니 그 무고와 기망이 교묘합니다.

이이가 해서(황해도)에 있을 때 이발이 편지를 보내기를,

'심의겸을 소인(小人)이라 해서도 아니 되며, 심의겸의 제배(儕輩: 동배)들을 사당(邪黨: 그릇된 당파)이라고 해서도 안 된다. 김우옹과 유성룡의 견해도 또한 이와 같다.'고 하였습니다.

지금에는 (이발이) 시론(時論)을 붙좇아 도리어 이이를 지척(指斥: 웃어른의 언행을 지적하여 탓함)하면서, '첫째, 사류를 배척하고 둘째, 나라를 걱정하던 마음이 뒤바뀌어 나라를 그르치는 계책이 되었다.'고 하였습니다.

이이가 죽기 전에는 (이발이) '심의겸을 소인이라 하면 안 된다.' 하였고, 이제 이이가 죽으니, '심의겸과 서로 아는 자는 모두 사당(邪黨)이다.' 하였으니, (이발의) 논의의 변천이 이토록 이이의 생사에 따라 앞뒤가 다를 수 있습니까."[352] 하였다.

셋째, 이이가 죽기 전에 이발에게 보낸 편지 내용을 보면, 앞의 내용과 다르다. 이발(李潑)은 일관되게 심의겸을 소인이라고 지목하였다.

이이의 '답 이발(答 李潑, 庚辰, 선조 13년)', 중 그와 관련된 부분만 열거하면 다음과 같다.

답 이발

"반년 동안 서로 바라보기만 하고 소식 듣지 못하였는데 너무 그리워 때로는 괴로웠습니다. 6월 16일에 친히 쓴 글을 받고 감사

---

352) 선수 19권, 선조 18년 9월 1일 3번째 기사.

하였으나 세 번이나 읽고 나서 잇달아 아연 실망하였습니다. 그대와 함께 시무(時務: 당세의 시급한 일)를 강론한 것은 화평하고 진정함에 있는데 오늘날의 시론이 그렇지 않습니다.

진실로 김효원(金孝元: 동인)이 낫고 심의겸(沈義謙: 서인)이 못한 것은 나 역시 알고 있습니다. 다만 동인(東人)은 옳고 서인(西人)은 그르다고 하는 까닭으로 인심은 들끓고 의론은 하나로 돌아가지 못하는 것입니다.

사류(士類: 동인을 지칭함)들이 또 까닭 없이 심의겸을 두드러지게 지적하여 소인(小人)이라 히고, 서인(西人)을 지적하여 사당(邪黨)이라 함이 갈수록 더욱 심합니다. 심의겸이야 비록 아깝지 않더라도 서인이야 아깝지 않습니까. 이것이 과연 그대들(이발과 동인들)의 본뜻입니까."[353] 하면서 나름대로 다음과 같은 대안을 제시하였다. 즉

오늘날 만약 곤궁 속에서 그 타개책을 구한다면 마땅히 의론을 주장하기를,

"심의겸이 비록 들어난 과실은 없다 해도 이미 외척의 신분이요, 또 사류(士類: 학덕이 높은 선비들)와 불화하니, 이는 마땅히 작록(爵祿: 관직과 봉록)만 보존하게 한다. 삼윤(三尹: 윤두수, 윤근수, 윤현)은 스스로 나쁜 짓을 하여 사류에게 크게 거슬렸으니 이도 또한 청현직(淸顯職: 맑고 높은 직)에 참여할 수 없다. 그 외의 서인은 재주에 따라 관직에 임명하되 조금도 시기와 방해가 없게 한다. 동인으로 의론이 과격한 사람은 분별하여 이를 억제시키고 그 기회를 이용하여 붙좇는 무리들은 물리쳐 이를 멀리할 것이다."[354]

353) 율곡집. 권 1, pp.257 - 261.

하였다.

'율곡의 행장'에도 다음과 같은 구절이 있다. 즉

"전한 이발은 그전부터 심의겸을 미워하여 반드시 탄핵하여 없애려 하니, 선생이 중지시키려 애쓰다가 안 되고 말았다."[355]고 하였다.

그런데 『선조수정실록』에서는 진사 조광현 등의 상소를 인용하여,

"전에도 같은 이발(李潑)이었는데, 율곡이 죽은 뒤에도 똑같은 이발(李潑)이면서 다른 말을 했다."[356]고 하여 이발을 배신적인 인물로 부각시켰다.

'배신'이라는 두 글자는 당시 서인들이 죄 없는 사람들을 매도하는 데 사용했던 단골 메뉴였다(예를 들어 정여립, 정개청 등).

앞서 율곡 이이가 그 타개책(打開策)으로 내놓은 대안(代案)적 결론은 물론 '가장 바람직한 정답(正答)'이었으리라 믿는다.

만약, 율곡이 임진왜란이 발발할 때까지만 살아 있었어도, (죽인 자와 죽은 자들의) 서로 간 대립이 완화되어 '기축옥사'처럼 무자비한 살육이 일어나지 않았을는지 모른다. 하지만, 실제 정치의 현실에서는 '모범답안'이 통하지 않는 경우가 흔히 있다. 정치하는 사람들은 누구나 나름대로 소신이 있어 한쪽에 편향될 때가 많다. 각자 '정치의 정도(正道)'를 주장하면서 그 길이 옳다고 우긴다. 자신들의 생각과 판단은 항상 옳고, 다른 사람들의 목소리는 귀 기울이지 않는다. 누가 정치의 중간에 있다 해도 이런 현상은 어쩔

---

354) 위의 책, 권 1, p.263.
355) 위의 책, 권 2, p.519.
356) 선수 19권, 선조 18년 9월 1일 3번째 기사.

수 없는 것이었을까. 이런 의문들은 예나 지금이나 정치의 현실에서 일관되게 제기되고 있다.

수염을 뽑고 얼굴에 침을 뱉은 사건

이발이 어렸을 때 그의 형제가 장기를 두고 있었다.

마침 정철이 남평에 있는 이발의 집을 찾아 갔다가 장기 훈수를 하였다. 당시 이발과 이길은 각각 10세, 8세이고, 정철의 나이는 18세였다고 한다. 갑자기 이들 형제가 정철의 수염을 뽑으며 폭언을 쏟아 부었다.

"왜 역적 놈의 자식이 시키지도 않는 훈수를 하느냐."고 했다.

이 이야기는 기축옥사 이후 서인(西人) 측에서 꾸며 낸 말이라고 한다.[357] 참고로 『광주 이씨, 양심당공파보(養心堂公派譜)』를 보면 이급(李汲, 중종 무술, 1538생), 이발(李潑, 중종 갑진년, 1544년생), 이길(李洁, 명종 경술년, 1550년)은 각기 6년 차이로 되어 있다. 당시 이발이 10세였다면 이길의 나이는 4세에 불과하다. 과연 이들 18세, 10세, 4세 아이들이 그런 수염 장난을 하였을까 상상하기 어렵다.

이렇듯 앞뒤가 잘 안 맞는 말인데도, 다음에 나오는 조헌(趙憲)의 상소 내용을 보면 더욱 헷갈린다. 조헌의 상소 중에,

"신(臣)이 들으니 정철은 이발의 아버지 이중호(李仲虎, 중종 임신년, 1512년생, 정철은 1536년생)와 옥당의 동료가 되는데 이중호가 일찍이 『근사록』을 정철에게 질문한 후에 비로소 감히 강설했다고 합니다. 그러므로 이발, 이길은 정철에게 제자의 예를 취해야

---

357) 신정일, 앞의 책 p.219.

하는 것이 당연합니다. 이발이 출세하여서는 감히 정철을 능멸하였습니다.

정철이 긴 수염이 있는데 이발이 취중에 희롱하여 수염 몇 개를 뽑았습니다. 이에 정철이 시(詩)를 지어,

> 긴 수염 두어 개를 그대가 뽑아가니,
> 늙은이의 풍채가 문득 쓸쓸해지네 하였습니다.

그 후 마주 앉아 술을 마실 때에도 이발이 패만(悖慢: 거칠고 오만함)한 말을 하니, 정철이 곧 돌아보지 않고 이발의 얼굴에 침을 뱉고 일어섰다 합니다. 정철은 강직한 사람입니다. 다만 이발의 얼굴에 침 한 번 뱉은 일로 '귀신의 수레를 보는데'에 이르렀습니다."[358] 하였다.

'귀신이 수레를 본다[載鬼一車]'는 말은 『주역』에 있으며 '의심암귀(疑心暗鬼)', 즉 한 번 의심을 받으면 귀신이 수레에 가득한 것처럼 더욱 의심하게 된다는 뜻이다. 위의 이야기는 『연려실기술』에 나온 말로 그 근거가 명확하지 않다.

하여튼, 이발의 아버지가 경연에서 진강하면서 정철에게 질문을 한 것은 사실이겠지만 그는 분명 정철보다 26세나 나이가 많다.

잠깐 옥당에 같이 있었다는 것만으로 친구 같은 동료라 할 수도 없고 또 그 일로 아들이 그에게 제자의 예로 대해야 한다는 것도 매우 어색한 말이다.

설사 이들의 관계를 사제지간(師弟之間)이라고 가정하자. 과연

---

358) 『연려실기술 3』, p.403.

정철이 스승과 같은 처지에서 8년이나 나이 어린 이발과 함께 술을 마시면서, 그 얼굴에 침을 뱉었을까.

'얼굴에 침 한 번 뱉은 것'이 정말 한 번 실수로 끝날 만한 일이던가. 지금 그 시대의 상황과 양자의 관계를 정확히 알기란 불가능하다. 다만 어른의 턱수염을 뽑은 일은 참으로 불경한 행동이다. 그렇다고 해서 그 보복으로 남의 얼굴에 침을 뱉었다면 그 일 또한 우리가 쉽게 상상할 수 없는 아주 더러운 짓이다.

다) 이발 가족의 죽음

이발은 그의 형제와 늙은 어머니, 아들과 조카들까지 모두 죽었다. 이들이 죽게 된 내력은 다음과 같다.

이발 형제의 죽음

『광주이씨양심공파보』를 보면, 이발은 형 이급과 두 동생 이길, 이목의 네 형제가 있다. 이급은 아들 이원정(李元廷), 이원섭(李元燮)이 있고, 이발은 이종백(李宗栢), 이만수(李萬壽)의 두 아들을 두었다. 그리고 이길은 아들 이원변(李元變)과 사위 김명룡(金命龍), 홍절(洪楶)을 슬하에 두고 있었다.

『선조수정실록』에는 이급의 아들 이름이 이만생(晩生), 이순생(順生)이고, 이발의 아들은 이명철(命哲), 이효동(孝童) 그리고 이길의 아들 이름이 이효손(孝孫)이라 했다.[359] 이들 형제에 관한 이야기는 다음 구절에서 다시 논의하겠다.

이발의 막둥이 동생 이직을 보고 일찍이 송상(宋祥)이란 자가

---

359) 선수 25권, 선조 24년 5월 1일 7번째 기사.

점(占)을 쳤다는 이야기는 여러 야사에 실려 있다. 즉

"위로 세 형(이급, 이발, 이길)은 극히 흉하고 막둥이 이직이 가장 길(吉)하다." 하였다.

뒷날 이직은 이름을 못 이루고 죽었다. 이급은 음관(蔭官: 과거에 의하지 않고 얻은 벼슬)으로 벼슬에 올랐고, 이발과 이길은 명사가 되었다.

사람들은 모두 송상의 말이 허망하다 하였으나 이발 형제가 장살된 후 탄복하였다.[360]고 한다. 이급과 이발 형제는 곤장을 맞아 죽었고 이길은 희천으로 귀양 갔다가 뒤에 잡혀 와서 역시 죽었다.[361]

이발은 고문을 받아, 온몸의 살이 온전한 곳이 없어서 숨이 끊어질 뻔하였으나, 다시 국문을 받을 때에는 반드시 단정히 꿇어앉아서 조금도 사색이 변하지 않았다. 마침내 곤장을 맞아 죽자 사람들이 모두 원통하게 여겼다.[362]

『선조수정실록』에서는 이길이 심문 당할 때, 정철이 그를 살리려고 노력했다는 기록이 여러 번 나온다. 그가 동료 재상인 유성룡, 이산해와 더불어 이길을 살리려고 계문을 올리려 하였으나 그들이 피하였으므로 혼자 계문을 거듭 올렸다.[363]고 한다.

당시 정철이 임금에게 말하기를,

"정여립과 교분이 친밀한 여러 사람은, (정여립을) 좋아하면서도 그의 악한 점을 알지 못한 데에 지나지 않습니다. 천하에 어찌 두

---

360) 『연려실기술 3』, p.471.
361) 괘일록, 『연려실기술 3』, p.420.
362) 부계기문, 『연려실기술 3』, p.472.
363) 선수 41권, 선조 40년 6월 1일 1번째 기사.

사람의 정여립이 있을 수 있겠습니까." 하였고. 또 같은 반열의 대신에게 말하기를,

"이발의 죽음이야 어쩔 수 없지만, 이길도 아울러 사형에 처해야 되는가." 하였다.[364]

『선조실록』에 나오는 기사는 좀 다르다.

이발, 이길이 하옥되어 고문을 받은 것은 양천회의 상소와 정즙의 고문에 의한 공초에서 나온 말 때문이다.

양천회의 상소에서 이발, 이길, 백유양이 역적(정여립)과 죽음을 같이한 사이라 하여 이들을 정여립 사건에 끌어들였다. 이는 정철이 사주하여 쓴 상소문이며, 사계 김장생도 이를 지적한 바 있다. 앞에서 언급하였다.

이로 인하여 이발, 이길은 똑같이 멀리 귀양길에 떠났다.[365]

그 한 달 후 선홍복의 자백하는 말에서 다시 이발, 이길의 이름이 나왔다. 그때 정철 등이 자기들과 친한 금부도사를 시켜 거짓으로 선홍복의 가서(家書)를 만들어 그에게 은밀히 전하면서, "이발, 이길, 백유양 등을 끌어대면 살려 주겠다"고 약속해 놓고 그를 때려 죽였다 함은 앞에서(잇따른 상소 항목) 언급하였다. 정철은 당시 위관으로 있었고, 이발, 이길은 귀양 가는 도중에 다시 돌아와 고문을 받다가 죽은 것이다.

이상의 글을 종합해 보면, 정철이 이길만은 살리려 했다는 말도 설득력이 부족한 변명처럼 생각된다.

---

364) 선수 23권, 선조 22년 11월 1일 7번째 기사. 선수 23권, 선조 22년 12월 1일 6번째 기사.
365) 선조실록 23권, 선조 22년 11월 12일 1번째 기사.

이발의 늙은 어머니와 어린 아들의 죽음

이발의 노모(老母)와 어린 아들의 죽음에 관하여 그 자료마다 약간씩 차이가 있다. 이들에 관한 기록은 『연려실기술』의 『기축록』, 『일월록』과, 『괘일록』, 그리고 『선조수정실록』에 있다. 이들을 차례로 분석해 보자.

① 근거 자료의 내용

『기축록』과 『일월록』

"일찍이 이발이 죽자, 그 늙은 어머니와 어린 아들도 잡아다가 국문하였다.

그때 어머니 윤씨는 82세, 아들은 8세였는데 모두 엄한 형벌을 받고 죽었다. 이발의 어머니는 죽을 때에 분연히 말하기를, '형법이 너무 과람하다.' 하였고. 이발의 아들은 말하기를, '평일에 아버지가 나를 가르치기를, 집에 들어서는 효도하고 나가서는 충성하라 하였을 뿐 역적의 일은 들은 바 없습니다.' 하였다.

임금은 '이런 말이 어찌 그놈의 자식 입에서 나올 말이냐.' 하고 아울러 때려 죽였다. 홍절(홍가신의 아들, 이길의 사위)과 김명룡(김응남의 아들, 이길의 사위)에게 압슬형(壓膝刑: 죄인의 무릎 위에 압슬기나 무거운 돌을 올려놓고 고문하는 형)을 가하였으며 그 문생들과 노복들에게도 엄형을 가하였다. 이들 중 한 사람도 자복한 자는 없었다."[366]고 하였다.

『괘일록』

"이급과 이발의 아들은 큰 아이가 11세요 작은 아이는 5세였는

---

366) 일월록, 기축록, 『연려실기술 3』, p.450.

데 모두 죽었다. 이발의 늙은 어머니에게까지 압슬형을 가하였으니 을사사화 때에도 이러한 일은 없었다. 옥졸들은 눈물을 흘리지 않는 사람이 없었다."367)하였다.

『연려실기술』은, 위의 내용들을 다음 순서에 따라 편성하였다. 즉 먼저, 심수경이 물러나고 정철이 다시 위관이 되었다.

(『괘일록』에 선조 23년 3월 13일로 되어 있다)

다음으로, 담양 사는 생원 채지묵이 전 현감 김국주를 무고하였다.

그 다음 순서에 이발의 노모와 어린 아들의 일이 나온다.(『괘일록』에 의하면 선조 23년 5월 4일이다)

그 후 선조 23년 5월 24일 의금부에서 아뢴 일,

동 27일 이산해에게 전교한 일,

동 29일 유성룡이 우의정에 제수된 일 등, 날짜 순서대로 열거하여 썼다.368)

『괘일록』은 그 맨 마지막 구절에 다음과 같이 썼다.

"『승정원일기』를 상고하니 정철이 다시 위관(委官: 죄인을 추국할 때의 임시 재판장격의 정승)이 된 것은 경인년(선조 23년, 1590년) 3월 13일이었다. 이발의 어머니와 어린 자식들이 형을 받고 죽은 것은 경인년 5월 4일이며 유성룡은 5월 20일에 우의정이 되었다.

서인들이 말하기를, 이발의 늙은 어머니가 죽은 것이 바로 유성룡이 위관으로 있을 때의 일이라 하니 진실로 통탄할 일이다."369)하였다.

---

367) 괘일록, 위의 책, p.450.
368) 『연려실기술 3』, pp.448－452.
369) 괘일록, 이희권 앞의 책, p.163.

『선조수정실록』은 다음과 같이 썼다. 즉

"이발의 어머니 윤 씨와 그의 아들들을 고문으로 죽였다.

이발과 이길의 가속(家屬: 식구)이 옥에 연루된 지 2년이 되었다.

대신들의 미봉책으로 형국은 면하게 되었지만 석방을 청하지는 못했다.

이때에 옥사는 이미 완결시켰으나 이발의 가속만은 미결 상태였다.

윤 씨는 82세였고 이발의 아들 이명철은 10세였다.

우의정 이양원이 감국하면서 늙은이와 어린 아이에게는 형벌을 실시할 수 없다고 하였으나 왕은 이를 허락하지 않았다.

아들 이명철은 압슬에도 승복하지 않았고 윤 씨 부인은 나이 80에 장형(杖刑: 매 맞는 형벌)을 받았지만 역시 승복하지 않고 죽었다.

이발의 아우 현감 이급은 앞서 형벌을 받아 죽었고, 그의 아들 이만생, 이순생도 장형을 받아 죽었다.

이발의 아들 이효동과 이길의 아들 이효손은 모두 옥에 갇혔는데, 효동은 병으로 죽고, 효손은 임진왜란 때 석방되었으나 역질로 요사(夭死)하였다."[370] 하였다.

② 자료의 분석

앞의 내용들을 분석, 종합해 보면 다음과 같은 점이 주목된다. 즉

첫째, 『선조수정실록』에서는 이발의 노모와 어린 아이가 죽은 시기를 선조 24년 5월이라 했다.

『패일록』에서는 『승정원일기』의 근거를 제시하면서 이들이 죽은 시기가 선조 23년이고. 다만 이들 자료가 소실되어 현재 이를 확인할 수 없는 것이 유감일 뿐이라고 했다.

---

370) 선수 25권. 선조 24년 5월 1일 7번째 기사.

『연려실기술』에서도 앞에서 논의한 바와 같이 이 사건의 시기를 23년, 정철이 위관으로 있을 당시에 맞추어 그 순서에 따라 편집하였다.

또한 선조 23년 10월에 이발 형제의 일을 처리하기 위하여 임금이 대신과 의금부 당상을 불러서 의논하라고 명하고 이에 임금이 이르기를,

"이발, 이길, 이급 3형제의 가산을 몰수하라."[371]고 한 내용은, 이미 그 가족들이 모두 죽은 후임을 암시하고 있다.

둘째, 『기축록』과 『일월록』에서는 임금이 이발의 노모와 아들을 때려 죽이고, 이길의 두 사위(김명룡과 홍절)에게도 압슬형을 가했다고 했다. 『선조수정실록』은 이들 사위에 관한 내용이 없다.

『기축록』과 『일월록』의 내용은 이발의 노모와 아들이 선조 23년에 죽었음을 암시한다. 그 이유는 다음과 같다.

이들 두 사위는 당시(선조 23년)까지 이길의 사위였지만, 선조 24년 1월~11월간(김명룡의 아버지 김응남이 명나라 성절사로 떠나고[372] 없는 동안)에 이혼(離婚)하였다. 그리고 그 이혼은 그녀(이발의 어머니)가 아무리 죄인의 신분이었다 해도 이발의 어머니 윤씨가 죽고 난 후에 가능했을 것이다. 김명룡의 외숙 이산해가 (그의 부친이 명나라에 가고 없는 틈을 타서) 김명룡을 시켜 이혼을 서둘렀다는 기록도 있다.[373]

『선조수정실록』은, 이발의 노모와 아들이 죽은 시기에 초점을

---

371) 『연려실기술 3』, p.467.
372) 선조실록 25권, 선조 24년 1월 15일 1번째 기사. 동 24년 11월 2일 1번째 기사.
373) 하담록, 『연려실기술』, p.474.

맞추다 보니 부득이 두 사위에 관한 기록을 제외해야 했다. 즉 『선조수정실록』은 이들이 이혼했기 때문에 그 일(두 사위가 압슬형을 받은 일)을 기록하지 않았고, 만일 이를 기록한다면 이발의 어머니는 이미 죽었어야 맞다(살아 있었다면 이혼할 수 없었을 가능성이 컸을 것이기 때문이다).

셋째, 선조 24년 윤 3월 정철을 파직시킨 뒤, 임금은 형장을 과하게 쓰지 말라는 전교를 내렸다.

양사(兩司: 사헌부와 사간원)에서 아뢰기를,

"정철이 조정의 기강을 마음대로 하여 그 위세가 세상을 뒤덮었으니 파직하소서." 하고 아뢰자 선조가, "그대로 하라."[374] 하였고 뒤이어 왕이,

"대신의 죄상을 백성들에게 자세하게 보여줌으로써 징계해야 한다. 정철의 파직 승전을 고사에 따라 방을 붙이라."[375]고 명하였다.

특히 그 해(선조 24년) 4월 13일, (이들 노모와 아들이 죽었다고 주장한 (『선조수정실록』에 의하면) 그 노모를 처형하기 불과 한 달 전에 왕은, 의금부에 '형장을 과하게 쓰지 말라는 전교'를 내렸다. 즉 왕이 비망기로 일렀다.

"의금부에 구금되어 있는 중죄인 가운데 누차 형신하여도 자복하지 않으므로 공연히 형장만 때린다는 소문이 파다하다. 심지어 김득린(金得麟) 같은 사람은 1차의 형장에서 죽었다고 하니 이는 사사로운 감정에 따른 데서 나온 일로 매우 놀라운 일이다. 당상관(정3품 이상 벼슬아치)은 추고하고 낭청(종6품관)은 파직하라."[376]

---

374) 선조실록 25권, 선조 24년 윤 3월 14일 1번째 기사.
375) 선조실록 25권, 선조 24년 윤 3월 16일 1번째 기사.

하였다.

당시 선조는 이미 기축옥사의 잔혹했던 형벌에 관하여 후회하고 있었다.

정철을 파직하고, 비망기를 내려 당시의 당상관과 낭청까지 파직시켰다.

이러한 상황에서 비망기를 내린 지 불과 한 달도 안 되어 80세 노인에게 압슬을 가하고 어린 아이를 때려 죽였을까. 이 또한 『선조수정실록』의 주장(선조 24년 5월 4일, 이발의 노모가 죽었다는)이 틀렸음을 확인해 준다.

넷째, 『선조수정실록』은 이발과 이길의 가속이 옥에 연루된 지 2년이었다고 했다. 그 노모(老母)도 잡혀 들어온 지 2년이 되었다는 뜻이다.

80세 노인이 처음에 들어와 고문을 당하고, 그 후 2년(정확히 따져서 1년 5개월이 못 되었음)이 지나도록 옥에 갇혀 있었으면(『선조수정실록』에서는 석방을 청하지 못했다고 했음), 아마 더 이상 압슬형을 당할 힘이나 있었을까?

세상에 세 자식 잃고 모진 고문을 당하면서 2년을 버티고 살아온 80세 노인에게 그 누가 또 압슬형을 가했단 말인가.

『선조수정실록』은 이들 노모와 어린이를 죽인자가 바로 선조라고 했다. 『선조수정실록』은 정철에게 면죄부를 주려다가 결국 임금을 잔혹한 살인자로 만든 결과가 되었다.

다섯째, 안방준이 쓴 『우산간독』에,

"송강 정철과 유성룡의 다음 대화는 아직도 논의의 쟁점이 되고

376) 선조실록 25권, 선조 24년 4월 13일 3번째 기사.

있다. 즉

임진년(선조25년) 초에 정철이 유성룡을 안주(安州)에서 만나, 화제가 옥사에 미쳤다. 정철이 유성룡에게 말하였다.

'이발의 모친을 공(公: 유성룡을 말함)이 어째서 구(救)하지 못하였소.', 하니 유성룡이 말하기를,

'내가 어찌 힘을 다하지 않았겠소, 공(정철)이 그때 옥사의 곡절을 알지 못하는 것이 없는데도 말이 이 같으니 다른 사람은 말해 무엇 하겠소.' 하였다. 송강이 말하기를,

'조대중은 나도 또한 극력 주선하였으나 어찌할 도리가 없어 차율(次律)을 적용할 것을 청하였던 것이요.' 하였다.

서애 유성룡이 말하기를,

'그때의 일은 공(정철)과 나 이외에 수 명만이 알 뿐이요 외인이 알 수 없던 일이요.' 하였다.

윤 씨(이발의 어머니)의 죽음에 대한 일은 유성룡도 오히려 숨기지 못했던 것을, 타인이 숨기려고 사초(史草)까지도 쓰지 않았다고 하니, 그렇다면 타인들이 서애를 아끼는 마음이 서애가 그 자신을 아끼는 것보다 더 하단 말인가?"[377] 하였다.

김장생의 『송강행록』은 같은 뜻으로 다음과 같이 말하였다. 즉

"송강 정철이 이미 위관(委官)에서 갈리고 나서 유 정승(유성룡)이 대신 맡아 이발의 노모와 어린 아들을 잡아다 국문하여 마침내 형장 아래서 죽게 만들었다.

저 늙은 부녀자와 어린 자식을 유성룡이나 이양원(李陽元) 등 여러 사람들도 어찌 살리려고 하지 않았으리요마는 끝내 구하지

---

377) 안방준. 우산간독. 『연려실기술 4』. p.492.

못한 것은 사세가 그런 것이었다. 그런즉 이발, 최영경을 죽인 죄를 공(정철)에게 모두 돌리는 것은 편벽되지 않는가." 하고, 이들 양자(정철과 유성룡) 간 대화를 다음과 같이 썼다. 즉 정철이 유성룡에게,

"이발의 노모와 어린 자식을 공(유성룡)은 어찌하여 죽였소?" 하고 물었다.

유성룡은,

"공이라면 그 죽음을 구제할 수 있었겠소."라고 답하였다.

정철이 말하기를,

"나라면 능히 구제할 수 있었지요."라고 답하자,

유성룡이, 말하기를,

"능히 그럴 수 있었을까." 하였다(김장생의『송강행록』).

이상의 대화 내용에 관하여,

『유성룡』의 저자 이덕일은 위 글을 소개한 뒤 다음과 같이 평하였다.

"두 사람(정철과 유성룡)의 대화를 인용해서 마치 사실인 것처럼 만드는 것은 김장생의 특기다. 김장생은 『율곡행장』에서도 10만 양병설 논의 때 이이가 유성룡에게, '그대 또한 어찌 이런 말을 하는가?'라고 말하고,

나중에 유성룡이, '지금 보니 이 문성(이율곡)은 참으로 성인이다.'고 했다고 적었다.

정철과 유성룡의 대화나 이이와 유성룡의 대화 모두가 김장생의 머릿속에서 만들어낸 창작품이다. 이발의 노모와 어린아이가 죽을

때 유성룡은 안동에 있었고 유성룡은 기축옥사의 위관을 맡은 적도 없다.[378]"고 하였다.

여섯째, 이발의 노모(老母)가 결국 고문을 이기지 못하고 죽었다.

죽음을 눈앞에 둔 이 가련한 80세 노인을 때려죽인 일은, 정말 반인간적이고 반인륜적인 살인 행동이었다.

조선 국왕 중에서 사람을 가장 많이 죽인 수양대군은 자신의 가슴에 비수(匕首: 날카로운 칼)를 겨누었던 성삼문의 아내(연안 김 씨 김잉의 딸)를 죽이지 않았다.

패악(悖惡)한 군주로 쫓겨난 폐주(廢主) 광해군도 자신의 정통성에 위협적이던 영창대군의 외조부 김제남 형제와 자녀들을 모조리 죽였지만 그 부인(인목대비의 어머니 노 씨 부인)은 죽이지 않았다.

이발(李潑)은 역적도 아니고 역적의 혐의를 받고 죽은 정여립과 가까운 사이었다는 죄가 있을 뿐이다.

오직하면 이발과 절교하고 동인 공격에 앞장섰던 조헌까지도 그 슬픔을 감당하지 못하였다고 했을까. 다음 글을 보자.

"조헌(趙憲)은 이발 형제가 추천하고 이끌어 준 사이로, 항상 이발의 집에 가서 어머니에게 절을 했다. 이발의 어머니가 죽은 후 이발 집안의 일을 언급할 때마다, (조헌이) 흐느껴 울며 말하지 못하므로 곁에 있는 사람들이 감동하였다."[379] 하였다.

아마 사계 김장생의 입장에서도 이 사건은 그들 서인의 도덕성에 치명적인 실수라고 생각했고, 어떤 형태든 그에 대한 변명이 필요했을 것이다.

---

378) 이덕일, 『유성룡』(서울, 역사의 아침, 2007), pp.97 - 99.
379) 선수 25권, 선조 24년 5월 1일 8번째 기사.

이식(李植)은 이런 상황을 알고 있었기 때문에 『선조수정실록』에서 이발 모친의 죽은 연대를 선조 24년으로 고치고, 모든 책임이 임금에게 있는 것처럼 논하여 그(서인들의 잔혹한 옥사의) 책임을 면하려고 하였을까.

일곱째, 『선조수정실록』에서 이발의 어머니를 장살했다는 선조 24년 5월 4일 조정에서는 마침 일본에 갔던 황윤길과 김성일의 보고를 듣고 도요토미 히데요시의 동정에 관하여 대신들과 심각한 논의를 하고 있었다.380) 그리고 바로 그 5월에 정철이 유배되었다.381)

아무리 어리석은 군주라 해도 나라의 운명이 걸린 일을 논의하는 중에 그토록 잔인한 살생을 했을까.

여덟째, 『선조수정실록』은 이발의 아이들에 관하여 그 이름을 들어 구체적으로 언급하였다. 즉

"이급의 두 아들 만생과 순생은 매 맞아 죽었다. 발의 아들 명철도 그의 할머니와 함께 매 맞아 죽었고, 효동은 옥에서 병들어 죽었다. 이길의 아들 효손은 임진년(선조 25년)에 옥에서 풀려나 병들어 요사하였다.382) 4남 이직(李溭)은 아들이 없다."고 하였다. 그러면서도 사위들에 관한 일은 말하지 않았다. 앞에서 언급하였다.

가족이 모두 몰살당했다고 하면(늙은 노모와 나이 어린 아들을 죽인 서인들의 죄악이) 면책되리라고 생각했을까.

『광산이씨파보』에 나오는 이름은 이급의 아들이 원정(만생), 원

---

380) 박동량, 기재사초 상. 『대동야승 13』. pp.171 - 182. 선수 25권. 선조 24년 5월 1일 1번째 기사.
381) 선수 25권. 선조 24년 5월 1일 12번째 기사.
382) 선수 25권. 선조 24년 5월 1일 7번째 기사.

섭(순생)이고, 이발의 아들이 종백(명철), 만수(효동), 이길의 아들이 원변(효손)이다.

위 자료들을 보면 이름은 다르지만 이발의 4형제 슬하의 다섯 아들이 모두 어린 나이에 죽었다.

후에 알려진 이야기로는, 이발의 아들 중 이만수는 화를 모면하고, 그 대신 종의 아들이 죽었다고 한다. 현재 전남 화순군 이서면 영평리에 200여 년 살아온 이도원, 이덕원 형제가 이만수의 14대 손이다.

작가 신정일이 조사했다는 내용은 다음과 같다.

'이급의 아들 이원종이 살아남아 현재 그 후손 이재수 씨가 원종의 유서를 보관하고 있다. 이원종의 나이 9세 때, 그의 어머니와 동생이 화를 피해 도망 다니다가, 도중에 어머니는 병들어 죽고 동생은 섬으로 갈 배를 기다리다가 죽었다. 이원정은 밀양 이씨 이원경으로 본관과 이름을 고쳐 살아남았다.

그 150년 뒤인 1860년, 그 후손의 집에서 이원정의 유서(1610년에 썼음)를 발견했다.'고 하였다. 이 글은 『조선을 뒤흔든 기축옥사』에 실려 있다.[383]

『선조수정실록』에 나오는 이름은 아마도 집에서 불렀던 아명(兒名)이고 항렬(行列)에 맞춘 정식 이름은 원정, 원섭인 듯싶다.

라) 이발의 신원

전라도 유생 최홍우가 이발 등 다섯 신하에 대한 설원(雪冤: 원통함을 풀어줌)을 요청하는 상소를 올렸다. 그 내용은 이발 등이

---

383) 신정일, 앞의 책, pp.231-232.

적(賊: 정여립)과 서로 친하게 지낸다 하여 죄를 받았으나 간인들의 허구 날조로 원통히 죽었다는 것이었다.[384]

광해조에 들어서도 시위을 요구하는 상소는 계속되었다.

인조 2년 의금부와 대신들이 아뢰기를,

"정개청 등 5인은 모두 복관을 허락하고 이발, 이길은 역적이라는 죄명을 신설(伸雪: 원을 풀고 부끄러움을 씻어 줌)하고 적몰한 것을 도로 내주소서." 하니, 왕이 이에 따르고 "이발, 이길에게도 직첩을 도로 주라"[385]고 명하였다. 이에 관하여는 5신(五臣)에 관한 내용 끝 부분에서 자세히 논의하겠다.

조대중(曺大中), 김빙(金憑)의 죽음

조대중은 전남 화순 출신 창녕 조씨로 태종 대에 평안도 도절제사를 지낸 조흡(曺恰: 조민수와 6촌 형제)의 6세손이요, 참봉 조세명의 아들이다.

그의 형 조경중(曺景中)과 나란히 문과에 급제하여 전라도사(全羅都事: 종5품 지방관리)가 되었다. 큰형 조굉중(曺閎中)의 증손자는 『혼정록』을 지은 안방준의 사위다. 『선조수정실록』에 의하면 그가 죄를 받게 된 내력은 다음과 같다.

"역변(기축옥)의 초기에 (조대중이) 전북 부안의 관창(官娼: 관에 소속된 창기)을 대동하고 보성에 도착하였다. 그곳에서 (조대중은 부안의 관비와) 직별 인사를 하면서 눈물을 흘린 것이 죄가 되었다.

행렬을 따라 가던 종인(從人)들이 (조대중의 일로) 지체하는 것

---

384) 선조실록 212권, 선조 40년 6월 11일 2번째 기사.
385) 인조실록 5권, 인조 2년 7월 3일 4번째 기사.

을 지루하게 여겨 밖에 나와 있는 사람에게 말하기를,

"지금 (조대중이) 울고 있는 중이니 어느 겨를에 떠나겠는가."

하였다.

이 말이 와전(訛傳)되어,

'조대중이 정여립의 죽음을 듣고 방에 들어가 울었다.'는 말로
바뀌었다.

홍여순이 이 말을 듣고, 보성군의 아전들에게 물어 보았다. 이들
모두가 공술하기를, '관창(官娼)과 이별하여 눈물을 흘린 것은 사
실이다.' 하였다.

그 설이 유소(儒疏: 정암수 등 유생들의 상소)에서 '적을 위해
울었다.'로 되어 마침내 대간의 탄핵을 받아 나국(拿鞫: 죄인을 잡
아다 국문함)하게 된 것이다.

조대중이 공초(供招: 범죄 사실을 진술함)하기를,

"정여립이 죽었다는 사실을 들은 날 나는 광주의 향가에 있었다.

담양부사 김여물(金汝岉)이 내방하여 '국적이 이제 죽었으니 오
늘은 술 마시며 즐겨도 관계없을 것이다.' 하기에 그와 함께 종일
토록 술자리를 벌이고 크게 취한 뒤 파하였다. 증명해 주기를 바
란다." 하였다.

이때 김여물이 서울에서 명(命)을 기다리고 있는 중이었는데도
국청에서는 물어보지 않았다. 조대중이 마침내 일차 고문을 받고
또 심문을 가하려 하자 소매 속에서 절구(絶句)로 된 시(詩) 한 수
를 바쳤다. 그 내용은 다음과 같다.

지하에서 만약 비간(比干)을 만난다면

참고로 비간은 은(殷)나라 때의 충신인데, 주왕(紂王)에게 바른 말로 간했더니 주왕이, "내가 들으니 성인(聖人)의 심장에는 일곱 개의 구멍이 있다 하는데 그것을 보겠다."고 하면서 그의 배를 갈라 죽였다.

이러한 조대중의 시(詩)에 관하여, 의금부의 관원이 (조대중에게) 심문하려 하자 당시 대신인 심수경(沈守慶)이 "이는 죽을 때를 당하여 나온 난언(亂言)이니 어찌 신빙성이 있겠는가" 하며 물리치고 받지 않았다.

(조대중은 국문당할 때 곤장을 맞아 죽었다.386))

조대중이 죽은 뒤 판의금부사 최황(崔滉)이 그 시(詩)를 가지고 임금께 아뢰었다. 임금이 크게 놀라 심수경에게, "어떻게 이처럼 되었는가." 하였다. 심수경이 대답하기를,

"죄수가 일단 원래의 뜻으로 공초를 하였으면 국문할 때의 난언이나 잡설은 수리하지 않는 것이 옥사를 처리하는 체모입니다. 신이 대신으로서 법외의 일을 감히 할 수는 없었습니다." 하자

임금의 뜻이 조금 풀어지면서 이어 조대중의 시신에 추형(追刑)할 것을 명하고 처자(妻子)는 연좌를 면하게 하였다.387)

위에서 유신(儒臣)의 상소란 정암소 등 50여 인의 상소를 말한다.

정암소의 상소 중에 '조대중이 역적을 위해 눈물을 흘린 일'로 죄 줄 것을 청한 내용이 있다.388)

---

386) 『연려실기술 3』, p.438. 선조 23년 3월 13일이다.
387) 선수 24권, 선조 23년 3월 1일 4번째 기사.
388) 선수 23권, 선조 22년 12월 1일 16번째 기사.

『선조실록』에서는 정철의 문객이었던 심희수의 말을 인용, 정암수의 상소가 정철의 손에 의하여 작성되는 것을 보았다는 내용은 앞서 서술하였다.[389]

『연려실기술』에도, 장령 조인득, 지평 이상의, 정광적, 대사간 홍여순, 사간 권문해, 헌납 김민선, 정언 이정신, 윤엽 등이 함께 아뢰기를,

"정암수 등의 상소도 실상은 많은 선비들이 한 것이 아니고 정철의 문객 2, 3명이 그의 지시를 좇아서 꾀를 내어 여러 사람들을 속임수로 모아서 상소 중에 이름을 채워 실었습니다."[390]고 말한 내용이 있다.

조대중의 죽음에 관련된 기타 야사의 기록들은 다음과 같다.

『괘일록』

"3월에 전라도사 조대중은 역적을 위하여 눈물을 흘리고 행소(行素: 상복을 입었거나 부고를 받은 뒤에 술과 고기를 금하는 것)를 하였다 하여 대간들의 탄핵을 받고 잡혀서 국문을 당할 때 곤장을 맞고 죽었다.

그때 조대중은 객관에 있으면서 마침 기제(忌祭: 제사) 날을 당하였으므로 행소한 것이었다."[391] 하였다.

안방준의 기록, 『연려실기술』

"조대중이 부안의 관기와 눈물의 작별을 했다. 세상에서는 이를

389) 선조실록 23권, 선조 22년 12월 14일 5번째 기사.
390) 『연려실기술 3』,p.. 497.
391) 괘일록,『연려실기술 3』, pp.438 - 439.

보고 역적을 위해 눈물을 흘렸다고 말하였다. 사간원에서 이것을 탄핵하려 하니 황신(黃愼)이 말하기를,

'사실의 진(眞), 위(僞)도 살펴보지도 아니하고 앞질러 탄핵부터 하는 것은 미안한 일이다. 만약 조대중이 착한 선비라면 반드시 전에 그릇되게 역적과 사귀었던 것을 뉘우쳐 깨달았을 것이고, 그 사람이 간인(奸人)이라면 역적과 친했던 형적이 들어날 것을 두려워할 것이다. 그러므로 그는 역적을 위하여 눈물을 흘렸다는 것을 두려워할 것이니 (그에게 죄가 있다고 하는 주장은) 만만(萬萬) 사리에 맞지 않는 일이다.'고 하여 다른 사람들도 드디어 의논을 중지하였다. 그 뒤 황신이 갈리고 다른 대간이 다시 탄핵하여 죽이고 말았다."392)고 하였다.

『혼정록』

"담양부사 김여물이 마침 의주 목사가 되어 부임하려던 참인데도 조대중의 원통함을 밝혀 주려고 의금부 밖에서 오래도록 기다렸지만 국청에서 불러들여 묻지 아니하고 조대중에게 형벌을 가하였다.393)"고 하였다.

최황이 조대중의 시(詩)를 가지고 심수경의 일을 아뢰자,

'임금이 크게 노하여 특명으로 조대중의 처첩과 동생, 조카 등을 잡아 오게 하고, 조대중은 역적으로 논하여 육시(戮屍: 죽은 시신에 참형을 가함)를 하게 했다. 심수경은 이 일로 인히여 세 번 사면하여 갈리게 되었다.'394)고 하였다.

---

392) 안방준이 기록한 것, 『연려실기술 3』, p.439.

393) 위의 책, p.439.

394) 위의 책, pp.448-449.

『선조수정실록』에는, 심수경의 체직된 기사는 없고, 조대중의 처자는 연좌를 면해 주었다고 되어 있다.

『괘일록』에서는 '선조가 진노하여 그의 처자를 잡아다가 모두 죽였다.'[395)]고 하였으나 그 기록은 잘못이다.

그 후 임금은 명을 내려, '이발, 이길, 이급의 3형제와 백유함, 조대중의 가산을 아울러 적몰하라.'[396)]고 하였다.

한편 안방준은 여기에서도 대화형식의 근사한 시나리오를 썼다. 즉 "송강 정철과 서애 유성룡 사이의 대화에서,

송강이 말하기를,

'조대중은 나도 또한 극력 주선하였으나 어찌할 도리가 없어 차율(次律: 능지형 대신 참형으로 그침)을 적용할 것을 청하였던 것이요.' 하니

서애 유성룡이 말하기를,

'그때의 일은 공(송강)과 나(서애) 외에 수 명만이 알 뿐이요 외인(外人)이 알 수 없던 일이요.'"[397)] 하였다.

앞에서 열거한 조대중의 억울한 죽음에 관한 내력들을 보면, 이 한마디의 변명은 듣기에 너무 민망스럽다.

다음에서 최황(崔滉)의 졸기와 그의 아들 최유원이 아뢴 말을 들어 보자.

최황의 졸기

『선조실록, 사신』의 논함에, 다음 글이 있다.

---

395) 괘일록. 이희권, 앞의 책. p.149.
396) 『연려실기술 3』. p.467.
397) 우산간독, 『연려실기술 4』. p.492.

"최황은 한양인인데 사람됨이 각박하고 편급(偏急: 소견이 좁고 성질이 급함)하며 남을 해치기를 좋아하였다. 기축옥사 때 정철과 서로 심복이 되어 역적을 함정으로 삼아서 큰 옥사를 꾸며 사류를 죄에 빠트렸다. 최영경이 억울하게 죽은 일도 최황의 도움이 있었고 조대중의 일족이 주벌된 것도 다 최황이 한 일이다.

호남의 김덕령이 무함을 받아 잡혔다. 사람들이 누구나 그 정상을 억울하게 여기고 용맹을 아까워했으므로 임금도 풀어 주려는 뜻이 있었다.

최황이 임금에게 (김덕령의) 그 용맹 때문에 반드시 후환이 있을 것이라고 말하여 목에 칼을 씌우고 손에 수갑을 채워서 끝내 죽게 하였다.

도중(都中) 사람들이 지금까지도 그 억울함을 가엾이 여기고 최황에게 눈을 흘기고 있다."[398] 하였다.

『선조수정실록』은 그를 아주 구차하게 변명하고 있다. 즉

해성군 최황의 졸기

"최황이 졸하였다

최황은 관청에서 일을 처리함에 있어 본래 민첩하다는 칭찬이 있었다.

다만 성품이 각박하고 도량이 좁아서 좋아하는 사람이 없었다. 기축년의 옥사에서는 실로 누구를 함정에 밀어 넣어 빠트린 일이 없고, 김덕령의 옥사에서도 죄를 얽어서 모함한 일이 없었다. 그런데 일을 기록하는 자(『선조실록』이나 『야사』 등을 말함)가 이것으로 그를 폄론하였으니 이는 유감을 품고 은밀히 배척한 것이다."[399]고

---

398) 선조실록 165권, 선조 36년 8월 1일 6번째 기사.

하였다.

이 글은 같은 『선조수정실록』의 다른 기사와도 맞지 않는다.

앞서 열거한 『선조수정실록』에서는,

"조대중이 의금부에서 매 맞고 죽은 뒤, 판의금부사 최황이 조대중의 시(詩: 자신을 은나라 比干에 비유한 시)를 가지고 임금께 아뢰자, (임금이) 그에게 다시 추형(追刑: 죽은 시체를 살육함)할 것을 명하였다. 처자(妻子)를 잡아 오라고 했다가 그들의 연좌를 겨우 면한 것은 심수경의 변명으로 임금의 뜻이 조금 풀어져 연좌를 면하게 하였다."

그리고 사신(史臣)의 의견으로도 '최항과 홍성민의 의논이 자못 준엄하였다'[400]고 명시하였다.

이런 사람을 같은 『선조수정실록』의 뒤에 나온 기사에서,

'누구를 함정에 밀어 넣어 빠뜨린 일이 없다'고 변명하였다.

김덕령의 경우도 『선조수정실록』의 다음 구절을 주목할 필요가 있다. 즉

"판의금 최황 등은 즉시 형신(刑訊: 형장으로 매질하는 것)할 것을 청하였다. 임금은 재삼 난색을 지었으나 아무도 구원하지 않았을 뿐 아니라, 또 (최황이) 아뢰기를,

'그(김덕령)는 살인(왜병들을 죽인 일)을 많이 했으니 그 죄는 죽어 마땅하며 조금도 애석할 것이 없습니다.'"[401]고 하였다.

죄 없는 사람(조대중)을 두 번 죽이고(다시 추형한 것을 말함),

---

399) 선수 37권, 선조 36년 8월 1일 1번째 기사.
400) 선수 24권, 선조 23년 3월 1일 4번째 기사.
401) 선수 30권 선조 29년 8월 1일 1번째 기사.

의병대장(김덕령)을 매질하여 죽였다고 썼던 『선조수정실록』이 다시 그(최황을)를 변명함에 있어서는,

'누구를 함정에 빠뜨리지 않았고, 죄를 얽어서 모함한 일이 없다'고 한 것은 그 과장이 너무 심하다.

그로부터 10년 후 최황의 아들 최유원은 자신의 아버지에 관하여 다음과 같은 내용의 상소를 올렸다.

대사헌 최유원이 아뢰기를,

"기축년 역옥 때 이덕형이 선위사(宣慰使: 큰 재앙이 났을 때 왕명으로 위문 가는 임시 벼슬)로 조정에 하직 인사를 올리자 신왕(선조)께서 인견하였는데 그때 신의 아비 최황이 판의금으로 있었습니다.

신의 아비가 청대(請對: 급한 일로 임금께 뵙기를 청함)하여,

조대중을 추형(追刑)하는 것은 지나친 일이라고 극진히 진달하였더니, 선왕(선조)께서 진노하시어 옷매무새를 바로 하시고 분부하시기를,

'경은 어찌하여 그런 말을 하는가.' 하셨습니다.

그러다가 자리를 파하고 나간 뒤에 선왕(선조)께서 전교하시기를,

'중신의 말을 듣고 따르지 않는다면 그의 뜻이 외로워질 듯하다.'고 하시고 마침내 차율을 적용시켰습니다. 조대중은 참수로만 그치고 능지는 하지 않았으며 그 족속들도 연좌시키지 않았습니다."402) 하였다.

또 그보다 먼저 정철의 아들 정홍명은 조대중의 죄에 관하여 다

---

402) 광해군일기 66권, 광해 5년 5월 14일 7번째 기사.

음과 같이 말하여 그의 아버지 정철의 신원 상소를 올렸다.

"조대중의 경우는 전라도사로 있으면서 역적의 죽음을 듣고는 능성의 관사에 있으면서 눈물을 흘렸고, 고기를 먹지 않고 채식을 했기 때문에 대간의 탄핵을 입어 나국당하여 형벌을 받게 되었습니다.

조대중이 시(詩) 한 구절을 추국하는 자리에 올리기를, '지하로 비간을 따라갈 수 있다면 지금 웃음을 머금고 슬퍼하지 않으리'라고 하였으므로 이 때문에 죽임을 당했던 것입니다. 그 당시의 위관은 심수경이었는데 어찌 신의 아비가 알 바 있겠습니까."[403] 하였다.

여기서 조대중이 관기와 헤어지면서 눈물을 흘렸고 마침 기제 날을 당하여 행소(술과 고기를 먹지 않음)하였다 함은 앞서 말하였다.

조대중의 시(詩)는 그가 죽은 뒤 최황(정철의 심복)이 올린 것으로 그 때문에 조대중이 죽임을 당한 것이 아니다. 그리고 심수경은 위관으로 있으면서 조대중의 일을 옹호하다가 체직되어 다시 정철이 위관이 되었다.

결국 정철이 감국하면서 시종(始終) 그의 심복 최황의 모진 매질로 조대중이 죽었다. 아무리 국왕이 바뀌고 세월이 흘렀다고 하지만, 그들의 상소 내용은 앞서 살펴본 바와 같이 『선조수정실록』의 기사와도 맞지 않는다.

조대중 외에 눈물을 흘렸다 하여 죽은 사람이 또 있다.

『선조수정실록』을 보면,

---

403) 광해군일기 23권, 광해 1년 12월 23일 4번째 기사.

"당시 조사(朝士: 조정의 신하) 김빙(金憑)이라는 자가 있었다.

그는 평소 눈병을 알아 바람만 쏘이면 눈물이 흘러 내렸다.

정여립을 추형할 때 김빙이 반행(班行: 양반의 행렬)에 서 있었다. 마침 날씨가 너무 추워 흐르는 눈물을 아무리 닦아도 어쩔 수가 없었다. 이 때문에 그는 논핵을 입고 국문을 받다 죽었다. 당시 와언(訛言: 잘못 전해 진 말)이 날로 일어나 대간의 의론이 매우 준엄하여 이런 식으로 억울하게 걸려든 자가 많았다.[404]"고 하였다.

정개청(鄭介淸: 1529 - 1590)

호남의 큰 별이 맥없이 떨어졌다.

정개청의 죽음은 호남인을 위하여 엄청난 충격이요 손실이 아닐 수 없다.

이에 관하여 한국 사학(史學)의 권위자인 고 송준호 교수는 다음과 같이 말하였다.

"기축옥사 자체가 그러하지만 특히 정개청의 문제는 첫째, 그 문인과 측근을 포함한 많은 사람들을 희생케 하는 요인이 되었고, 둘째, 후에는 바로 그 많은 희생자를 냈다는 사실이 곁들여져서 전라도 내 많은 사람들을 당쟁의 소용돌이 속에 몰아넣는 큰 요인으로 작용하였다. 셋째, 그 일이 아주 오랜 세월에 걸쳐 작용하였고, 어떤 의미에서는 오늘날까지도 그 여파가 지속되고 있다고 말할 수 있다.[405]" 하였다.

다음에서 정개청의 출신배경과 생애, 사상과 문하생들, 그리고

---

404) 선수 24권, 선조 23년 3월 1일 4번째 기사.

405) 송준호, 『조선사회사 연구』(서울, 일조각, 1987), p.349.

그의 억울한 죽음, 사당 건립 등으로 나누어 논의하겠다.

1) 정개청의 출신배경과 생애

정개청은 본관이 고성이고, 자는 의백(義伯), 호는 곤재(困齋)이다. 그의 아버지는 훈도 정세웅이요 어머니는 금성 나씨, 아내는 밀양 박씨 박양신의 딸이다. 정개청의 7대조 할아버지는 정몽송인데 고려 말에 영동정(令同正)이란 벼슬에 있다가 나주에 귀양 갔다. 그 후손이 아전의 역을 면하고 무안에 와서 살았다.[406]

관련 자료들의 내용

우선『함평문화원장』이 인터넷에 올린 그의 생애에 대한 내력을 소개한 뒤, 오래된 자료부터 그 내용을 열거하면 다음과 같다.

① 『함평문화원』의 내용

정개청은 나주 대곡동(현 경현동)에서 태어나 잠시 곡강(현 나주시 동강면)에서 살았다.

정개청의 나이 39세 이전의 행장은 전하지 않아서 자세히 모른다.

정개청이 무안(당시 무안현 엄담의 윤암, 현재 함평군 엄다면 엄다리 제동)에 정착한 것은 그가 42세 되던 1570년(선조 3년)이다.

정개청은 그곳에 정사를 짓고 후학 양성에 전념하였다.

그 뒤 선조 10년(1577년, 당시 49세) 12월과 선조 13년(1580년, 당시 52세) 8월에 정개청은 각각 북부참봉, 연은정 참봉에 제수되었으나 숙배만 하고 돌아왔다. 선조 14년 7월 동몽교관에 제수되었고, 선조 15년 나주 훈도에 취임하여 이듬해(선조 15년, 1582년) 8월, 취임한 지 9개월 만에 퇴임했다.

---

406) 윤선도의 소,『연려실기술 3』, p.484.

선조 17년(1584년) 10월, 사용원 참봉에 제수되었으나 역시 숙배만 하고 돌아왔다. 선조 18년(1585년, 당시 57세) 6월, 교정낭청 교정랑에 취임했다. 얼마 후 귀향했고, 9월에 다시 교정랑에 제수되었으나 숙배만 하고 돌아왔다. 소격서 참봉을 제수 받고 역시 숙배만 하고 돌아왔다.

나주 경현서 원장으로 취임했다. 아마 1585년경으로 추측된다.

선조 20년(1587년, 당시 59세) 12월 곡성 현감을 제수 받고 다음 해 2월에 부임했다. 그 7개월 후인 9월에 사표를 내고 귀향했다.

선조 22년 3월 전생서 주부를 제수 받았으나 숙배만 하고 돌아왔다.[407]

②『토역일기』

『토역일기』는 먼저 정개청의 '배절의론'을 장황(張皇)하게 설명하였다.

그 내용은 대개 앞에서 소개하였다. 다시 그 한 구절을 소개하면, "충신은 두 임금을 섬기지 아니하며(왕촉의 말대로), 누구를 섬긴들 임금이 아니랴(이윤의 말)."고 하였다.

『토역일기』에서 정개청을 평하기를,

"절개와 의리를 배척하여 임금과 신하의 도리가 쇠퇴하게 하며, 아침저녁으로 부모에 문안드리는 예절을 폐기하여 부자간 사랑을 잊게 하였다. 선왕의 법으로 헤아린다면 난신적자(亂臣賊子: 니라를 어지럽히고 불충, 불효한 자)의 괴수가 될 것이다."[408] 하였다.

---

407) http.://cafe.daum.net/gsjung 2008. 7. 31. 함평문화원장 이현석.
408)『토역일기』, 이희권, 앞의 책, p.196.

그리고 정개청의 생애에 관하여 다음과 같이 썼다.

"야사를 살펴보니 정개청은 본래 승려였다. 사암 박순이 그의 재주를 아까워하여 속세로 돌아가도록 명하여 아들처럼 양육하였다. 그는 사암 박순이 죽은 뒤 배반하였다."[409]고 하였다.

③ 『선조수정실록』의 내용은 다음과 같다.

"정개청은 나주의 한천(寒賤)한 출신으로 어려서 집을 떠나 중이 되었다.

풍수설을 배워 국내를 유람하면서 생활하였는데 어떤 선비가 그에게 머리를 기르도록 권하였다. 처음에는 심의겸과 홍인경 두 사람을 섬겼다.

이를 인연으로 박순을 알게 되었고 그에게 배우기를 청하였다.

박순이 (정개청을) 그의 가숙(家塾: 개인의 글방)에 머물게 하고 마치 친 자제처럼 10여 년 동안 가르치며 길렀다. 그리고 누차 (정개청을 조정에) 천거하여 관작을 제수, 6품에까지 올랐다.

그는 무안에서 가난하게 살면서도 배움에 힘쓰고 지조가 있어 선비들이 칭찬하였다. 그것은 모두가 박순이 인도한 결과였다.

박순이 조정에서 배척을 당하자 정개청은 자기에게까지 누가 끼칠까 염려하여 정여립, 이발, 이길과 서로 결탁하고 추켜세웠다.

이산해(李山海)가 정개청을 천거하여 그는 곡성 현감에 제수되었다.

어떤 사람이 정개청에게 묻기를, '어떻게 해서 박순과 친분을 갖게 되었는가.' 하니 정개청이 답하기를,

---

409) 위의 책, p.197.

'그 집에 책이 많다는 것을 들었기 때문에 소싯적[故少時]에 그럭저럭 책을 빌려 보았을 뿐이다.' 하였다.

박순이 이 말을 듣고,

'그는 본래 한천한 출신이니 시세(時勢)에 편승하지 않는다면 어떻게 발신(發身)하겠는가.' 하여 그다지 탓하지 않았다.

호남의 사인(士人: 벼슬하지 않은 선비)들로서 박순을 존경하는 사람들은, 모두가 '스승을 배반하고 이익을 취하는 그의 행동'을 배척하였다.

특히 정철은 그를 몹시 증오하였다."410)고 하였다.

한편, 『일월록』에서는 정개청의 이력에 관하여 다음과 같이 썼다. 즉

"정개청의 본명은 유청(惟淸)이며, 세세대대로 나주 아전이었다.

그의 아버지 대에서 아전을 면하고 무안 땅으로 옮아가, 심의겸의 농장을 지키고 살았다. 정개청은 처자(妻子)를 버리고 중이 되어 풍수술을 한다고 유람차 다녔다. 보성 김석남의 묘사(墓舍)에서 그 사비(私婢)에게 장가들어 머리를 기르고 살았다.

그가 기대승에게 가서 글을 배우려 하였더니 기대승이,

'너는 문리(文理)에 다 통하였는데 하필 남에게 배울 것이 있느냐' 하고 가르치기를 거절하였다. 이에 어떤 객(客)이 묻기를, '배우러 온 사람에게 거절하는 것은 심하지 않는가?' 하니 기대승이

'그 사람의 용모를 보지 않았는가, 서로 가까이 할 수 없다.' 하였다.

정개청이 부끄럽고 분하여 서울에 올라와서 심의겸의 소개로 박

---

410) 선수 24권, 선조 23년 2월 1일 6번째 기사.

순(朴淳: 1523 - 1589)을 찾아갔다.

박순이 정개청을 자기 집에 두고서 아들과 조카, 사위 이희간(李希幹)을 가르치게 하고 개청도 박순에게 배우게 하였다. 박순은 정개청을 친 자제처럼 사랑하였다. 그 후 10년이 지나 정개청은 박순의 추천으로 참봉이 되었다.

박순이 세력을 잃게 되자, 정개청은 박순을 배반하고 동인에 붙었으나 그 자취를 덮으려 하여 때때로 박순의 집에 찾아가니 박순도 그를 의심치 않았다. 다른 사람이 혹 정개청의 배신을 말하면 박순은 늘 '정개청이 어찌 그러하랴.'고 말하였다.

정해년(선조 20년), (어떤 사람이) 백운산 밑에 가서 박순을 보고, '(정개청이) 수일 전에 서울에 들어왔다.'고 하니 박순의 딸(이희간의 아내)이 여종을 시켜 그의 거취를 물었다. 그 종의 말이,

'20여 일 전에 서울로 왔습니다. 제가 들은 바로는 곡성 현감의 자리가 비었는데 이판 대감(이산해를 말한다)이 그곳 현감을 시켜 주기로 약속이 되어 어제 낮에도 판서 댁에 갔다가 저녁에 돌아왔습니다.' 하였다.

박순이 그 말을 듣고, '정개청은 미천한 사람이므로 시기를 타서 일어서지 않으면 출세하기가 어려울 것이다.'[411] 하였다.

정개청이 박순을 배반한 뒤에 김장생이 그 말의 사실을 확인하기 위하여 정개청과 같이 제관(祭官)으로 차정(差定: 사무를 맡음)되었을 때 다음과 같이 질문하였다.

김장생: '그대는 박순을 따라서 배운 지가 얼마나 되었는가.' 하니
정개청: '그 집에 서적이 많으므로 왕래하면서 빌려 보았다.'고

---

411) 일월록, 『연려실기술 3』, p.485.

답하였다.

(그 말을 듣고) 김장생이 드디어 정개청과 절교하였다."[412] 하였다.

그 후 선조 22년, 장차 일본이 침략하는 변이 있을 것 같으므로 임금이 근심하여 여러 신하들에게 묻기를,

"장차 대장(大將)직을 맡길 만한 사람이 누구냐" 하자 영상 박순이,

"정개청이 이미 유학으로 이름이 났을 뿐 아니라 실로 장수의 자질을 구비하였으니 그 사람이면 가히 장수를 맡길 만합니다." 하고 그를 천거하였다.[413]

관련 자료들의 분석

위의 『일월록』은 『선조수정실록』과 다르거나 윤색된 구절이 눈에 띈다.

첫째, 『선조수정실록』은 어려서 집을 떠나 중이 되었다고 했는데, 『일월록』에서는 그가 처자를 버리고 중이 되었다고 하였다.

둘째, 『선조수정실록』에 없는 기대승에 관한 내용이 『일월록』에 추가되었다.

셋째, 『선조수정실록』에서는 막연히 어떤 사람이, '어떻게 박순과 친분을 갖게 되었느냐'고 묻자, 정개청이 '그 집에 책이 많다는 말을 듣고 소싯적에 빌려 보았다.'고 하였다. 『일월록』에서는 김장생이 그 일을 물었다고 하였다.

넷째, 『선조수정실록』은 정개청이 박순에게 찾아간 시기를 소싯적이라 하였다. 소시(少時)라고 하면 유년(幼年: 현재 만 14세 이

---

412) 위의 책, p.486.
413) 비변사록, 또는 『연려실기술 3』, p.489.

하의 시기), 장년(壯年: 30대 전후의 나이), 노년(老年)과 대비해 보면[414] 대개 20대에 속한 나이다. 『일월록』은 처자를 버리고 중이 되었다가 다시 돌아와 박순에게 찾아갔다고 하여 그 시기가 약간 차이가 있다.

최근 함평문화원장의 글은 위의 모든 자료들을 분석하여 정리했으리라 믿는다. 그 글은 '정개청의 39세 이전 내력은 모른다.'고 하였다.

 2) 정개청은 과연 스승을 배반하였을까
서인(西人)들은 정여립이 스승 이이를 배반하였다고 했다.

정개청이 죽은 뒤, 서인들은 정여립과 같은 방법으로 정개청도 스승을 배반한 사람이라고 혹평하였다. 이와 관련하여 정개청 제자들의 상소가 잇따라 제기되어 또 다시 동·서 간 대립이 나라를 시끄럽게 하였다.

우선 『숙종실록』에 나오는 나적의 상소와 이에 대한 평을 보자.

나주의 유학 나적(羅積) 등이 상소하기를,

'정개청은 박순에게 처음부터 스승과 제자의 분수가 없었으며, 뒤에 박순을 공격하여 배척한 사실도 없었습니다. 이는 정개청의 사고(私稿)를 참고하여 보아도 그렇지 아니함을 알 것입니다.'[415] 하였다.

이에 대하여 『숙종실록』은 앞에서 인용한 『일월록』의 내용을 그대로 실어 평을 썼다. 즉 정개청은,

---

414) 『논어』, 계손씨 참조.
415) 숙종실록 3권, 숙종 1년 4월 1일 4번째 기사.

첫째, 대대로 향리의 집안이었다. 둘째, 아내를 버리고 중이 되었다.

셋째, 기대승을 스승으로 모시러 했다가 거절당했다. 넷째, 박순을 배반하였다. 다섯째, 김장생이 그에게 질문한 뒤 절교하였다.[416] 등이다.

『숙종실록』은 『선조수정실록』에도 없는 내용들을 단지 『일월록』만을 근거로 썼다.

한편, 함평 문화원장이 올린 글 중 이에 관한 내용은 다음과 같다.

"정개청이 스승인 박순을 배반했다는 일에 대하여, 고산 윤선도가 상소를 올려 해명하였다. 그 소(疏)에 의하면, '박순과 정개청의 나이 차이가 불과 6세로, 어깨를 나란히 하는 동료에 불과하다.[417] 따라서 이들은 동료이지 스승과 제자 간이 아니다. 두 사람이 모두 서거정의 문하생임을 밝히고 지냈다. 박순이 벼슬을 버리고 낙향한 후에도 서로 서신을 교환하며 학문을 논함으로 우의(友誼)를 잃지 않았음을 그의 『우득록』에서 볼 수 있다'"고 지적하였다.

또 기대승과의 관계에 관하여,

"나두하(羅斗夏) 등의 상소에서 기대승과의 관계는 해명하지 않았는데, 이 또한 거짓 중의 거짓임을 바로 알 수 있다. 기대승은 1527년생이고 정개청 선생은 1529년생으로 불과 2년 차이인데 어찌 스승을 삼고자 하였을까."[418] 하였다.

---

416) 위의 기사.

417) 『곡례』를 보면 十年以長 則兄事之, 五年以長 則肩隨之라 하여 5년 정도의 나이 차이는 서로 어깨를 나란히 하는 친구관계라 했다. 남만성 편, 『예기, 곡례』,(상)(서울, 평범사, 1950), p.50.

418) 함평문화원장, 이현석, 앞의 글. 2008. 7. 31.

이상 『토역일기』, 『일월록』이나 『선조수정실록』, 『숙종실록』 등의 내용들을 보면,

첫째, 자료의 내용이 일관성이 없어 그 신뢰성에 의문이 제기된다.

특히 정개청의 나이로 보아, 그가 기대승에게 사제의 관계를 청한 것과 박순이 그를 자제처럼 가르쳤다는 사실을 설명할 수가 없다.

둘째, 정개청이 한미한 신분으로 태어난 것은 사실이지만, 그는 시종 벼슬에 관심이 없는 사람이었다.

셋째, '선조대왕도 그를 아꼈으며, 영의정 박순 자신이 그를 팔도 도원수에 천거하는 등 많은 재상들이 그의 뛰어난 인품과 학식을 아꼈다.'[419]

서인 측에서 그를 두고 '스승을 배반한 사람'으로 지목하여 앞뒤가 맞지 않는 말을 계속 되풀이한 태도는 심히 유감스럽다.

미수 허목(許穆: 1595 – 1682)은 곤재 정개청의 사적에서 다음과 같이 논하였다. 즉

"선생은 독실하고 옛것을 좋아하였으며 은거하여 글을 가르치니 제자들이 날로 모였다. 선생이 제자를 거느리고 향음주례(鄕飮酒禮)를 대안 학사에서 행하였는데 당시 주목(州牧: 나주 목사)인 유몽정이 가서 그 예(禮)를 보고 탄복(歎服: 깊이 감탄함)하기를,

'삼대(三代: 중국 夏, 殷, 周의 세 왕조)의 예를 여기서 보았노라.' 하고 그 어짐을 나라에 천거하여 주(州: 나주)의 훈도(訓導: 종9품 관직)로 삼았다.

향교의 생도 중에 홍천경(洪千璟)이란 자가 있어 비웃고 그의 가르침을 따르지 않으므로 벌을 주었더니 오히려 말을 꾸며 내어

419) 위의 글.

비방이 여기서 시작되었다. 그래서 유후(柳侯: 유몽정)도 떠나가고 선생도 사직하였다. 김성일(金誠一)이 주목(州牧: 목사)으로 와서 다시 예로써 청하였으나 선생은 끝내 나가지 않았다.

선조가 그 어짊을 듣고 여러 번 관직을 제수하였지만 모두 부임하지 않았다. 당시 경서(經書)의 뜻을 바로잡기 위해 여러 선비들을 크게 부르게 되었으므로 선생도 부름을 받고 경사(京師: 서울)에 갔으나 곧 사양하고 돌아왔다. 그 후 전생서(典牲署) 주부(主簿)에 재배되어, 도덕입본(道德立本)의 설을 아뢰자 임금이 가상히 여기고 하교하기를,

'오늘에야 지론(至論: 지극히 옳은 이론)을 얻어 보았다.' 하고 불러 쓰려고 하였다. 선생이 어버이가 늙은 이유로 사양하니, 가까운 고을을 제수하며 (부모를) 편히 봉양케 하였으므로 드디어 곡성 현감이 되었다. 선생은 다시 반년 만에 사양하고 돌아왔다.

이때 일본 왜인이 장차 변란을 일으키려고 우리를 시험하는데 기탄없는 일이 많았다. 임금이 걱정이 되어 군신에게 묻기를,

'누가 장수를 맡을 것인가.' 하자 영의정 박순이 말하기를, '정개청은 이미 유술(儒術: 유교 학술)로 이름이 났지만 실상은 장수의 재질이 있으니 그 사람은 참으로 장수를 맡을 만합니다.' 하였다.

박순의 집에 책이 많으므로 선생이 일찍이 책을 구하여 본 일이 있었는데, 박순이 마음속으로 어질게 여겨 객례(客禮: 손님을 대접하는 예의)로 대접하였다. 선생은 본디 정철의 사람됨을 허여하지 않았다. 어떤 이가,

'그(정철)에게는 취할 만한 청백(淸白)한 지조(志操)가 있소.' 하니 선생은 답하지 않고 다만 말하기를,

'그 사람은 가식으로 행동하는 사람이지 바른 사람은 아니다.'고 하였다.

정철(鄭澈)이, 이 말을 듣고 몹시 노하였다.420)"고 하였다.

3) 곤재 정개청의 사상

곤재는 처음 어버이의 뜻에 따라 과거에 응시하여 초시에 합격했다. 하지만 관직보다는 학문에 뜻을 두고 영주산(제주도)에 들어가 손수 흙담집을 짓고, 대학, 소학의 절목, 중용, 논어, 맹자, 심경, 근사록, 역학, 천문학 등 여러 책을 두루 읽었다. 서화담(徐花潭)에게서 배우고 박순(朴淳)과 의심스러운 곳을 토론하였다.421)

곤재 저서로는 『수수기(隨手記)』 9권, 『우득록(愚得錄)』 3권 (부록 1권) 『변례편성(變禮編成)』 2권이 있다.

『수수기』와 『변례편성』은 기축옥사가 일어났을 때, 곤재의 집에서 찾았는데, 임금이 보고, '이것은 고인(古人)의 책을 읽은 자이다.' 하였다.

다시 책을 돌려보냈으나, [수수기], [번례편성]은 화중(禍中)에 없어졌다. 다행히 『우득록』 3권만이 제자(弟子)의 사장본(私藏本)에서 나왔다.

본가에 돌려보내진 『우득록』은 후일을 염려하여 항아리 속에 넣어 땅속에 묻었다가 선생이 신원된 후 그의 증손 국헌(國憲) 대에 꺼냈다. 그동안 빗물이 스며들어 글씨를 알아볼 수 없는 곳이 5, 6자 중 1자 꼴이었다. 제자들의 사장본은 필사 과정에서 틀린 곳과

---

420) 미수기언 1(서울, 민족문화추진회, 1982), pp.153-154.
421) 유명종, 『한국사상사』(대구, 이문출판사, 1983), p.320.

빠진 글자가 있어 윤선도와 허목이 노령의 나이에 고정(考訂)했다.[422]

『대동야승』에 황혁의 저술로 되어 있는『기축록 상, 하권』(대동야승 16, 17권)과 저자(著者) 미상(未詳)의『속기축록(續己丑錄)』(대동야승 18권),『연려실기술』등에 곤재 정개청에 관한 기사들이 실려 있다.

황혁의 저서인『기축록』중에는 그가 죽은 뒤의 기록이 많다. 이는 후에 누군가가 적어 넣은 글이며 따라서 이 책은 그의(황혁의) 저서가 아니라고 한다.[423] 유명종 교수의『한국사상사』에 소개된 곤재의 사상을 요약하면 다음과 같다.

① 이기설(理氣說)

곤재는 서화담의 문인으로 주기설(主氣說)을 주장했다.

그러면서도 이(理)의 소위(所以)를 명백히 하여 이기(理氣)를 일이이(一而二), 이이일(二而一)이라 했다.

대저 이(理)란 충막(沖漠: 한없이 깊고 넓음), 무조짐(無兆朕: 흔적이나 기미가 없음)하지만, 이(理)가 타고서 유행(流行: 세상에 널리 행하여짐)하는 기틀은 기(氣)이다.

뚜렷이 들어나 작용하는 것은 기(氣)이지만, 혼연(渾然: 섞임이 없는 순수함)하여 주재(主宰)하는 묘는 이(理)이다.

이(理)는 혼연시선(渾然至善)하나 작용이 없고, 기(氣)는 순박한 것, 엷은 것, 맑은 것, 흐린 것이 운용하니 피차 구별이 있는 듯하

---

422) 이현석의 글.
423) 유명종, 앞의 책, p.320. 이현석, 앞의 글.

다. 이것이 이른바 일이이(一而二)요 이이일(二而一)인 것이다.

우주의 생성에 있어서 물질적 응결(凝結)과 주작(做作: 없는 사실을 꾸며 만듦)은 기(氣)이고, 이(理)는 그러한 생성의 조리(條理)이므로 이기(理氣)는 불상리(不相離: 분리될 수 없는 하나)하는 것이다. 그러나 논리상으로는 주작하는 기(氣)와 통제하는 이(理)가 없을 수 없으니, 불상잡(不相雜: 서로 섞일 수 없는 둘)하는 것이다.[424]

곤재 정개청은 이(理)의 주재를 인정하면서도 그 내재적 주재는 어디까지나 주기설(主氣說)의 입장이다. 이(理)가 객관적으로 실재화(實在化)되어 있지 않기 때문이다.[425]

참고로 주자(朱子)는 '이(理)는 이(理)요, 기(氣)는 기라' 하여 이기(理氣)를 이물(二物)로 보았고, 퇴계는 이(理)를 동적(動的)인 것으로 보아 이기호발설(理氣互發說)을 주장하였다.

율곡은 이기(理氣)를 형이상(形而上)과 형이하(形而下)로 나누어, 발(發)하는 것은 기(氣)요, 그 까닭은 이(理)다. 즉 기(氣)가 발(發)하고 이(理)가 타고 든다는 기발이승일도설(氣發理乘一途說)을 주장하였다.[426]

② 기질설(氣質說)

곤재는 그의 나이 53세에 『우득록』에서 내외공부설(內外工夫說), 기질설(氣質說)을 저술하고 인간의 도덕성을 강조하였다.

대저 학문이란 이(理)를 깊이 규명하고 마음을 바로 하여 기질

---

424) 곤재, 『우득록』, 선악개천 이론, 이기설, 유명종, 앞의 책, p.321에서 인용
425) 유명종, 앞의 책.
426) 『율곡집 2』(서울, 민족문화추진회, 1977), p.95.

(氣質)을 바꾸는 것이라고 말할 수 있다. 사람이 학문에 힘써, 경(敬)으로 마음을 바로잡고 의(義)로써 행위를 올바르게 하며 오래도록 마음을 닦으면, 스스로 지(知: 아는 것)와 행(行: 행하는 것) 한쪽에 치우칠 우려가 없다. 마음과 육신에 틈이 생기지 않으니 얼굴 모습과 행동이 바로 되지 않을 수 없다.

기(氣)는 질(質: 근본 바탕, 품성)을 통솔하는 것이요, 질(質)은 명령에 따르는 것이다. 기(氣)가 변하면 질도 함께 변한다. 이목구비(耳目口鼻)의 일과 마시고 먹는 일, 성욕 등 모두가 육체와 혈육(血肉)에서 일어나는 것이지만 그 운용하고 행동하는 것은 기(氣)이다. 듣고 보는 일에 종속되지 말고 성욕을 절제하며 모든 행동을 규범에 따라야 한다.

사물(四勿:『논어』에서 예가 아니면 보지 말며, 듣지 말며, 말하지 말며, 움직이지 말라는 네 가지 금하는 가르침)에 반드시 예가 있어야 하니 그 징험이 들어나며, 순수하게 얼굴에 나타나, 넘칠 것이며 모든 행동이 예에 맞아야 한다.[427]

정개청의 이러한 기질 변화의 이론은 도덕적 존재인 인간 본연성의 회복에 그 목적이 있다. 이기설에서는 이(理)의 주재설(主宰說)을 인정하나, 기질설(氣質說)에서 기질의 변화를 주장하여 도덕 사회의 실현을 그의 이상으로 삼았다.[428]

③ 천리선악설(天理善惡說)

정개청은 48세(선조 9년, 1576년)에 『선악개천리설(善惡皆天理

---

427) 『우득록 원 내외공부설』, 유명종, 앞의 책, p.323.
428) 유명종, 위의 책, pp.322 - 325.

說)』을 저술하였다. 우선 기질(氣質)의 성(性)에 관하여 알아보면, 주자(朱子)는, "천지의 성(性)은 오로지 이(理)를 가리켜 말한 것이요, 기질의 성은 이(理)에 기(氣)가 섞인 것을 말한다.

성(性: 본연의 성)이 기질 가운데 있기 때문에 기질을 따라서 스스로 일성(一性)이 된다." 하였고. 정자(程子)는 말하기를, "성(性)은 하늘에서 나오고, 재(才)는 기질에서 나오니, 기질이 맑으면 재도 맑고, 기질이 흐리면 재도 흐려진다. 재에는 선도 있고 불선(不善)도 있지만 성(性)에는 불선이 없다." 하였다.

율곡 이이는 말하기를,

"본연의 성과 기질의 성은 이성(二性)이 아니다. 기질의 위에 나아가 단순히 그 이(理)만을 가리켜 본연의 성이라 하고, 이(理)와 기질을 합하여 기질의 성(性)이라고 한다."[429] 하였다.

정개청은 말하기를,

"이(理)는 시초에 선(善)과 악(惡)의 분별이 없으나 그것이 기(氣)를 타고서 동정(動靜)할 때 기(氣)에 붙어서 유행(流行)하고, 만물을 생산할 적에 기(氣)의 맑고 흐림에 의하여 선과 악의 구별이 있게 된다.

본래 이(理) 가운데 선과 악이 있어서 선악이 발생한 것이 아니고 기(氣)의 맑고 흐림에 의하여 그러한 것이다. 하지만 비록 선악이 기(氣)의 소위(所爲: 소행 행위)라 할지라도, 그 소이(所以: 이치, 까닭)는 곧 이(理)이다. 선악은 모두 천리(天理)라 하겠다." 하였다.

즉 곤재의 주장은 이(理)란 기(氣)의 맑고 흐림에 내재하는 소이

---

429) 『율곡집 2』, 앞의 책, p.85.

(所以)에 불과하다. 선악이란 선천적이 아니라 경험적인 것으로 기질지성(氣質之性)에 따른다. 서화담의 기철학(氣哲學)은 곤재의 선악천리론에서 더욱 철저화된 것이다.[430]고 유명종 교수는 평하였다.

④ 천리 인욕 교전설(天理人慾交戰說)

주자학(朱子學)에서 하늘의 이치와 인간의 욕심에 관한 논의는 수양(修養)의 큰 화두(話頭)였다.

이에 관하여 율곡은 임금 앞에서 다음과 같은 대화를 나누었다.

"천리(天理)와 인욕(人慾)이 처음에는 두 근본이 아니었는데 갈라지고 난 뒤에는 그 한계가 너무 분명하여 천리가 아니면 인욕이요, 인욕이 아니면 천리여서 천리도 인욕도 아닌 것은 없습니다." 하였다. 임금이 말하기를,

"행동하는 것은 비록 착해도 혹시 가다가 명예를 요구하는 마음이 있으면 또한 천리라고 할 수 없다." 하니, 율곡이,

"마음으로는 명예를 요구하면서 겉으로는 착한 척하려 하면 이것 또한 인욕뿐입니다." [431]하였다.

정개청은 논하기를,

"우리의 마음은 천리(天理) 아니면 인욕(人慾)이다. 인욕이란 곧 물욕(物慾)이요, 천리란 이성(理性)이라 하겠는데 천리와 물욕의 양극(兩極)이 모두 우리 마음속에서 교전하고 있는 것이다. 그러한 교전에서 이기는 길은 없는 섯인가?

그 요령은 거경(居敬: 공경, 함양, 올바른 마음으로 품행을 닦

---

430) 유명종, 앞의 책, p.326.
431) 『율곡지 2』, p.510-511.

음), 궁리(窮理: 사물의 이치를 연구함)에 있다. 궁리의 근본이 있
게 되어 잡되고 번거로움이 없으며, 궁리하면 거경이 더욱 돈독(敦
篤)하여 진보함에 힘이 될 수 있다."[432]고 하였다.

⑤ 동한 절의 진송청담설(東漢節義 晉宋淸談說)
동한 절의에 관한 대강을 알기 위하여 잠깐 중국 역사 공부를
할 필요가 있다.[433]

동한절의(東漢節義)
여기서 동한(東漢)이란 중국의 후한(後漢: 25 – 220. A. D.)시대
를 말한다.
당시 왕조계통의 대강을 보면 아래 표와 같다.
1세, 후한 광무제(A. D. 25 – 57) – 2세, 명제(57 – 75) – 3세, 숙종
장제(75 – 88)
4세 목종화제(88 – 105) – 5세 상제(105 – 106)
6세 안제(106 – 125) – 8세 순제(125 – 144)
7세 소제(125)
9세 충제(144 – 145, 순제의 아들 2세 즉위 3세 사망, 재위 5개월)
10세 질제(145 – 146, 8세 즉위, 충제의 8촌, 양기에 의하여 독살됨)
11세 환제(146 – 167, 15세 즉위, 두무(竇武)의 사위)
12세 영제(167 – 189, 12세 즉위)

순제(順帝)의 황후는 양상(梁商: 대장군, 141년 사망)의 딸이고,

---

432) 『우득록, 천리 인욕 교전설』, 유명종, 앞의 책 pp.327 – 328.
433) 출처, 김희영 편저, 『이야기 중국사』(서울, 청아출판사, 1995년), pp.61 – 78에서 요약함

양기(梁冀, 처는 손수(孫壽), 159년 환제 때 부부가 자살함)의 누이이다.

대체로 후한 선기(25－88)는 황제의 권력이 강력하여 호족 세력들을 통제하였다. 후기에 들어서서 외척들의 발호(跋扈)로 왕권이 매우 불안하여 두 번에 걸친 이른바 '당고(黨錮)의 화'(환관들이 정권을 농단하여 당인(黨人)들이 화를 입음)가 일어났다.

외척 세력으로 정권을 농단한 대표적인 인물이 양기(梁冀) 부부, 형제였다.

양기는 원래 일정한 직업이 없는 불한당으로 그의 누이가 순제(順帝)의 황후가 되면서 서서히 권력을 손에 쥐었다. 그의 아버지 양상은 중신들로부터 신임을 받았는데, 영화 6년(141년)에 죽고, 양기가 그의 아버지를 이어 대장군이 되었다.

당시 조야(朝野)의 인망을 한 몸에 모으고 있었던 이고(李固)는 늘 직언(直言)으로 임금을 간하였다. 그가 환관(宦官)으로부터 미움을 받아 참소(讒訴: 거짓 고발, 헐뜯음)로 죄를 뒤집어썼을 때, 양상(梁商: 양기의 아버지)이 구하여 석방하였다.

순제(順帝)가 죽자 양기(梁冀)가 이고(李固)의 반대를 무릅쓰고 당시 8세인 유찬(劉纘)을 황제로 세우니 이가 질제(質帝)다. 질제(質帝)는 양기가 생각한 것과 달리 총명하였다.

양기가 외척의 지위를 이용하여 횡포를 일삼고 있다는 것을 알아차리고 있었다. 어느 날 백관들이 모인 앞에서 양기를 돌아보며 질제가 말하기를,

"이 사람이야말로 발호장군(跋扈將軍: 세력이 강대하여 다스리기 어려운 대장)이다." 하였다. 위험을 느낀 양기는 측근에게 명하

여 음식물에 독(毒)을 넣어 질제(質帝)를 죽였다.

다음 황제의 자리를 두고 또 양기(梁冀)와 이고(李固)가 대립하였다.

양기는 이고, 호광, 조계 등 삼공(三公)의 주장(제왕으로서 품격을 갖춘 유산(柳蒜)을 추천함)을 묵살하고 나이 어린 환제(桓帝: 당시 15세, 柳志)를 옹립했다. 얼마 후 양기는 인망이 높은 이고(李固)를 무함하여 죽이고 그 유해를 저자거리에서 효수하였다.

환제는 그가 28세가 되던 159년의 어느 날 환관 당형(唐衡)을 극비리에 불러 양기를 제거할 것을 명하였다. 이 일을 눈치챈 양기가 나름대로 대응했으나 결국 실패하였다.

환제의 절(節: 천자가 신표로 주는 깃발)을 가진 칙사가 양기의 대장군 인수를 회수하였고, 그날 양기 부부는 자살하였다. 환제(桓帝)가 죽고, 나이 12세인 영제(靈帝)가 다음 왕위를 이었다.

영제가 나이 어렸으므로 두태후(환제의 황후)가 섭정을 맡았다. 두태후는 그의 아버지 두무(竇武)를 대장군, 진번을 태부로 삼고 천하의 현재들을 등용하였다. 이들은 함께 의논하여 두태후에게 아뢰기를,

"환관들이 국가 권력을 농락하여 천하를 어지럽히고 있으니 그대로 둘 수 없습니다."라 말하고 환관의 우두머리 조절, 왕보 등 일당을 주살할 계획을 세웠다. 하지만 그 계획이 치밀하지 못하여 정보가 누설되었다.

환관들이 기선을 잡아 먼저 군대를 동원하여 진번을 죽이고, 두무(竇武)도 체포되어 자결했다. 그의 머리는 낙양의 도정(都亭)에 효수되었다.

이렇게 해서 당고의 화가 몰고 온 인명 피해는, 살해된 자 1백여 명, 금고 6, 7백 명, 체포 투옥된 태학생 1천여 명 등 수천 여에 이르렀다.

진송청담(晉宋淸談)

진(晉: 265 – 420), 송(宋: 劉氏, 420 – 479) 시대에 노장학파(老莊學派)는 물론 선비들 사이에 '청담(淸談)'이라 하여 세속을 초월한 맑고 고상한 이론만을 논하는 풍조가 성행, 실무(實務)를 등한히 하였으므로 마침내 외래 민족의 침입을 받아 나라가 망하였다.[434] 이는 북쪽에서 이민족(異民族)이 침범하여 5호 16국(304 – 436, 130년간) 시대에 접어든 일을 말한다.

『미수기언』에 소개된, 정개청의 『동한절의 진송청담설(東漢節義晉宋淸談說)』 서(序), 혹은 『동한과 진송의 숭상하는 바가 같지 않는데 대한 논설』에는 다음 글이 있다.

"선조 17년(1584년, 갑신 3월) 정개청이 말하기를,

'당우 3대(唐虞三代, 요, 순, 우) 때의 사람을 만드는 법은 다만 인륜을 밝히는 것으로 오교(五敎: 오륜을 말함)와 구덕(九德),[435] 육덕(六德),[436] 육행(六行)[437]을 가르쳐 그 풍속이 아름답고 인재가 성하였다.

후세에 이르러서, 숭상한다는 것이 고작 백가(百家)의 여러 가지

---

434) 『연려실기술』, p.441, (주) 16.
435) 구덕(九德)이란 『서경』에 나오는 말로, 너그러우면서도 치밀하고, 부드러우면서도 굽힘이 없고, 점잖으면서도 공손하고, 칠칠하면서 공경하고, 순하면서 굳세고, 정직하면서 따뜻하고, 간략하면서 모나고, 강하면서 화합하고, 강하면서 의로운 것을 말한다.
436) 육덕이란 『주례』에서 나온 말로 지(智), 인(仁), 성(聖), 의(義), 충, 화(和)를 말한다.
437) 육행이란 효(孝), 우(友), 목(睦), 인(인), 임(任), 휼(恤)을 말한다.

기술이었으므로 신, 한(申, 韓)[438]이라든가, 황, 노(黃, 老)[439] 등의 절의나 청담과 같은 것들이 나온 뒤로는 더욱 인심이 사납고 세도가 더러워졌다.

삼대(三代) 때의 학(學)은 그 체(體)를 밝히고 용(用)을 알맞게 하여 모든 일이 잘 시행되었다. 한(漢), 당(唐) 이후의 습속은 말(末, 보잘 것 없는 일)을 일삼고 본(本: 근본적인 일)을 버려서 당시에는 오히려 폐(弊)가 많았으니 이는 치란(治亂)과 안위(安危)가 잘못된 까닭이다. 학자들은 마땅히 이를 강구하여 심사, 선택해야 하고 국가는 이를 살펴 거울삼고 경계해야 할 것이다.

이러한 일을 물어 볼 곳이 없어 마음으로 의심한 것이 여러 해가 되었다.

마침 주자어류(朱子語類)를 읽어 보니 정이천(程伊川)의 말을 인용하여

'진, 송의 청담(淸談)이란 것은 동한절의가 더욱 (잘 못된 길로) 격렬해진 끝에 나온 것'이라 했고 주자는 말하기를,

'동한에서 (절의를) 숭상할 때 스스로 그러한 (못된) 의사가 있었으니 대개 그때의 사람들은 문득 세상을 오만하게 내다보고 조정을 더럽게 보는 마음이 있었다. 그러한 (오만한) 의사가 모두 자신을 천하에 높은 존재로 여기게 되고, 조금 지나치면 청담으로 흐르게 되는 것이다.

절의를 숭상하는 선비들이 본시 그 지위에서 할 수 없는 말을

---

438) 신자 혹은 신불해(申不害: B. C. 337년 사망)는 한비자의 선구자로 신불해와 한비자는 인의(仁義) 대신 형법으로 나라를 다스리기를 주장하였다.
439) 황제(黃帝)와 노자(老子)의 자연무위 사상(自然無爲思想)

하였으니 화를 가져오기에 충분하다. 동한의 절의는 끝에 가서는 자기만을 귀히 여기고 남은 천하게 여기는 폐단이 있었다. 이런 일이 쌓이면 반드시 부허(浮虛: 들떠서 믿기지 않음)한 데에 이르러서 노장(老莊)으로 들어가는 폐단이 있다.

건안(建安: 동한 당고의 화가 일어나던 시기의 연호) 이후에, 중국 사대부들은 조씨(曹氏: 曹操)만이 있는 줄 알고 한(漢)나라가 있는 줄은 몰랐다.

진, 송의 인물에 이르러서는 비록 그들이 청고(淸高)한 것을 숭상하였다 하지만 그들 개개인이 벼슬을 요구하여 한쪽으로는 청담을 하면서도 다른 쪽으로는 권세를 부리고 재화(財貨)를 거두어 들였다.' 하였다.'

이 글을 보자 정개청이 전일에 품었던 의심이 하루아침에 얼음 녹듯 풀리게 되었다. 이에 마음속으로 기뻐하여 동한절의, 진, 송 청담의 폐에 대한 글을 썼다." (당시의 중국 관리들은) 그들이 성현의 학문에 종사하여 예의 규범에 차서(次序)대로 따라갈 줄을 모르고 다만 조정을 비방, 인물을 비판하는 것만을 능사로 알 뿐이었다.

따라서 사리를 밝게 못 보고, 때에 따라 적당한 조치를 하지 못하여 결국에는 몸이 망하고 사업이 허물어져서 나라가 망하기를 재촉하는 데 이르러도 스스로 그 그릇됨을 알지 못함을 탄식하고 (정개청이) 이 글을 저술한 것이다.

정개청은 이 글에서 이르기를,

'동한의 절의에서, 절의를 내세우면서 공명(功名: 공을 세워 이름을 떨침)을 추구하는 일을 보면, 그 고상함이 오히려 퇴폐한 풍속과 게으른 인심을 부추길 수 있다. 진, 송의 경우도, 청담을 말하면서 모리(謀利)를 탐하는 것은, 그 기안(氣岸: 거만하고 좀처럼 남에게 굽히지 않는 성질)이 대단하지만, 또 한편으로 은근히 재물을 챙기고 있다고 족히 말할 수 있다.

그들은 성문(聖門: 성인의 도, 공자의 가르침)에 종사할 줄 모를 뿐더러, 의리를 따르지 아니하고, 자신의 뜻대로 행동하여 나라를 망쳐도 스스로 그릇됨을 모르고 있으니 이는 세상의 교화에 도움이 되지 못함이 분명하다.

대개 절의를 숭상하는 사람들은 그 마음이 천하를 높은 데서 내려다보고 한 세상을 오만스럽게 흘겨보면서 예의의 테두리 밖에 나가서 성명(性命: 사람의 천성과 하늘의 명)의 바른 것을 대수롭게 여기지 않는다.

이에 세상 사람들로 하여금 저만이 옳고 남을 그르게 아는 습성을 가지게 하여, 마침내는 교활한 영웅들이 많이 일어나서 임금의 자리를 넘어다보는 일이 있었다.

또 청담의 부류에 이르러서는, 그들은 다만 물결 따라 되는 대로 살아가는 인간들인데, 스스로 부귀도 필요하지 않고 빈천도 잊는다 하였으나, 한편으로는 맑고 고상한 것 같으면서도, 다른 한편으로 실로 권세를 부리고 재물을 거두어들였다.

당시에 그들(절의와 청담)을 사모하고 본받는 자들이 서로 이에 이끌려서 부허(浮虛)하여, 마침내는 진작(振作: 떨쳐 일으킴)하고 회복할 계책을 세우지 못하고 '교활한 영웅'들의 반역하는 세력을 이루어 주었다.

대개 절의는 소부(巢父)와 허유(許由)440)를 사모하고, 청담은 노장을 조상으로 삼았는데 마지막 폐단이 이에 이르렀다.

그 원인을 찾아보면 모두가 명덕(明德), 신민(新民)의 학(學)[441]을 알지 못하고 인륜 도덕의 테두리 밖에서 자기 혼자만이 착한 체하고, 인간으로서 보고 듣고 말하고 행동하는 이유를 구하지 아니하여 스스로 몸을 다스리는 예법에서 벗어난 데 있다.

이는 쇠망해 가는 세대에서나 숭상하는 것이고 성현의 중화(中和)[442]의 큰 도(道)에 죄가 됨은 만고를 통하여 다를 바 없다.

따라서 뒤에 나라를 다스리는 사람은 이 일을 거울로 삼을 것이고, 학문하는 사람도 또한 경계할 것이다.'[443] 하였다.

정개청의 절의 사상 요약

위의 곤재 사상을 알기 쉽게 요약하면 다음과 같다.

첫째, 요, 순, 우 3대 때의 법은 인륜을 밝히는 것으로 5교, 9덕, 6덕, 6행 등을 가르쳐 풍속이 아름다웠다.

둘째, 법가나 노장사상, 절의나 청담 등 여러 사상들이 나온 뒤, 한(漢), 당의 인심이 사납고 습속이 더러워져서 고민 끝에 『주자어류』를 읽었다.

셋째, 주자는 정이천의 말을 인용하여,

동한의 절의와 진송의 청담이 빚은 폐를 말하였다.

---

440) 중국 고대의 전형적인 은사(隱士)이다. 요임금이 허유를 찾아가 구주(九州)를 맡아 달라고 하자, 허유가 이를 사양하고 듣지 말아야 할 말을 들었다 하여 귀를 영수(潁水)의 맑은 물에 씻었다. 마침 송아지를 몰고 왔던 소부가 허유의 귀 씻은 이야기를 듣고 그가 은자로서 명성을 누린 일을 비웃으며 영수를 거슬러 올라가 윗물을 송아지에게 먹였다는 이야기다.

441) 대학(大學)에 나오는 말로 '덕을 밝히고 백성을 새롭게 하는 학문'이란 뜻.

442) 중용에 나오는 말. 중(中)은 희, 노, 애, 락이 발동하기 전의 심리상태이고 화는 희, 노, 애, 락이 법도에 알맞게 발동하는 것을 말한다. 도학자의 수행하는 방법을 인용한 말이다.

443) 『연려실기술 3』, pp.486 - 488.

절의(節義)를 숭상하는 사람들이 말할 수 없는 말을 하거나 자기만을 귀하게 여기는 폐가 있었다. 이런 잘못된 것이 쌓이면 결국 노장(老莊)으로 들어가는 잘못을 저지른다.

이후 중국 사대부들은 한(漢)보다 조조(曹操)만을 중시하고, 진, 송 시대 이른바 청담을 내세우면서 한쪽으로는 권세와 재물을 탐하였다 하였다.

넷째, 곤재는 이러한 공부를 바탕으로 동한 절의와 진송 청담의 폐를 논하였다. 특히 저만 옳고 남을 그르게 아는 습성을 가지게 하여 교활한 영웅들이 많이 나와 임금의 자리를 넘겨다보는 일을 비판하였다.

이러한 원인들은 모두가 신민, 명덕의 학을 알지 못하고 혼자만 착한 체하는 일, 스스로 자신의 몸을 다스리는 예법에 어긋나는 일 때문이라 하였다.

곤재는 스스로 성인의 도를 독실하게 믿고 옛것을 좋아하며, 숨어 살면서 후진 교육에 힘썼다. 그가 엄다면 제동에 운암정사(輪岩精舍)를 짓고 강도(講道: 도를 강설함)를 하자, 가깝고 먼 곳에서 수많은 제자들이 모여들었다.

그 제자들이 모여 이룬 마을이 송암, 불암이며 지금도 이 지역을 제자거리라 부르고 있다.

그의 제자들을 열거하면, 나덕준(나주인, 나사침의 아들, 현감), 나덕윤(덕준의 아우, 감찰), 나덕원(나주인, 현감), 나덕현(덕준의 아우), 오익창(고창의 무장, 오상규, 오상옥의 증조부), 안중묵(유학 안민유의 증조부, 보성인, 직장), 최홍우(화순인), 송제민,(광주인), 유양(유몽정의 조카), 배명(裵蓂, 무안인), 조봉서(趙鳳瑞, 나주인)

등이다.

곤재의 학술과 행검(行檢: 행실이 바르고 절도 있음)에 관하여, 고신 윤선도는 "우리 동방의 진유(眞儒)로서 퇴계 이황에 버금간 다." 하였다.

영의정 박순은 여러 사람들에게,

"정개청은 실지로 몸소 행함이 진실하여 정주(程, 朱: 정자와 주자) 뒤의 한 인물이다. 나와 같이 높은 벼슬에 천거할 뜻이 있으나 공경 중에 그를 좋아하지 않는 사람(정철을 말함)이 있어서 기어코 방해를 할 것이다." 하고 아쉬움을 남겼다.

영의정 유성룡은 나덕윤의 신원 상소를 접수하고, 선조대왕께 아뢰기를,

"정개청은 호남 사람들 가운데 명망이 있고 학술과 행검으로 자임하였습니다. 그가 저술한 한편의 논술로 인해 몸을 망쳤으니 나덕윤 등 여러 사람들이 천리 길에 발을 싸매고 와서 궐문을 두드리고 원통함을 호소함이 마땅합니다."[444]하였다. '나덕윤의 소' 항목에 다시 나온다.

4) 곤재의 억울한 죽음

정개청을 잡아들인 일은 호남 유생 정암수의 상소에서 비롯된다. 『선조실록』에 전라도 유생 정암수가 소(疎)를 올리기를,

"전 현감 성개청은 오랫동안 정여립과 교우가 친밀하여 온갖 사설(邪說: 그릇된 논설)에 서로 호응한 자입니다. 정개청은 일찍이 『배절의설(排絶義說)』을 만들어 후배나 제자들을 현혹시켰습니다.

---

444) 이현석, 앞의 글에서 인용.

사람들의 말이 '그 폐단이 반드시 간귀(姦宄: 마음이 간사하고 나쁨)를 야기시켜 마침내 나라를 망치고야 말 것이다.' 하였습니다.

아, 성인이 『춘추: 春秋, 공자의 저서』와 『강목(綱目: 주자의 자치통감강목)』을 저술할 때, 절의를 매우 소중하게 여겼습니다. 그런데 지금 정개청은 글을 읽는데 힘써 미천한 신분에서 발신하여 사대부의 서열에 참여한 뒤에는 터무니없는 말을 마구 만들어 스스로 난역(亂逆)의 길에 빠졌습니다. 그가 임금을 버리고 어버이를 망각하는 마음이 뚜렷합니다." 하였다.

앞에서 소개한 대목(정암수의 상소에 대하여)을 편의상 다시 소개하면 다음과 같다. 즉 『선조실록』에,

상이 이에 즉시 이산해, 유성룡 등에게 전교하기를,

"진사 정암수 등이 국가의 역변을 이용하여 감히 무함하는 술책을 써서 근거 없는 말을 날조하고 그릇된 소를 올렸다. 어진 재상과 이름 있는 공경대부들을 모조리 지척(指斥)하여 온 나라가 텅빈 뒤에야 그만 두려고 하니 그 속셈을 따져 보면 장차 어찌하려는 것인가. 그 흉참(凶慘)한 꼴이 더욱 해괴하다. 이는 반드시 간사한 사람의 사주를 받은 것이 단연 의심이 없으니 (정암수 등을) 잡아들여 추국하고 율에 따라 죄를 적용하라."[445] 하였다.

『선조수정실록』은 앞부분은 대개 『선조실록』과 같지만, 뒷부분 왕의 전교에 관하여, '간사한 사람의 사주를 받았다'는 대목이 빠져 있다. 즉

'임금이 크게 노하였다. 이산해, 유성룡이 모두 대죄하니 상이 인견, 위로하고, 소를 올린 (정암수 이하) 10인을 나국하도록 명하

---

445) 선조실록 23권, 선조 22년 12월 14일 1번째 기사.

였다. 양사가 잇따라 계사를 올려 언자(言者: 정암수)를 죄 주지 말라고 청하였으나 윤허하지 않았다.'446)고 썼다.

『선조실록』에 '정철의 문객 심희수가 정절의 집에 출입히다가 정암수의 소가 정철의 손에 의해 작성된 것을 보았다'고 한 말447) 은 앞에서 누차 언급하였다. 『선조수정실록』은 특히 이 부분에서 침묵하였다.

『선조수정실록』은 이식이 예문관 검교 심세정과 함께 무주 적상 산 사고에 가서 『선조실록』을 열람하고 그중 수정할 곳을 골라 뽑 아 왔으며,448) 특별히 서인들을 폄하한 대목은 따로 항목을 설정하 여 변명했음을 유의할 필요가 있다.

다음 해 2월에 정개청을 하옥하여 국문한 뒤 멀리 유배시켰는데 도중에 죽었다. 『선조수정실록』에는 이에 관하여 다음과 같이 썼 다. 즉

"홍여순(洪汝諄)이 유소(儒疏: 정암수 등의 상소)에서 정개청의 이름이 거론되고 그가 역당으로 지칭된 것에 대하여 의심스러운 점이 있다고 여겨 나주 일대에 첩문(牒問: 공문을 보내 물어봄)하 였다.

향관들 모두가 사람들이 말하는 것처럼 정개청이 정여립과 교분 이 두터웠다고 하여 조정에 전했다. 이에 대관이 나국할 것을 계 청하면서, 절의를 배적한 죄까지 이울러 논하였다. 정개청이 공초 (供招: 범죄 사실을 진술함)하기를,

---

446) 선수 23권, 선조 22년 12월 1일 16번째 기사.
447) 선조실록 23권, 선조 22년 12월 14일 5번째 기사.
448) 이재호, 『조선사 3대 논쟁』(서울, 역사의 아침, 2008), p.110.

'일찍이 교정청의 낭관으로 있을 때 정여립과 동료로서, 서너 번 얼굴을 알고 지냈을 뿐이다.' 하였다. 임금이 그의 답변을 듣고, 정개청이 적(정여립)과 몇 차례 통한 서신을 내리면서 전교하기를,

'교정청에서 한 번 보았다는 주장은 기망죄(欺罔罪: 사람을 속인 죄)에 가깝지 않는가.' 하였다.

또 그 절의를 논변한 설을 보고 매우 미워하여 홍문관으로 하여금 조목조목 공파(攻破: 공격하고 쳐부수다)하여 열읍 향교에 계시하도록 하였다.

정개청은 국문에서 매를 맞고 북도(北道)로 귀양 갔다.

그 뒤 성희(性熙)라는 중이 공초에서 정개청을 끌어들였다. 정개청이 정여립의 집에 가서 풍수를 논하였다고 하자 국청에서 다시 나국(拿鞫: 죄인을 잡아다 국문함)할 것을 청하였으나 그때는 이미 정개청이 죽은 뒤였다."

다음은 『선조수정실록, 사신』의 말이다.

"바야흐로 죄인을 국문할 즈음에 정개청이 스스로 변명하기를, '내가 지은 설은 본래 주자가 논했던 것으로 고의로 절의를 배격했던 것은 아니다.' 하니, 정철이 꾸짖어 말하기를,

'네가 주자를 어떻게 아는가, 주자도 스승을 배반했던가.' 하였는데 뒷사람들이 이를 가지고 말하기를,

'정개청이 정철로 인하여 죽었다.' 하였다."

참고로, 홍여순(나주 일대에 첩문을 돌린)에 대한 평을 보면 다음과 같다.

『선조수정실록』에 의하면, 홍여순이란 사람은 '음험하고 시기심이 많으며, 수령으로 있을 때는 토색질을 하고, 형장을 혹독하게

사용하여 백성을 해친 자이다.[449] 그가 역당(정여립)과 교유했던 것을 은근히 두려워하여 있었으므로 공을 세워 자신을 엄호하려는 생각을 갖고 있었다. 전라도 순찰사로 부임한 초기에는 엄령을 내려 은밀히 (역당을) 고하는 길을 열어 놓아 걸핏하면 수령과 변장들이 매를 맞았다. 온 도내가 놀라워하면서 소요스러운 것이 역변이 일어난 초기보다 더 심하였다.'[450] 하였다.

정철이 세력을 잃자, 홍여순이 이원익 등과 같이 정철을 탄핵하였다.

대사헌 홍여순, 대사간 이원익 등이 합계하기를,

'정철, 백유함 등이 서로 붕당을 지어 조정을 어지럽히면서 자기들과 뜻이 다른 사람들을 없애고자 하였습니다. (정철 등이) 유생들에게 상소하도록 꾀어 이름 있는 재상과 사류들을 역당으로 몰아 모두 죽이려 하였으니 먼 곳으로 찬축시키소서.' 하니 왕이 그에 따랐다.[451]

정개청의 죽음은 그 제자들에게도 영향을 주었다. 『미수기언』을 보면,

'정개청의 문인으로 그에게 수학한 사람들이 모두 죄를 입어 지금까지 100여 년이 되었는데도 여화(餘禍: 남은 화)가 끝나지 않았다. 심지어 그의 사당을 헐고 학자로서 선생을 존경한 사람은 모두 죄를 주어 금고 된 자가 400여 명이나 되었다.'[452]고 하였다.

『선조수정실록』에 소개된 정개청의 죄는 다음과 같이 요약할 수

449) 선수 23권, 선조 22년 12월 1일 4번째 기사.
450) 선수 24권, 선조 23년 3월 1일 3번째 기사.
451) 선수 25권, 선조 24년 5월 1일 12번째 기사.
452) 『미수기언 2』(서울, 민족문화연구소, 1979), p.168.

있다.

첫째, 정개청이 정여립과 서신을 교환했다.

왕은 정개청이 몇 차례 서신까지 교환하고서 몇 차례 보았을 뿐이라고 하였으니 이는 기망죄에 해당된다고 하였다.

둘째, 왕이 정개청의 절의를 논변한 설을 보고 그를 매우 미워하였으며, 그 내용을 조목조목 비판하여 향교에 계시하도록 하였다.

셋째, 국문과정에서 정개청이 주자의 설을 따랐을 뿐이라고 하자, 정철이 이를 꾸짖으면서 '주자도 스승을 배반했던가.' 하였다. 이는 정개청이 박순을 배반했다는 이야기다.

『선조수정실록』을 분석해 보면 다음과 같다. 즉

첫째, 서신(書信: 정여립과의 서신)의 내용에 관하여 언급이 없는 것으로 보아 그 일은 크게 죄가 되지 않았다.

둘째, 절의를 논변한 일도 『선조수정실록』의 내용만을 보면 임금이 (정개청을) 매우 미워할 정도에 불과하다.

다만 소심한 선조는 정개청의 절의논(絶義論)이 왜곡됨을 우려하여 이를 변명, 해석하고 사방에 포고하였으며 그로 인해 민심을 바로잡고자 하였다.

셋째, 정철이 정개청을 보고 스승을 배반했다고 꾸짖었다.

앞에서 논의한 대로 정개청과 박순은 같이 서화담의 제자로 나이 차이가 6세에 불과하다. 그리고 박순은 정개청을 높이 평가하여 그가 곡성 현감을 그만둔 뒤에도 그를 '유술로도 뛰어나지만 장수의 재질이 있다' 하여 임금께 추천한 일이 있다.

정철을 적극 옹호해야 할 입장에 있는 『선조수정실록』에서,

'정개청이 정철로 인하여 죽었다.'는 말을 구태여 기록한 것은

그럴 만한 의미가 함축되었으리라 본다.

다음 야사들(『혼정록』, 『기축록』 등)을 보면 좀 더 구체적인 사실들을 알 수 있다.

『혼성목』에서는, 정개청의 정철과의 관계에 관하여,

"정철이 일찍이 정개청을 불측한 사람이라고 하였는데 절의를 배척하였다는 죄목으로 국문할 때, 정개청이 '이것은 주자의 말이요.' 하자, 정철이 소리를 버럭 지르며,

'주자, 주자 하니 네가 주자를 어찌 아느냐, 주자도 그 스승에게 배은망덕한 일이 있었던가', 하니 정개청은 머리를 수그리고 다시는 말하지 않았다.

그 뒤 정철이 정개청의 말을 할 때면 반드시 '정개청은 역(逆: 반역)하지 않은 정여립이요, 정여립은 반역한 정개청이라.'[453]고 하였다."

『기축록』에서는,

"정개청의 편지에, '일찍부터 정성을 다하여 (정여립의) 덕의(德義)를 흠모하며 그리워하였다.'는 구절이 있었다. 정철이 이를 보고 아뢰기를,

'이 서찰을 보면 정개청이 역적과 결탁한 것이 정히 헛 말이 아니며, 또 그가 지은 『배절의론』이 세상을 의혹시키고 현란하게 하였습니다.

정개청이 절의를 배척하였다면 반드시 절의와 배치되는 일을 좋아했을 것이니, 절의와 배치되는 일은 어떤 일이겠습니까.'(즉 반역이라는 뜻)[454]라고 하였다.

---

453) 혼정록, 『연려실기술 3』, p.443.

위관(정철)이 아뢰기를,

'정개청이 한결같이 정여립의 터를 보러 갔었다는 사실에 대하여 원통하다고 하면서 정여능(정여립과 형제)과 대질하기를 원하는 것을 보면, 이는 아마도 사실이 아닌 것 같습니다.

그러나 그가 지었다는 『배절의설』은 후진들을 현혹하여 그로서 미치는 화가 홍수(洪水)나 맹수(猛獸)의 화(禍)보다도 더할 것이니 형벌을 가하여 자백 받기를 청합니다.' 하니, 임금이 '아뢴 대로 하라.' 하였다.

이에 한 차례 고문을 하고 또 가형(加刑)하기를 청하니, 임금이,

'그만하고 법에 비준하여 처리하라.' 하였다.

처음에는 정개청의 배소를 평안도 위원으로 정하였다가 위관(정철)이 다시 아뢰어 경원 아산보로 정하고, 6월에 그곳에 귀양 가서 7월에 죽었다."[455]

평안도 위원(渭原)은 신의주에서 가까운 곳에 위치하고, 함경도 경원(慶源)은 한반도 최북단(北端)의 소련 국경지대에 접한 지역이다.

『함평문화원장의 글』

"선생(정개청)과 정철의 사이가 벌어진 것은 선생의 대쪽 같은 성격에 의해 발단되었다고 말한다.

한때 담양에 내려와 있던 정철이 행하는 바를 보고 선생이,

'사람이 주색(酒色)처럼 빠지기 쉬운 것이 없는데 정철이 후배들을 이에 유인하여 습속(習俗)이 무너지면 장차 구하기가 힘들 터인

---

454) 기축록, 앞의 책, pp.443－444.
455) 기축록, 위의 책, p.444.

데 어찌 애석(哀惜)한 일이 아닌가.' 하고 한숨을 쉬고 탄식한 일이 있었다.

이 말이 정철에게 전해지고서 둘 사이가 벌어졌으며 또 여러 사람들이 말하기를, '동한 절의와 진송 청담설은 정철의 무리를 두고 지었다.'고 하였다.

하여튼 이로 인하여 훗날 선생이 화를 입었고 결국은 호남 선비들이 쑥밭이 된 것이다. 본디 정여립의 역모사건을 다루던 기축옥사가 정철이 이 사건의 위관이 되면서부터 변색되고 만 것이다."[456] 하였다.

후일 정철의 아들 정종명(鄭宗溟)은 그의 부친의 신원을 구하는 상소를 올렸는데 정개청에 관하여 다음과 같은 내용이 있다.

"정개청의 경우는 그 당시 간관이 정개청이 강학(講學)한 것을 명목으로 삼았지만, 그가 지은 절의를 배척한다는 일설(一說)에 절의가 나라를 망하게 한다는 말이 있어 바로 파직하도록 청하였습니다.

그가 역적에게 준 편지 때문에 잡아다가 국문하면서 절의를 배척한다는 단서까지 조사하여 아울러 (그 사건도) 집어넣도록 하여 북도(北道)로 귀양 보냈던 것입니다. 신의 아비가 어떻게 그 사이에 양향력을 발휘할 수 있겠습니까."[457] 하였다.

정철은 앞서 살펴본 바와 같이, 구태여 '배절의론'이 홍수나 맹수의 해(害)보다도 더할 것이니 형벌을 가해야 한다 하고 또 가형

---

456) 이현석, 앞의 글.
457) 광해군일기 23권, 광해 1년 12월 23일 4번째 기사.

(加刑)하기를 청한 사람이다. 그리고 그 배소도 그가 위관으로 있으면서 평안도 위원(渭原)에서 함경도 경원 최북방으로 보내자고 청한 사실이 있다.

정개청은 국문을 받을 때 상처가 악화되어,[458] 배소로 간 뒤 한 달 만에 세상을 떠나고 말았다. 물론 부자간의 정의(情誼)를 이해할 수는 있겠지만, 과연 정철이 정개청의 죽음에 전혀 영향력을 발휘할 수 없었을까.

정개청은 그의 공초에서 '절의'에 관하여 다음과 같이 진술하였다.

"절의는 사람의 마음에 근본 되는 고유(固有)한 것이며 근본 기강을 유지하는 기둥인데 신이 비록 무식하지만 절의가 세상 교화에 관계됨을 어찌 알지 못하겠습니까. 신이 전에 지은 '배절의론(排絶義論)'은 주자가 논한 것을 읽고 느낀 바가 있어 동한 시대의 폐를 밝힌 것뿐입니다.

대개 절의라는 것은 의리(義理)에 밝아서 이해(利害)의 사욕(私慾)에 가려지지 않는 것입니다. 평소에 절의를 몸소 실행하면 족히 임금으로서는 밝아질 것이고 신하로서는 정직하여짐으로써 화의 근본을 없애고 간특한 싹을 없앨 수 있을 것입니다. 또한 불행히도 환란을 만난 때에는 이해를 돌보지 아니하고 절의에 죽을 것입니다.

옛날 동한 선비들의 마음에 대의(大義)가 뿌리박아 사생(死生)에 구애됨이 없이 변하지 않는 것은 참으로 훌륭한 일이라 하겠습니다.

하지만 그들의 본전(本傳: 기본이 되는 전기)을 상고하고 주자의 뜻을 연구하여 보면, 그렇지 않습니다. 그들이 스스로의 직분을 닦

---

458) 이현석, 앞의 글.

지 아니하고, 의리에 힘쓰지 아니하고, 조정을 더럽게 알고, 천하를 내려다보며, 항상 인물을 비판하고 다투어 조정을 비방하였습니다.

이에 높은 자리에 있는 공경(公卿: 정승)들까지도 모두 그들의 비평을 두려워히어 신을 끌고 그들을 찾아 문에 이르니, 이것은 곧 학생이 국가의 권력을 잡은 탓입니다. 국가의 권력을 신하가 잡고 있어도 오히려 나라를 망치거든 하물며 학생이 잡고 있는데 어찌 오래도록 나라를 보전하겠습니까.

신은 그윽이 주자의 뜻을 취하여 다음과 같이 생각하였습니다. 즉 한갓 절의의 이름만 알고 그 실상을 모른다면 그 폐단이 심하여 마침내는 사욕과 이해에 빠지게 될 것이 분명합니다. 그렇게 되면 정치는 바른 길로 가지 못하고, 벼슬자리에는 인재를 얻지 못하여, 소인들이 판을 쳐서 나라가 잘못될 수 있습니다.

동한의 양기(梁冀)가 질제(質帝)를 죽일 때에 이고(李固)가 정승으로 있으면서도 양기를 성토하여 죽이지 못했을 뿐 아니라 도리어 그의 명령을 받고 참으며 견디다가 그에게 모함당하여 죽었습니다.

두태후의 아버지 두무(竇武)는 정권을 멋대로 하여 발호하고 있는 환관(宦官: 내시)들을 죽이려다가 그 선후(先後)와 경중(輕重)의 순서를 잃어 마침내 사류(士類)가 섬멸되고 나라가 망하는 화를 불러왔습니다.

(1차, 2차 당고의 화로 결국 후한, 즉 동한이 망하게 되었다)

이 일은 모두가 절의의 실상에 힘쓰지 아니한 때문이라 하겠습니다.

『대학(大學)』에서 말한 명덕(明德: 학문을 밝힘)과 신민(新民: 백

성을 새롭게 하는 것)을 실행함에 있어서 격물치지(格物致知: 사물
의 이치의 지극함에 이르러 앎을 다함)하여 절의의 근본을 알고
성의 정심(誠意正心: 성실하여 마음이 바르게 됨)하여 절의의 실지
를 행하게 되면 인도가 바로잡히고, 기강이 바로 서서, 비록 절의
에 죽으려 해도 스스로 절의에 죽을 만한 환란이 생기지 않을 것
입니다.

전일에 신이 논한 『절의, 청담』은 그 의논이 비록 분명하지 못
하지만 그 실은 절의의 배양에 있습니다. 그런데 도리어 절의를
배척하였다고 하니 이것은 신의 본심이 아니며, 원통할 뿐 발명(發
明: 무죄를 변명함)할 데가 없습니다."459) 하였다.

이토록 극구 변명하였음에도 불구하고 서인들의 태도는 여전히
그를 이해하지 않았다.

윤증의 평

후일 윤증(尹拯: 1629 - 1714, 윤선거의 아들)은 정개청을 다음
과 같이 평하였다. 즉

첫째, 정개청은 박순의 문하생으로 그가 박순을 배반한 것은 숨
길 수 없다.

둘째, 절의 청담설에 대해서는 거기에 나타난 전후의 기록과 나
덕윤의 상소로 보아 홍천경의 무리를 두고서 하는 말이 틀림없다.
홍천경의 무리가 반드시 그때의 정치를 비판하고 당시 권세 잡은
사람들을 비방하여 스스로 절의를 자처하니 정개청이 이 글을 지
어서 주자의 이름으로 이들을 배척한 것이다.

---

459) 『연려실기술 3』, pp.442 - 443.

셋째, 주자는 절의 자체를 높이면서 그 말류(末流)에서 생긴 폐해만을 특히 말하였다. 정개청의 논설은 특히 절의의 말류에서 생긴 폐해만을 들어서 절의 전체를 배척하였다. 이를 청담과 같이 취급해서 나라를 망치는 것으로 논하였으니 그릇된 것이다.

넷째, 교활한 영웅들이 일어나서 임금의 자리를 넘보았지만 감히 즉시로 나라를 빼앗지 못한 것은 그 당시 군자들이 부지해 준 때문이다.

또 동한 말기에 중국 사대부들이 조 씨(조조(曹操)를 말함)만 있는 줄만 알고 한(漢, 즉 後漢)나라가 있는 줄을 모르게 된 것은 당시 '당고 살육의 화'가 그렇게 되도록 몰아넣은 것이다. 정개청이 주자의 글을 인용한 것은 그 본지에 어긋난다.

다섯째. 정개청이 노장이나 한비자, 절의, 청담 등을 숭상하여 인심이 날로 사특해지고 세도의 낮아짐이 심해져 간다 하였으니 이는 바로 절의를 배격한 것과 다름없다.[460]

윤증의 평에 대한 반론

이러한 윤증의 논리는 오늘날로 말하면 '학술대회'에서 토론의 쟁점은 될 수 있어도 견해의 차이 그 자체를 가지고 사람을 귀양 보내고 죽일 수 있는 일은 아니다.

첫째, 정개청은 박순의 문하생이 아니며, 그를 배반하지 않았다는 것은 앞에서 수차 강조하였다. 서인들은 이 사실을 알고 있으면서도 처음 주장한 일을 철회하지 않고 계속 고집하고 있는 것이다.

둘째, 윤증, 홍천경의 이름을 거론한 것도 문제가 있다.

---

460) 명제집, 『연려실기술 3』, pp.490 – 491.

홍천경은 정개청이 선조 15년 나주 훈도로 있을 때 학생으로 그로부터 벌을 받은 일이 있었다. 정개청이 『소학』, 『사서(四書)』, 『근사록』 등의 책을 들고 매일 읍양진퇴(揖讓進退: 절하고 사양하고 나아가고 물러설 때의 예절)하는 법을 가르칠 때 혹 게으른 자에게 매를 치고 벌을 주었는데 홍천경이 그 앞에서 면박하고 욕설을 하였다.[461]

윤증은 이런 사람(홍천경)을 두고 정개청이 절의론을 썼다고 할 정도의 위인이었던가. 아니면 정철의 이름을 우회적으로 표현했음에 불과한가, 의심이 간다.

셋째, 윤증은, '절의의 당위적 규범이 중요하며 군자 혹은 당인들이 있어서 임금의 자리가 유지되었고, 절의와 청담의 폐단은 오로지 환관들의 폐단 때문이었다.'고 했다.

반면 정개청은, '절의도 중요하지만 절의의 폐단이 문제가 있으며 이는 주자가 한 말이다. 당인들은 자신들의 역할을 제대로 수행하지 못하여 결국 당고의 화를 가져왔고 그 결과 나라가 망했다.'고 했다.

절의 자체는 본(本)이고 그 폐해는 말류(末流)에 불과하다는 전자의 주장과 당인들이 절의를 제대로 지키지 못한 탓으로 나라가 위태로워졌다는 후자의 주장이 서로 맞선 것이다. 위 주장들은 모두 일리(一理)가 있으며 어느 주장은 옳고 어느 주장은 틀렸다고 할 수 없다.

하지만 절의란 이(理)를 강조하고 그 현실인 기(氣)가 이(理)에 따라야 한다는 이발이기수(理發而氣隨)의 주장은 이황의 주리설(主

461) 일월록, 『연려실기술 3』, p.440.

理說)이고, 기(氣: 즉 절의의 현실)가 발하면 그 이(理: 절의의 이
치)가 타고 든다는, 기발이승일도설(氣發理乘一途說)은 이이의 주
장이다.

지금 정개청은 화담 서경덕의 제자로 기(氣)를 우선시하는 주기
설(主氣說)을 말하고 윤증은 서인이면서 이황의 주리설(主理說)적
입장을 말하고 있는 것이다. 사실 동·서 간의 싸움은 이론도 원
칙도 없는 것이 되었다.

5) 나사침(羅士忱) 가족의 화(禍)

나사침(1555년 생원, 1525 - 1596)은 무오명인(戊午名人) 최부(崔
溥)의 외손으로 슬하에 여섯 아들과 딸 하나가 있다.

그 가족들을 열거하면 다음과 같다.

장남, 나덕명(德明: 1579년 진사, 도사(都事)

2남, 나덕준(德峻, 정개청 문인, 보은현감)

3남, 나덕윤(德潤, 정개청 문인 1588진사)

딸(사위), 윤항(尹沆)

4남, 나덕현(德顯, 정개청 문인)

5남, 나덕신(德愼, 1591년 무과, 유몽정의 손녀서)

6남, 나덕헌(德憲, 1603년 무과)

나사침의 가정은 정개청 문인으로 억울하게 피해를 본 대표적인
집안이다.

앞서 정암수의 상소는 정개청뿐 아니라 그의 문하에서 공부를
했던 나사침의 부자(父子)들도 고발하여 귀양 가게 하였다. 즉 정
암수의 소(疏)에,

"전 현감 나사침은 그 아들 덕명과 덕준 등이 평소 정여립과 교분이 매우 깊었다 하여 화(禍)가 자신들에게 미칠까 두려워했습니다. 그가 아들들을 구출하면서, '무고하는 사례가 어느 세대인들 없었겠는가.' 하였으니 그 소행은 정언신과 같아 신 등이 통분을 금할 수 없습니다.

지난 해 가을에 나덕준 형제가 한성시(漢城試, 한성에서 실시하는 문과, 진사과의 초시)를 보러 갔다가 정여립을 찾아보았습니다.

정여립이 그들에게 말하기를, '그대들은 훌륭한 재주를 가지고 어찌 쇠미한 세대에 시험을 보러 가는가, 앞으로 몇 해만 지나면 반드시 태평성대를 보게 될 터이니, 그대들은 아직 기다려라.' 하였습니다.

나덕준이 과장(科場, 수험장)에서 남의 손을 빌려 응시한 일로 죄를 받게 되자, 덕윤이 분개해 하면서 '장자(長者: 정여립을 말함)의 가르침을 듣지 않다가 이 같은 화를 당했다.' 하였습니다.

지금 그 아비의 말이 또 그러하니, 그들이 역적의 교우(交友)가 되었음은 너무도 분명합니다. 또한 신 등이 역적의 사건에 대하여 소(疏)를 올리려 한다는 말을 듣고 나덕윤이 자기 부자(父子)에 관한 말이 소에 언급될까 염려하여 그 아우 나덕현 등을 많은 선비가 모인 공석에 보내 난동을 부리고 욕을 퍼부어 이를 저지하려 하였습니다. 그들이 만약 조정에 있는 당여들을 믿지 않는다면 그 패역이 어찌 여기까지 이르렀겠습니까."[462] 하였다.

이 일로 나사침과 그의 아들 5형제가 모두 옥에 갇혔다(당시 장남 나덕명은 40세이고 막내인 나덕헌은 18세였음).

---

462) 선조실록 23권, 선조 22년 12월 14일 1번째 기사.

나사침만은 국왕의 특명으로 곧 풀려났지만 다섯 아들들은 함경도, 강원도 등 먼 곳으로 유배되었다.(5남 나덕신은 누락됨)

나사침의 효행에 관하여 『선조실록』에는 다음과 같은 글이 있다. 즉

전라감사의 서장(書狀)에

'유일(遺逸)의 선비(숨은 인재)를 천거하라는 지시에 또 각 고을을 조사하니, 나주목사 한복(韓輹)의 첩정(牒呈: 첩보, 서면으로 보고한 정보)에,

'생원 나사침(羅士忱)이 어미 신병이 여러 달 낫지 않고 치료할 방도가 없어 고민하다가 손가락을 끊어 물에 타 들였더니 어미 병이 곧 나았는데 이미 중종조에서 그 사실을 듣고 정표(旌表: 어진 행실을 칭송, 세상에 알림)하였다.

그의 사람됨이 진실하고 순후하여 학문과 행실을 모두 갖추어 부모 형제 사이에 그르다고 하는 사람이 없었다. 일 처리나 사물을 대할 때는 믿음과 의리를 아울러 행하였고, 부모상에는 오로지 예법을 따랐다. 시묘살이를 극진히 하여 한 번도 집에 돌아오지 않고 반드시 행동을 삼갔다.

가난한 사람을 구제하였으며 일찍부터 과거 공부를 폐하여 출세를 구하지 않으니 온 고을 사람들이 그의 행실에 감복하였다.'[463] 하였다.

나사침의 가족에 관하여 송준호 교수는 다음과 같이 평가하였다. 즉

"나사침의 집안은 그의 자손 4세(아들에서 증손 대에 이르는) 동

---

463) 선조실록 2권, 선조 1년 5월 10일 1번째 기사.

안 '오효칠충사열(五孝七忠四烈: 5명의 효자, 7명의 충신, 4명의 열녀)이 나오고 그중 8명에게는 정려(旌閭: 충신, 효자, 열녀들을 정문을 세워 표창함)가 내려졌다. 이들 16명 모두에게 복호(復戶: 효자, 충신, 열녀들에게 호역을 면제함), 관직의 제수, 증직, 녹훈, 시호 등의 은전이 내려졌다. 이들 집안을 말할 때 흔히 '삼강팔정(三綱八旌)'이란 표현을 썼고, 실지로 삼강문(三綱門: 충, 효, 열)이 있다.'464)고 하였다.

나사침의 장남 나덕명은 유배지 경성에서 죄인의 몸으로 의병전대에 참여하여 큰 공을 세웠다.

차남 나덕준의 처(妻) 김 씨 부인은, 왜적에게 쫓기자 세 살 난 딸과 함께 나무에 목을 매어 의로운 죽음을 했고, 4남의 처(妻) 정 씨 부인은 그의 시누이(나사침의 딸, 尹沆의 부인)와 함께 왜적에게 쫓기자 동결상대(同結裳帶: 서로 몸을 치마와 허리띠로 함께 묶음)하여 바다에 투신하였다.

정 씨 부인 등 열녀로서의 행적은 『동국신속삼강행실도(東國新續三綱行實圖)』에 수록되어 있다.465)

막내아들 나덕헌은 청사(靑史)에 길이 빛날 만한 인물이었다.466)

나덕헌은 유배지 철원에서 풀려나온 후, 선조 36년(1603년), 무과(武科)를 거쳐 서북방 지방관을 지냈다.

인조 5년(1627년) 정묘호란이 일어났을 때, 나덕헌의 며느리(아들 나수소(守素)의 처)가 시집온 지 채 1년도 못 되어 안주성(安州

---

464) 송준호, 『조선사회사연구』(서울, 일조각, 1987), p.360.
465) 위의 책 p.361
466) 위의 책, p.361.

城)에서 가족과 함께 절사(節死: 절개를 지키고 죽음)하였다. 당시 나덕헌의 며느리는 친정아버지가 안주 목사로 있어(나덕헌은 봉산 군수로 있었음) 가족이 모두 항절(抗節: 항거하여 절의를 지킴)하였다.

나덕헌이 인조 14년 의주 부윤으로 있을 때의 일이다.

나덕헌 일행이 심양에 도착했을 때 후금(後金)은 이미 국호를 대청(大淸)이라 고치고 왕의 칭호도 한(汗)을 황제로 바꾸었다. 이들은 중국 황제의 본을 따서 즉위식을 하는 자리에 문무백관과 몽고, 만주지역의 각 부족장으로부터 하례(賀禮: 축하의 예의)를 받을 계획이었다.

나덕헌 등은 바로 그 하례(賀禮)를 거절하였다.

그들로부터 모진 매를 맞고 항거하던 나덕헌 등은 거의 빈사상태에서 들것에 실려 쫓겨났다.[467] 당시 『인조실록』을 보면 나덕헌 등은 돌아와서 다음과 같이 임금께 아뢰었다.

"사로잡혀 있는 동안 마침 그들이 참호(僭號: 분수에 넘친 황제의 칭호를 가짐)를 칭하였는데 위협을 당하면서도 굴하지 않았습니다.

행차가 통원보에 도착하여 글(후금에서 국왕에게 준 국서)을 열어 보니, 말뜻이 패악하고 설만(거만 무례함)하여 감히 싸 가지고 오지 못하고 몰래 잡물 속에 두고 왔습니다. 원본은 등사하여 올립니다."

그 글에 '대청황제(大淸皇帝)'라 하였고 '우리나라를 너희 나라[爾國]라고 칭하였습니다.' 하였다. 이에 대하여 조정에서는 그에 대

---

467) 송준호, 위의 책, pp.363-364.

한 비판이 거세게 일어났다. 심지어 평안 감사인 홍명구란 사람은,

"신의 어리석은 계책으로는 의사(義士) 두어 사람을 모집하여 나덕헌 등의 머리를 가지고 적한(賊汗: 도적의 대장, 즉 청 황제를 말함)의 문에 던져 주고 대의에 의거하여 준열하게 책하는 것보다 더 좋은 방책이 없습니다." 하였다.

비국(비변사)에서 회계(임금의 하문에 심의하여 아룀)하기를,

"나덕헌 등이 의리에 의거하여 자결하지 못하였으니 극히 놀랍습니다. 다만 그들이 끝내 굴하지 않은 정상은 대략 한(汗: 청 황제)의 별서 속에서 볼 수 있습니다.

이들이 국서를 아무렇게나 받아 가지고 왔으며 열어 본 뒤에는 명백하게 던져 버려 그들로 하여금 즉시 알게 하지 못하고 돌아왔으니 일 처리가 매우 해괴하고 분합니다. 속히 잡아다가 국문하소서"468) 하였다.

하지만, 나덕헌 등 항절(抗節)의 행적은 오히려 당시 만주 및 중국인들 사이에 크게 전파되어 조선에 온 청 사신들이 이를 말하였다. 청(淸)의 건융황제(乾隆皇帝, 1735 - 1795)의 『전운시(全韻詩: 청 건국 이래 위업을 찬미한 시)』에도 이들의 행적이 실려 있었다.

정조는 이들 나덕헌과 이곽(李廓)에게 시호(諡號: 왕이 경상, 유현들의 공덕을 추증함)와 정문을 하사하였다. 당시 『정조실록』을 보면 다음과 같다.

"도승지 홍국영이 아뢰기를,

'고(故) 충신 나덕헌과 이곽은 대절(大節: 죽기를 각오한 큰 절의)이 빛나 이미 포증(褒贈: 상을 내림)하였습니다만, 올해 절사가

---

468) 인조실록 32권, 인조 14년 4월 26일 2번째 기사.

들어올 때에 얻은 『전운시』를 보니, 더욱 그 충절을 말할 수 있었습니다. 그 후손들에게 특별히 격려하고 찬양하는 정사가 있어야 하겠습니다.' 하니 왕이 시호를 내리고 정려하라고 하였다.

『건융 전운시』에 나덕헌, 이곽이 버티고 서서 절하지 않았다는 말이 있었다."[469]고 하였다.

조선의 역사에 길이 빛날 이 훌륭한 집안을, 도대체 헐뜯고 모함하고 잡아 가두어 매질하고 귀양 보낸 자는 누구일까. 다음에서 곤재의 신원 상소 및 사당 건립을 둘러싸고 일어난, 사건의 전말을 알아보자.

6) 원옥과 신옥의 요청

기축년(선조 22년)의 원옥(冤獄: 죄 없이 억울하게 옥에 갇힘)과 억울하게 희생된 사람들의 신원(伸冤: 원통한 일을 풀다)을 요청하였다.

나덕윤의 소

선조 28년, 호남 유생 나덕윤(羅德潤) 등이 소(疏)를 올려 기축년에 원통하게 죽은 사람들의 일을 씻어줄 것을 요청하였다.

임금이 비국(비변사)에서 처리할 것을 명령하니 유성룡이 다음과 같이 회계(回啓)하였다. 즉 (앞에 나온 회계를 편의상 다시 인용하면)

"정개청, 유몽정, 이황종 등은 비록 인품으로는 높고 낮음이 있다 하여도 그들의 억울함은 한 가지입니다. 정개청은 호남의 선비 중에서도 더욱 명성이 있고, 평생을 학술과 행검(行檢)으로 자부하였습니다. 정개청, 유몽정, 이황종 등에 관한 유생들의 소장을 특

---

469) 정조실록 8권, 정조 3년 9월 3일 1번째 기사.

별히 허락하셔서 모두 억울함을 씻어 주소서. 이 밖에 소에서 미처 이름을 들지 못한 사람도 많이 있사오니 의금부로 하여금 자세히 열거하게 하여 일체를 용서하시고 석방하시면 정책에 도움이 될 것입니다."[470] 하였다.

위의 기록은 『선조실록』이나 『선조수정실록』에는 없고 『서애집』을 인용하여 『연려실기술』에 수록하였다.

『서애집』은 을미일(선조 23년 4월 22일)로 되어 있고, 『연려실기술』은 을미년(선조 28년)으로 되어 있다. 앞뒤의 기록(최영경에게 증직한 일 등)으로 보아 전자가 착오라고 본다.

나덕명의 상소

선조 30년, 전라도 나주에 사는 전 의금부 도사 나덕명이 상소하기를,

"간신 정철이 패려(悖戾: 성질이 순진하지 못하고 비꼬임)한 자질로 참혹한 마음을 품어서 청의(淸議: 높고 깨끗한 언론)에 용납을 받지 못하여 항상 불평, 불만을 품고 있었습니다. 역적의 변이 진신(搢紳: 행동이 점잖은 벼슬아치의 총칭) 중에서 일어났다는 말을 듣고는 스스로 오늘이야말로 내 뜻을 이룰 수 있는 날이라 여겨 자신이 안문(按問: 법에 의해 조사, 심문함)하는 관원이 되어 일망타진(一網打盡)할 계책을 세웠습니다.

정개청은 행동이 진실하고 확고하게 처신하여 간사한 정철이 한 세상을 그르치는 정상을 환하게 알고 있었기에, 정철이 (정개청을) 모해할 마음을 품은 것이 하루, 이틀이 아닙니다.

---

470) 『서애집』(서울, 민족문화추진회, 1986), p.264.

유몽정이 한 번 풍헌(風憲: 향소직)의 직위에 오르자, 문득 간인의 싹을 꺾었으니 정철이 얼마나 이를 갈았겠습니까.

이황종은 최영경의 친구가 되어 평소 정철의 꺼리는 자가 되었고,

조대중은 전라도사(全羅都事)가 되어서 정철의 집을 들러 가지 않았으니 그의 노여움을 산 것은 이상할 것이 없습니다.

이발, 이길 형제에 이르러서도, 그들이 역적과 사귄 죄는 만 번 죽어도 용서할 수 없으나, 역적의 흉모는 반드시 알지 못했을 것입니다.

삼가 원하건대 전하께서는 불쌍하게 여기시소서." 하자, 왕이 입계(入啓: 계를 아룀)한 지 약 한 달 후에 의금부에 내려 회계(回啓)하게 하였다.[471]

성균관 유생 최희남, 대사헌 노직 등의 상소

성균관 유생 최희남이 상소하기를,

"간당(奸黨)의 괴수 정철은 사류(士類)에게 버림을 받고, 이발 등에게 이를 갈고 있다가 역변(기축옥사)을 듣자마자 그의 도당(徒黨)과 함께 기뻐 날뛰며 서로 경하하면서 기어이 이발 등을 멸족하려고 하였습니다.

백유함, 양천경 같은 괴상한 무리들을 사주하여 연속 글을 올려 화를 엮게 하였습니다. 이발 등의 죄상이 끝내 들어 나지 않자 몰래 문객을 보내 옥에 갇힌 죄수를 협박하여 죽음을 면하게 해 준다고 꾀어 그로 하여금 거짓말로 이발 등을 이끌어 대도록 했습니다.

최영경 등을 신원하고 불쌍히 여겨 포상한 것은 유감이 없게 하

---

471) 선조실록 84권, 선조 30년 1월 17일 2번째 기사.

였는데, 그 나머지 정개청 등의 원통함을 품은 무리에게는 이를 분명하게 씻어 주는 은전을 입지 못하도록 해서야 되겠습니까." 하니 임금이 답하기를,

"너의 말은 지나치다."472) 하였다.

이윽고 대사헌 노직, 장령 이철, 김대래, 지평 오백령 이 아뢰기를,

"신들은 못난 자질로 언관(言官)의 자리에 있으면서 정개청의 억울함을 알고 있으면서 진작 신원을 논하여 청하지 않음으로써 인심을 답답하게 만들었고 많은 선비들의 드러난 비난을 받았습니다. 신들이 침묵을 지키고 말하지 않은 잘못이 큽니다. 신들을 파직하소서." 하니 임금이, "사퇴하지 말라."고 답하였다.473)

그 후로도 사간 이병이와 집의 이상의가 정개청의 신원 문제로 체직을 청하였으나 왕은 사퇴하지 말라고 하였다.474)

나덕준의 상소

전 별좌 나덕준이 상소하였다. 그 대략에,

"정개청은 덕행을 진실하게 실천한 사람으로 정이천(程伊川)과 주자(朱子)의 학문에 따르고 도학(道學)을 천명하는 것으로 자신의 책임을 삼았습니다.

그는 일찍이 호남의 사습(士習: 선비의 풍습)이 간철(奸澈: 간악한 정철)에게 물들어 허세만 힘쓰고 의리를 연마하지 않아, 혹은 절의를 가탁(假託: 거짓 핑계 삼음)하나 전연 명교(名敎: 인륜의

---

472) 선수 31권, 선조 30년 4월 1일 3번째 기사. 선조실록 87권, 선조 30년 4월 11일 2번째 기사.

473) 선조실록 87권, 선조 30년 4월 12일 1번째 기사.

474) 선조실록 87권, 선조 30년 4월 16일 1번째 기사. 동 4월 17일 3번째 기사.

명분을 가르침)에 어둡고, 혹은 청의(淸議: 맑고 고상한 의론)를 사모하지만 실은 이록(利祿: 이익과 작록)을 탐하여 그 귀추를 추구하여 보면 세교(世敎: 세상의 가르침)에 해로움만 있는 것을 걱정하였습니다.

정개청은 늘 이것이 한 시대를 그르치는 해가 되고 후학의 폐단이 될 것을 염려하였습니다. 그가 『주자어류』를 읽고 그 가운데 정이천의 말을 인용한 것이 있었습니다.

정이천이, '진송(晉宋)의 청담(淸談)은 동한(東漢)의 절의(節義)로 인하여 이처럼 격절(隔絶: 사이가 멀어짐)한 데 이르게 되었다.'고 하였고,

주자는, '동한이 절의를 숭상할 때 벌써 그러한 의사가 있었다. 대개 당시 절의를 높이는 사람들이 문득 세상을 하찮게 보고 조정을 더럽게 보는 의사가 있었다. 이러한 태도가 스스로 천하를 얕보는 경향을 가져왔고 얼마 안 되어 청담으로 흘러가게 된 것이다. 절의의 선비는 진실로 자기의 위치에서 말할 일이 아닌 것을 말하여 화를 자초하게 된다.'고 하였습니다.

또 '후한(後漢, 동한)의 명절(名節: 명분과 절의)이 말기에 가서는 자신을 귀히 여기고 남을 천시하는 폐단이 있게 되었는데 이것이 누적되어 그 형세가 반드시 부화(浮華)한 데 이르러 노장(老莊)으로 들어가게 되었다.

진송(晉宋)의 인물이 비록 높고 맑음을 숭상했다고 하지만 거의가 관직을 요구하며 한편으로 청담을 일삼으면서 다른 한편으로 요로를 찾아다니며 뇌물을 바쳤다.'고 하였습니다.

정개청은 이와 같은 말들을 읽고 나서 생각하기를,

'전일 부허(浮虛)한 습성을 걱정했던 것이 곧 선유(先儒)의 말과 합치된다.' 말하고 책을 덮어놓고 일설(一說)을 지어, 동한의 절의와 진송의 청담이 끼친 피해를 논하여 호남 사습(士習: 선비의 풍습)의 고질적인 병폐를 구제하였습니다.

간적(奸賊: 정철)은 그의 평생 심술이 군자의 정견(正見)에 들어나는 것을 싫어하여 남몰래 (정개청을) 죽이려는 마음을 품고 있었으나 기회를 타지 못하였습니다. 때마침 역변이 일어나자 홍천경, 임회 같은 무리를 사주하여 정개청이 서술한 논설 위에 멋대로 배(排) 자를 덧붙여 배절의(排節義)로 지목, 유생의 공의(公議)를 핑계로 상소(정암수의 상소를 말함)를 올렸습니다.

이러한 모함으로 당시의 명사(名士: 명류)들이 모두 그 속에 들어가 거의 일망타진(一網打盡)될 뻔하였습니다.

성상께서 통촉하심을 힘입어 소두(疏頭: 연명으로 상소한 주동자) 10여 명을 잡아들였습니다. 장차 무고 날조한 죄를 다스리려 할 적에, 정철이 대간을 사주하여 저지시키고 도리어 정개청이 저술한 논설을 가지고, 엄한 형벌을 가하기를 청하여 끝내 먼 곳에 귀양 가서 죽게 하였으니 천지간에 이보다 더한 원통함이 어디에 있겠습니까.

신들이 죽은 자(정개청)를 위하여 그 저서의 취지를 밝히겠습니다.

그 글 첫머리에, '절의를 내세우면서 공명(功名: 공을 세워 이름이 널리 알려짐)을 추구하는 일을 살펴보면, 그 절의의 고고함이 오히려 완강하거나 나약함을 부추기고, 청담을 한다면서 모리(謀利: 이익을 꾀함)를 하는 자들을 보면, 그 기안(氣岸: 거만하고 남에게 굽히지 않음, 기세)을 부리는 사람들이 다만 거짓으로 욕심을 억제하는 척할 따름이다.'고 하였습니다.

정개청은 절의의 옳고 그름을 비방한 것이 아니라 말세(末世)의 폐단을 구제한 것이 분명합니다.

또 그 원인이 명덕(明德)과 신민(新民)의 학문을 모른 탓이라 하였습니다.

절의란 것은 명덕 중의 한 가지 일로서 명(明)이란 곧 절의의 근본인 것입니다.

사람들이 모두 덕을 밝힐 줄 알면 환란에 임하거나 사생(死生)의 경지에 처하여도 의리가 있는 것만 알고 이(利)가 있음을 알지 못할 것이고, 임금이 있는 것만 알고 자신이 있음을 알지 못하여 절의를 기대하지 않아도 절의가 해와 달처럼 높아 밝아질 것입니다.

정개청의 취지는 곧 정, 주자의 여론(餘論: 주된 이론 다음의 나머지 이론)을 조술(祖述: 선인의 이론을 본받아 밝힘)한 것으로 절의의 근본을 배양하여 그 폐단을 구제한 것이었습니다." 하였다.

이에 임금이 답하기를, "우리나라 사람들이 무슨 깊은 학식이 있다고 저술을 세상에 유행시키기까지 하는가, 글을 짓는 것이 부당할 뿐 아니라, 또한 지을 필요도 없는 것이었다. 그대들의 뜻은 근실하나 이처럼 늘 번거롭게 하지 말라."[475] 하였다.

이런 대답은 무능, 무심한 군주의 혼미함을 들어낸 전형적인 예라 할 수 있다.

안중묵의 상소

선조 36년 전 직장(直長) 안중묵이 상소하여 정개청을 신원해

---

475) 선조실록 116권, 선조 32년 8월 3일, 4번째 기사.

주기를 청하니 왕이 의금부로 하여금 의논하도록 하였다.

의금부가 아뢰기를,

"정개청의 원통하고 억울한 실정을 매우 세밀하게 신변(伸辨: 억울함을 변호함)해야지, 사제 간이기 때문에 호소한 것이라 버려두어서는 안 됩니다.

정개청이 비록 역적과 같은 도(道)에 살고 있었지만 본디 친밀하지 않았고 우연히 서신을 통한 것입니다.

옥사를 일으킨 당시 사람들이 말하기를 '단지 한 장의 평범한 서신 때문에 죄안(罪案)을 얽어 만들어 마침내 벗어나지 못했다.' 하였습니다.

만약 정개청이 문을 닫고 침묵하였다면 모함을 받을 까닭이 없었을 것인데 마음에 느낀 바 있어 그런 글을 썼다가 화를 매개하는 근본이 되었습니다.

그러나 일체를 모두 선유(先儒)들의 말에 의거하여 서술한 것이옵고 별다른 자신의 견해를 말한 것은 없었으니, 논을 지어 절의를 배척하였다고까지 말한 것은 너무 심한 듯합니다."[476] 하였다.

이 한 가지 사실(안중묵의 상소)을 두고 『선조실록』과 『선조수정실록』은 각각 다른 사관(史官)의 평을 썼다. 즉 『선조실록』의 내용은 다음과 같다.

"앞서 윤근수가 의금부의 판의금부사로 있을 때, 안중묵의 신원하는 상소를 못하게 하려고 하다가 공론이 용납되지 않자 드디어 사직하고 체직되었다.

---

476) 선조실록 161권, 선조 36년 4월 9일 2번째 기사. 선수 37권, 선조 36년 3월 1일 1번째 기사.

이때에 이르러서야 비로소 회계(回啓)하였으니, 윤근수가 간신의 편당이 되어 착한 사람을 모함한 것은 또한 기탄이 없는 짓이다." 하였고.

『선조수정실록』의 내용은 위(사관의 평)의 기사를 보고 다음과 같이 썼다.

"정개청이 정여립의 역모에 함께 참여하여 알고 있었다고는 기필할 수 없다. 하지만 자기의 스승을 배반하고 반복무상하였으니 역당(逆黨)과 자취를 함께한 죄는 피하기 어렵다.

그런데 그를 신구하려는 자가 정철에게 허물을 돌렸다.

윤근수가 판의금으로 있으면서 시론(時論)을 따르지 않다가 끝내는 체직되기에 이르렀는데 역사를 쓰는 자가 도리어 윤근수를 '간인의 편이 되어 선한 사람을 배척했다'고 하였으니 그 말이 어찌 그릇된 말이 아니겠는가."[477]하였다.

참고로 윤근수는 율곡, 성혼, 정철과 친우로 율곡 아들이 속(贖: 서자의 신분에서 양인이 됨)을 받도록 미포(米布)를 거두어 바친 일이 있다.

율곡은 서자(庶子)만 둘이 있었는데 당시 그중 하나만 속량(贖良)되었다고 한다.[478] 윤근수는 앞서 정철의 심복으로 활동한 백유함과 사둔 간이다.(그의 아들 윤환(尹晥)이 백유함의 아들 백해민(白海民)과 친 사돈이다)

그리고 선조 24년 정철이 탄핵되었을 때, 윤근수도 그의 종이

---

477) 위의 기사. 사신의 평.
478) 『연려실기술 4』, p.550.

되어 그의 집을 출입하면서 음모를 꾸몄다 하여 파직된 일이 있다.[479]

『선조실록』에 양사가 아뢰기를,

"우찬성 윤근수 등은 정철에게 붙어 한 무리가 되어 간사한 무리들을 끌어들이고 자기들과 의견을 달리한 사람들을 배척하였으니 삭탈관직하소서." 하자, 임금이 "아뢴 대로 하라."[480] 하였다.

7) 정개청 사원(祠院)의 훼철(毁撤)

곤재 선생의 학행(學行)을 기리기 위하여 자산서원(紫山書院)을 세웠다.

하지만 서인 쪽의 반대로 네 차례 훼철(毁撤: 헐고 걷어냄)되고 다섯 번 세워지는 비운(悲運)을 거듭하였다.

다음 숙종이(정개청에게) 내린 사제문 한 구절만 보아도 당파 싸움이 얼마나 참혹했는지를 알 수 있다.

> 슬프도다. 당인들이여!
> 화 짓기를 즐기며 죄를 얽어 넣기를 쉴 새 없이하도다.
> 절개와 의리는 오직 그대 품은 바이어늘,
> 슬프도다! 당인들은 그대를 일러 (절의를) 배척했다 하였으며,
> 벼슬과 봉록은 그대가 버렸거늘,
> 슬프도다! 당인들은 그대가 (벼슬을 하려고) 꾀했다 하도다.[481]

자산서원 훼철기를 간단히 열거하면 다음과 같다.

---

479) 『연려실기술 3』, p.490.
480) 선조실록 25권, 선조 24년 6월 25일 1번째 기사.
481) 이현석의 글에서 인용

1차 사우(祠宇) 건립 및 훼철

광해 8년 배명, 나덕원, 나원길 등 수십 명의 상소로 역적 누명을 벗고 엄다면 엄다리 운암에 사우 건립 허가를 받고 그해 가을에 사우(祠宇)를 완공함.

효종 8년 9월 25일 민정중, 송준길의 상주(上奏: 아룀)로 훼철.

2차 건립 및 훼철

숙종 3년 5월 21일 허목의 상주로 다시 세움.

숙종 4년 11월 4일 전라도 유생의 상소로 임금이 사우에 사액(賜額: 임금이 사원에 이름을 지어 편액, 즉 그림이나 글씨를 쓴 액자를 내림)을 허락함

숙종 6년 전라감사 임규의 서장에 따라 사원을 헐도록 하다.

3차 건립 및 훼철

숙종 15년 전라도 나두하(羅斗夏) 등 유생의 상소로 사우 중건을 허가함.

숙종 28년 시강관 이만성의 상주로 서원을 철거함.

4차 건립 및 훼철

영조 28년에 4차 복설했다가 38년에 다시 훼철함.

5차 복설

정조 13년 4월에 복설하여 제동서원, 혹은 제동사(濟洞祠)라 하였다.

그 후 고종 대에 들어와서 대원군의 서원 철폐령으로 다시 훼철되었다.

광복 후 1957년 윤천주 문교부 장관의 복설 허가를 받았고, 1987년 자산서원 정화추진위원회가 발족하였다.

『우득록』각판 지방 유형문화재 146호로 지정되어, 현재 유물관이 완성, 제향을 거행하고 있다.[482]

다음에서 그동안 정개청 사우의 건립, 훼철과 중건을 거듭하면서, 당인들이 내놓았던 넋두리를 들어 보겠다.

송준길(宋浚吉)의 상소

찬선(贊善: 세자시강원의 정3품직) 송준길이 경연에서 아뢰기를,

"정개청은 본디 무안의 관속(官屬: 관에 속한 종)이었는데 옛 정승 박순이 그 재주를 아껴 관안(官案)에서 빼내 그의 집에 데려다 놓고 가르쳤습니다. 그 뒤 박순이 파직당해 고향으로 돌아가자 정개청이 정여립에게 빌붙어 거꾸로 박순을 배척하였습니다.

김장생이 그 말을 듣고 긴가민가하여 어느 날 개청에게 묻기를 '그대가 박순을 아는가.' 하니 정개청이, '그 집에 많은 서책이 구비되어 있었기 때문에 왕래하여 보았습니다.'라고 하여 김장생이 그를 야박하게 여겼습니다.

정개청이 정여립의 옥사에 관련되어 문서를 수색해 찾을 때 그가 지은 배절의론(排節義論)을 찾아냈습니다. 선조께서 이를 보시고 깜짝 놀라 형추하여 멀리 귀양 보냈습니다." 하였다.

임금이 이르기를,

"그렇다면 당초에 왜 서원을 세워 제사를 지냈단 말인가." 하니 송준길이,

---

482) 위의 글에서 인용.

"일찍이 혼조(광해군 대)에서 그의 외손자와 이이첨, 한찬남 무리가 상의해서 세웠습니다." 하여 임금이 대신들에게 의논하여 모두 헐어 버리라고 명한 것이다.[483]

그 후 숙종 1년에 장령 김해일(金海一)이 아뢰기를,

"송준길이 헛된 말을 날조하여 죄안에 억지로 더하여서 사당을 헐어 버렸습니다. 능주 목사 이세익(李世翊)이 함평 현감으로 있었을 적에 송준길의 뜻을 받아, 정개청의 사우를 헐고 위판을 불태웠습니다. 이세익을 파직하소서." 하니 왕이 이를 윤허하였다.[484]

송준길의 소(疏)에 대하여 효종 9년 공조참의 윤선도(尹善道)가 상소하였는데 그 대략은 다음과 같다. (정개청의 억울함을 변명하는 대목만 간단히 발췌하였음)

"신의 어리석은 소견으로는 정개청의 일은 국시(國是)에 관계되는 바가 적지 아니하므로 밝게 변명하지 않을 수 없습니다.

정개청은 열성(列聖: 대대의 임금)의 배양한 바로서 훈도(薰陶: 덕으로 사람을 감화함)를 받고 열성의 맑은 덕화를 입었습니다. 그는 초야에서 일어나 독실히 배우고 힘써 실행하였으므로 견식이 투철하고 학업이 깊어서 세상의 추존을 받으니, 한갓 사림(士林)의 스승일 뿐 아니라 이름난 대신이 천거하였고 임금의 부르심이 한두 번이 아니었으니 결코 범상한 인물이 아니었습니다.

평범한 사람이라도 죄 없이 악한 이름을 덮어씌우면 족히 하늘을 움직이는 것인데 하물며 지극한 행실을 몸에 지니고 있으며 우리 도(전라도)에서 소중히 여기는 사람으로서 지하에서 겨우 원한

---

483) 효종실록 19권, 효종 8년 9월 25일 3번째 기사.
484) 숙종실록 4권, 숙종 1년 6월 2일 2번째 기사. 『연려실기술 3』, p.512.

이 씻어지자 뒷세상의 모함이 더욱 혹독하니, 밝은 세상에 있을 수 있는 일입니까.

정개청은 그의 6대조가 고려 말에 나주로 귀양 와서 역사(役事)를 했는데, 지금의 향리(鄕吏: 아전)에 해당됩니다. 그의 집안이 한미(寒微)하다면 몰라도 관속(官屬)이라고 하면 원통합니다. 관속은 관노(官奴), 즉 종을 말하며 종과 아전은 그 등급이 하늘과 땅 같습니다.

송준길이 등대하여 정개청은 무안 관속이라 했으니 이는 거짓으로 속였을 뿐 아니라 군자의 말씨가 아닌 듯합니다.

송준길과 아주 친밀한 이단상(李端相)도 '향리의 손자'라 하였는데 서로의 말이 틀리니 그들이 허구날조(虛構捏造: 거짓 꾸밈)를 일삼은 것을 가히 알 수 있습니다.

정개청은 박순의 문하생이 아닙니다.

박순은 계미생(1523년)이고, 정개청은 기축생(1529년)이니 6년 차이에 불과합니다. 박순은 늘 벼슬하면서 서울에 살았고, 정개청은 시골에 살았으니 개청이 설사 그로부터 배우고자 했어도 가능하지 않는 일이었습니다.

정개청의 편지에는 항상 '정개청'이나 '후생 정개청'이라고 썼을 뿐 '문하생'이라고 쓴 데는 전혀 없었습니다.

송준길은 김장생의 말을 외우면서(박순이 물러나자 오히려 그를 공격했다. 서적이 많아 출입했다는 등), 정개청에게 스승을 배반했다는 죄를 덮어씌우려고 억지로 사제 간(師弟間)이란 말을 조작한 것이 분명합니다.

박순의 추천으로 나주(羅州) 훈도가 되었다는 말도 거짓말입니다

(사실은 나주 목사 유몽정이 임금께 소를 올려 나주 훈도가 되었음).

정개청과 박순의 교분은 끝까지 나빠지지 않았습니다.

학문상의 문답이나 시(詩)로 주고받은 것이 모두 정개청의 사고 (私稿: 원고) 가운데 있는데, 그가 박순을 배반하고 그를 공격하는 편에 붙었다는 말은 거짓입니다. 정여립과는 교정청의 공석(公席) 에서 10여 일 동안 같이 교정하다가 산림(山林: 고향)으로 돌아갔 습니다.

'배절의론'에 관하여 정철이 위관(委官)으로 있으면서 아뢰기를,

'정개청이 배절의론을 지어서 세상 인심을 혼란케 하였으니 그 사특한 의논이 말할 수 없습니다.'고 하였습니다."485) 하였다.

오상옥(吳相玉)과 허목(許穆)의 상소

전라도 유생 오상옥 등이 상소하기를,

"정개청은 학문이 이황(李滉)의 다음인데 정철이 무근한 사실을 날조함으로써 먼 변경에 귀양 가서 죽었습니다. 독철(毒澈: 정철을 말함)이 이미 죽자 송준길이 뒤를 이어서 사우(祠宇: 사당)를 헐고 위판을 불태우며 방자하게 제 마음대로 하여 거리낌이 없었습니 다." 하였다.

임금이 답하기를,

"송준길이 어진 이를 투기하고 능한 이를 미워하여 망령(亡靈)을 안치할 땅을 없애어 향화(香火)를 잇지 못하게 하였으니 인심이 개 탄함은 까닭이 있다. 여러 대신에게 물은 뒤에 참작하여 결단할 것이다."486) 하였다.

---

485) 『연려실기술 3』, pp.515 - 521.

그 후 허목이 아뢰기를,

"정개청은 학문이 순수하고 정대(正大)하여 사림의 본보기가 되었습니다.

일찍이 정철의 정상과 태도를 말했다가 정철에게 거슬림을 받아, 형벌을 받고 멀리 귀양 가 죽었습니다. 그 뒤에 호남의 많은 선비들이 원통함을 호소하여 관작을 복구하게 되고 사당을 세웠습니다.

송준길이 '정철을 조술(祖述: 선인의 설을 본받아 서술하여 밝힘)한 사람이라'고 속여 사당을 철거해 버리므로 사람들이 모두 분개하였습니다. 다시 세우기를 청하오니 윤허하소서."[487] 하니 왕이 다시 세우라고 윤허하였다.

김덕원(金德遠), 이시만(李蓍晚)의 상소

전라도 유생 나두하가 상소를 올려 정개청의 사우를 중건할 것을 청하니 임금이 해당 조(曹)에 명하여 의논하게 하였다. 김덕원이 아뢰기를,

"정개청은 한미한 데서 일어나 대유(大儒)가 된 사람으로 인품이 뛰어나고 학술이 순정합니다.

그의 『우득록』을 보면 이러한 사실을 알 수 있습니다.

기축년 옥사 때 저술한 글 한 편 때문에 정철에게 무함당하여 죽었습니다.

호남의 선비들이 모두들 이를 원통히 여겨 그의 학문이 쇠하지 않았음을 읊조리고 있습니다. 그런데 그의 사우를 세웠다가 곧바로

---

486) 숙종실록 5권, 숙종 2년 4월 12일 2번째 기사.
487) 숙종실록 6권, 숙종 3년 5월 21일 1번째 기사.

헐었기 때문에 공의(公議)가 울분하고 있습니다. 윤허하소서." 하고

이시만(李蓍晩)이 아뢰기를,

"그가 저술한 글은 '절의론'인데, 그를 미워하는 사람들이 배(排) 자 하나를 써넣어 죄를 준 것입니다." 하니 임금이 사우를 회복시킬 것을 허락하였다.[488]

이만성(李晩成)의 상소

주강에서 시강관 이만성이 아뢰기를,

"무안 현에 정개청의 서원이 있는데, 훼철하였다가 개축한 것이 두세 번에 이르렀습니다. 인조 때에 김장생이 소를 올려 정개청을 향사(享祀)함이 부당하다고 진달(進達: 말, 편지 등을 받아서 왕께 올림)하였으나 실현되지 않았습니다. 효종 때 상신 민중정과 찬선 송준길이 정개청의 반복, 사망(詐妄: 그릇되고 망령됨)한 정상을 상세히 진달하니 훼철을 명하셨습니다.

그 후 숙종 4년 윤휴, 허적 등이 거짓으로 속여 상달해서 또 고쳐지었는데 숙종 6년 경신환국 후에 훼철되었습니다. 숙종 15년 무렵에 김덕원이 또 중건하기를 청하였으나 정개청을 위해 변명하는 말이 없고 다만 일찍이 정철이 무함하여 화를 당하였다는 등의 말로 함부로 두둔하였습니다.

이시만에 이르러서는 정개청이 지은 '배절의론'에 '배(排) 자가 없다고까지 말하였습니다. 그렇다면 선조조에 왜 '반절의론'을 지으라고 명하였겠습니까. 속히 철거케 하소서." 하니 왕이

"유신(儒臣)의 진달한 바가 참으로 그렇다면 이에 따라 거행하

---

488) 숙종실록 20권, 숙종 15년 4월 13일 2번째 기사.

라."[489) 하였다.

아무리 세상이 어둡고 꽁꽁 얼어붙었던 왕조 사회라 해도, 사람들의 생각은 모두 다르고 세월은 끊임없이 변한다. 철마다 꽃이 피고, 꽃마다 그 크기나 향기, 색깔, 열매가 모두 다르듯이 사람들의 사는 모습도 달라야 한다.

세상을 착한 눈으로 보면 내 이웃들도 모두 착해 보이고 하늘과 땅이 온통 밝고 맑아 보일 것이다.

민족의 비운(悲運)일까. 아니면 사람들의 소위(所爲)에 불과한 것일까.

선조 이래 열성(列聖)의 왕조를 호령해 오던 세력들은 줄곧 '배반자(스승을 배반한 자, 역적과 친한 자, 절의를 배반한 자 등)'의 담론(談論: 논담, 의론)으로 그들의 자리를 철밥통처럼 지키고자 했다.

물론 사람들은 자신의 기득권을 끝까지 지키고 싶어 한다. 그들의 이러한 집념과 아집, 편견, 독선이 얼마나 무서운 파괴력을 가지고 인간 사회에 참화(慘禍)를 불러일으키고 있는지를 모르는 사람은 없다. 다만 그 당연한 이치를 실행(實行)하지 못하고 있는 것이 병폐(病弊)일 따름이다.

당시 배절의(排節義) 논의도 같은 맥락에서 이해할 수 있다.

곤재는 절의나 청담도 중요하지만 그 실행을 강조하였다. 그 반대편에 있는 사람들은 당위적 규범에 초점을 두어 자신들의 입지를 합리화하고, (절의나 청담의) 실행을 강조하는 것은 그 부작용을 구실로 절의 자체를 부정하는 것이라고 공격하였다.

---

489) 숙종실록 36권, 숙종 28년 5월 26일 1번째 기사.

그들의 이러한 부정적인 '배반자'의 담론이 결국 호남인들을 희생시키고 호남지역을 황폐화하여 오늘의 '지역소외'를 가져온 실마리가 되었음을 그 누가 부정할 수 있을 것인가.

*유몽정(柳夢井)

유몽정은 호남 사람이다.[490]

그의 아버지, 할아버지 때부터 나주(羅州)에 생활 근거지가 있었지만, 자신은 서울에서 살았다.

유몽정의 형 유몽익(柳夢翼)의 증손인 유상운(柳尙運: 1636 – 1707)은 숙종 때 영의정을 지냈고, 유상운의 아들 유봉휘(柳鳳輝: 1659 – 1727)도 영조 때 좌의정을 지냈다. 유몽정은 나주의 정개청과 가장 인연이 깊었고 그의 손녀 하나가 나사침의 5남 나덕신의 처(妻)가 되었다.[491]

정개청이 제자들을 거느리고 대안학사(大安學舍)에서 향음주례(鄕飮酒禮)를 거행하였다. 나주 목사 유몽정이 가서 보고 탄복하기를,

"삼대(三代: 요, 순, 우의 삼대)의 예(禮)가 여기에 있구나." 하고 그를 고을 훈도에 천거하였다.[492]

『괘일록』에는 그에 관하여 다음과 같은 글이 있다. 즉

"고창에 오희길(吳希吉)이란 선비가 있었다.

그는 정여립과는 별로 정분이 없었는데 그(정여립)에게 편지를 내어 책망하기를, '선생(정여립)이 성혼, 이이 두 선생을 배반하고 유몽정과 교유하는 것은 무슨 생각이요, 성혼, 이이는 오늘의 정자,

---

490) 선수 24권, 선조 23년 6월 1일 5번째 기사. 괘일록, 이희권, p.144.

491) 송준호, 앞의 책, p.345.

492) 미수기언, 『연려실기술 3』 p.488.

주자이고, 유몽정은 선인(善人)에 불과하오.' 하였다.

그 편지가 정여립의 문서 중에 있었으므로 선조가 오희길을 불러 특별히 참봉직을 내렸다. 그리고 전교하기를,

'유몽정이 적(정여립)과 서로 친한데 어망에서 빠져나간 고기가 되어 꽃 피는 아침과 달 밝은 저녁에 구애받지 않고 편안히 시가(詩歌)를 읊조리고 있으니 지극히 놀라울 일이다.' 하였다.

유몽정이 잡혀와 두 차례의 형을 받고 죽으니 그의 자손들이 원통해 하였다. 뒤에 자손 중에 과거에 합격하는 경사가 있었으나 잔치를 베풀지 아니하니 슬픔이 갑절이나 더하였다.

오희길은 그 뒤 곤장을 맞고 유배되었는데, 그가 죄를 입은 것은 좌랑 김자한이 허균과 역모에 동참했다고 (오희길이) 무고한 때문이다."493)

『선조수정실록』은 유몽정의 죽음에 관하여 다음과 같이 썼다. 즉 "유몽정이 처음 체포되어 올 때 그의 아들과 조카로 하여금 정철에게 청탁하게 하였다. 정철이 말하기를,

'만일 역적(정여립)과 서로 모른다고 하면 구원할 수 있지만, 서로 안다고 하면 아래에서 감히 구원할 수 없으니 이것이 난처하다.' 하였다.

유몽정이 공초하면서 정여립과는 서로 모르는 사이라고 변명했으나 또한 서로 안 실상이 있었기 때문에 (죽음을) 면하지 못하였다."494) 하였다.

그 후 광해 기유년(광해 1년) 겨울에 호남 진사 김우성, 나덕윤,

---

493) 괘일록, 이희권, pp.144-145.
494) 선수 24권, 선조 23년 6월 1일 5번째 기사.

전 참봉 최홍우 등이 소(疏)를 올리기를,

"유몽정은 맑고 곧은 사람으로 역적(정여립)과 잠시 안면만 있을 뿐 절대로 친한 사이는 아닙니다. 일찍이 그가 정인홍과 같이 언관(言官)으로 있을 때, 정철이 심의겸과 한 당이 된 죄를 탄핵하다가 권간(정철)에게 미움을 받았습니다.

역옥(逆獄: 기축옥)이 일어나자 전하께서 유몽정을 자기 집에 보내라(석방하라)는 명을 내렸으나, 정철이 그를 잡아다가 국문하기를 강청하였습니다.

한 차례의 형을 가한 뒤 전하께서 또 형을 정지하라고 명하였는데도, 정철은 비밀히 더 고문하기를 청하여 하루 동안에 국문을 두 번이나 해서 죽이기에 이르렀습니다."[495] 하였다.

그 후 정철의 아들 정종명과 정홍명은 그들 아버지의 관작 복구를 요구하는 상소에서 유몽정의 죄를 하나 더 추가하였다. 즉

"유몽정은 전에 고부(古阜)에서 수령을 지낼 때에 곡식을 역적에게 주고 재사(齋舍)를 만들게 하여, 언관이 논계하여 형신을 받게 하였습니다."[496] 하였다.

말하자면 그에게 죄의 혐의를 추가하여 그는 당연한 형을 받고 죽었다고 하였다. 하지만 (정철이) 임금의 명을 거부하고 계속 (유몽정에게) 혹독한 형벌을 가하다가 죽게 된 과정에 대한 일은 전혀 언급하지 않았다.

대개 호남의 5신들은 위관으로부터 혹독한 매를 맞고 죽은 것이

---

495) 『연려실기술 3』, p.510.
496) 광해 23권, 광해군 1년 12월 23일 4번째, 기사. 인조실록 6권, 인조 2년 5월 29일 4번째 기사.

특징이었다.

수우당 최영경(崔永慶: 1529 – 1590)

기축옥사의 거친 바람은 호남을 넘어 경상도 진주에까지 미쳤다. 그곳에서 효도하고 우애하며 학(鶴)처럼 높고 밝게 은거하고 살던 한 선비의 가정을 순식간에 망가뜨렸다. 그의 이름은 최영경, 하지만 길삼봉이라는 해괴한 이름 석 자가 나와, 그들 형제의 생명을 앗아갔다.

그의 출신배경과 하옥(下獄), 죽음, 신원(伸寃: 원통한 일을 풀어줌) 과정을 둘러싼 당시 벼슬아치들의 만화(漫畵) 같은 이야기를 나누어 보자.

1) 출신배경

최영경은 자는 효원(孝元)이고, 호는 수우(守愚)이며 본관은 화순이다. 벼슬이 지평, 사축(司畜寺 司畜, 종6품 벼슬)에 이르렀다.

남명 조식(曺植: 1501 – 1572, 퇴계와 쌍벽을 이룬 성리학자)의 문인이다.

최영경은 처음에 서울에 살았는데 문을 닫고 자취를 숨겼으므로 그를 아는 자가 없었다.[497] 그는 효성이 지극하여, 아버지(『선조수정실록』에서는 어머니라 했음[498]) 상(喪)을 당하자 애통함이 지나쳐, 거의 살아나지 못할 지경에 이르렀다. 3년 동안 묘 앞에서 여막을 짓고 살면서, 아침저녁으로 식사를 올릴 때 어육(魚肉)을 잊

---

497) 선수 7권, 선조 6년 5월 1일 3번째 기사.
498) 위의 기사.

지 아니하였다.

한번은 큰 비가 와서 냇물이 넘쳤으므로 시장에 갈 수가 없어 울고 있었는데, 호랑이가 산돼지를 잡아다가 상석 위에 놓고 간 일이 있었다. 그의 정성스런 효도가 호랑이를 감동시킨 것이다.[499]

그는 옷 한 벌 온전한 것이 없어 출입할 때는 남의 것을 빌려 입는 형편이었지만 조금도 걱정하지 않았다. 진주(晉州)에는 한 이랑의 밭도 없었으나 아우 최여경(崔餘慶)이 진주로 장가들었으므로 아우의 집에서 같이 의지하고 살았다. 그럼에도 그의 기상은 천길 높이의 바위 벽 같았고, 가을 서리와 따가운 햇살 같았다. 바라보면 신선 같아서 그 기상과 풍채는 남명 조식과 서로 견줄 만하였다.

그의 마음은 항상 편안하여 마치 즐거운 일이라도 있는 듯 처신하였으며, 의롭지 않는 일이면 털끝만한 일도 취하지 않았다. 비록 오래 사귄 친구라 할지라도 감히 그에게 자그마한 일도 베풀지 못했다. 도량이 매우 컸으나 소인들을 대접하는 데에는 아주 엄하였으므로 이 때문에 화를 당하였다.[500]

그는 남과 교제하기를 일삼지 아니하니 그를 아는 자가 별로 없었고 그 마을 사람들이 모두 그를, '고집쟁이 선비'라고 하였다.

사인(士人: 벼슬하지 않은 선비) 안민학(安敏學)이 처음으로 방문하였다가 그 말을 듣고 (그 성품의) 특이한 점이 있음을 알았다. 그가 성혼에게 말하기를, "우리 마을에 이인(異人: 재주가 신통하고 비범한 사람)이 있으나 모르고 있다가 지금에야 서로 알았으니

---

499) 수우행장, 『연려실기술 3』, p.477.
500) 괘일록, 이희권, 앞의 책, p.135.

가서 보지 않겠소." 하였다.

성혼이 그를 찾아가 문을 두드리니 한참 만에 작은 여종이 나와 맞았는데 뜰에 풀이 가득하였다(『괘일록』에는 '향기로운 화초들이 정원에 가득하였으며 그의 아들이 나왔다.'고 하였다.[501]).

조금 뒤에 최영경이 베옷에 떨어진 신을 신고 나왔다.

성혼이 율곡(『석담일기』에서는 백인걸이라 했다)에게 말하기를,

"비록 그의 차림은 궁색했지만 얼굴은 엄중하여 남이 범할 수 없는 기상이 있었다. 그와 더불어 대화하는 동안 기왓장과 조약돌을 삼킨 듯 갑갑하였던 가슴이 확 트여서 돌아올 때는 맑은 바람이 옷소매에 가득하였다."[502]고 하였다. 그 말이 공경(公卿: 높은 벼슬아치의 총칭)들 사이에 전파되자 그로 인하여 유명해졌다.[503]

정철이 안민학을 시켜 (최영경을) 만나 보기를 청하였으나 거절 당하여 심히 유감으로 생각하였다.

2) 관직생활

조정에서 최영경을 추천하여 6품직에 임용하였고, 잇따라 형조와 호조의 낭관, 사헌부 지평, 장령을 제수하였으나 모두 응하지 않았다. 또 사축(司畜)을 제수하였으나 대대로 집안 자제들이 대궐 밖에 살고 있어 출, 퇴근이 어렵다는 이유로 그 은혜에 사례하고 곧장 진주에 있는 동생의 집으로 돌아갔다.

집 앞에 연못이 있는데, 동생이 쟁반 크기만 한 물고기를 그물로 잡았다.

---

501) 위의 책, p.134.
502) 위의 책, p.134. 석담일기, 『연려실기술 3』. p.479.
503) 선수 7권, 선조 6년 5월 1일 3번째 기사.

최영경이 차마 이를 먹지 못하였다. 여러 해가 지난 후에 사람들이 그 까닭을 묻자, 그가 대답하기를,

"집안이 가난하여 맛있는 음식으로 어머니를 봉양하지 못한 일이 마음에 걸려 먹을 수가 없었다."고 하였다. 그의 효도와 정성은 하늘에서 낸 것이다.

그가 옛 역사 서적을 보다가 선현(先賢)들이 천명(天命)을 다하지 못하고 횡사(橫死)한 일을 보면, 책을 덮고 눈물을 흘렸다.

혹 충신이나 의사(義士)의 사당을 지나게 되면 이들을 찬미하느라 길을 떠나지 못하였다.504)

3) 두 차례의 하옥과 옥사

첫 번째 하옥

전 지평 최영경이 하옥되었다.

『선조수정실록』에 자세한 기록이 있다. 그 대강은 다음과 같다.505)

정여립의 난이 일어난 초기에 적(賊: 역적)의 무리가, '길삼봉(吉三峯)은 상장(上將), 정팔룡(정여립)은 차장(次將)이라'고 했다.

국청에서 길삼봉의 행방을 심문하여 용의자를 많이 체포하였으나 다들 신원이 증명되어 석방되었다.

그때, 적의 무리 이기(李箕), 이광수(李光秀) 등(이들은 정여립이 자결한 날 정여립과 역모를 모의했다 하여 치형되었다)이 말하기를,

"전주 정여립의 집에 가면 삼봉(三峯)이란 자가 있는데 나이는

---

504) 괘일록, 이희권, 앞의 책, pp.135 - 136.
505) 선수 24권, 선조 23년 6월 1일 1번째 기사.

60세쯤 되었고 낯빛은 검으며 몸은 비대하다." 하였다.

혹자는 말하기를,

"삼봉은 나이는 30세쯤이고 키는 크고 얼굴은 파리하다." 하였고,

혹자는 말하기를,

"삼봉의 나이는 50세쯤이고 수염이 배에까지 늘어졌고 낯빛이 검고 키는 크며 말할 때마다 기침을 한다." 하였고,

그 뒤 적의 무리 김세겸(金世謙: 해서의 이기, 이광수 등과 함께 자복하고 장살되었다)이 말하기를,

"길삼봉은 상장이 아니고 졸병이다. 진주에 살고 30세쯤 되며 하루 300리를 달린다." 하였고,

한 역적은 말하기를,

"삼봉은 본디 나주의 양반 집안이다." 하였고,

박문장(朴文章)이란 자가 있어 말하기를,

"삼봉은 길 씨가 아니라 최 씨인데 진주의 사노(私奴)이다." 하였다.

혹자는 말하기를,

"1년 전에 한 선비가 전주의 만장동을 지나갔다. 그곳에서 활쏘기 모임이 있었는데, 최영경이 수석(首席)에 앉고 정여립이 차석에 앉아 있었다." 하였다.

이토록 뜬소문을 떠들썩하게 해놓고, 여러 역적들의 공초 중 최영경의 모습과 근사한 것들을 모아 엮어, '길삼봉이 필시 최영경일 것이다.'고 하였다. 이는 호남 사람 양천경(梁千頃)이 지적한 것으로 최영경을 해치려는 음모였다.

양사(兩司: 사헌부, 사간원)가 아뢰기를,

"최영경이 정여립의 친구라 하면서 멀리서 조정의 권세를 잡고 있다"고 논하여 그의 삭탈관직을 청하였다. 뒤에 대관(臺官)의 자리에서 발론하는 자가 있자, 황신(黃愼)이 만류하였고 사간 유근(柳根)도 그렇다고 하여 의논이 중지되었다.

이때에 이르러 금구의 유생 김극관(金克寬: 정여립의 처족으로 그와 사이가 좋지 않음)이 '길삼봉이 최영경'이라는 말을 제원찰방(濟源察訪) 조기(趙璣, 『노서집』에서는 조응기(趙應璣)라 했다.[506]) 에게 전하고, 어사(御使) 백유함(白有咸)의 말을 증거로 들었다.

진사 양천경, 강현(姜睍: 처음 이름은 姜海임), 홍천경 등이 증인으로 거론되었다. 조기(趙璣)가 감사 홍여순(洪汝諄)에게 말하고, 홍여순이 치계 하는 한편 경상 우병사 양사영에게 공문을 보내 최영경을 체포케 하였다.

국청의 조사에서는 최영경의 호가 삼봉이란 것, 정여립이 최영경에게 편지 한 통을 준 일, 최영경의 책 속에서 나온 다음 시(詩)가 문제가 되었다.

> 우계(牛溪, 성혼의 호)에서 하루 밤에 범이 바람을 일으키니,
> 선리(仙李 : 오얏나무)의 뿌리가 머리 기른 중에게 흔들리네.

최영경이 공초(供招: 범죄 사실을 진술함)하기를,

"삼봉이란 본디 저의 별호가 아닙니다. 서울에 있을 때, 역적(정여립)과 지면 관계가 있었지만 어느 해 이후로는 서찰도 통하지 않았습니다. 서찰을 주고받은 세월을 기억하지 못했습니다. 신은

---

506) 『연려실기술 3』, p.456.

본디 시(詩)를 모릅니다. 벗 이노(李魯)가 이 시를 말해 주기에 종이에 써놓았다가 우연히 상자 속에 두었던 것입니다." 하였다.

정철이 최영경을 변호하였다.

"이 시(詩)는 신도 일찍이 들었습니다. 그가(최영경이) 시(詩)를 못 짓는다는 것은 사람들이 다 압니다. 전혀 (역적의) 단서가 없습니다.

그가 평소 기절을 숭상하고 효우로 세상에 이름이 났으며 영남의 사론(士論)을 존중한다 하니 역모를 꾸몄을 이가 없습니다."고 하여 임금이 그를 석방하였다.

이상 『선조수정실록』에 나오는 내용이다.

옥중생활에 관한 기사

최영경이 국청으로 잡혀 들어오는데 그 풍채가 마치 하늘에서 학(鶴)이 내려오는 듯하여 옥리들도 놀라면서 감탄하였다.

이항복(李恒福)이 추관(推官)을 보고 말하기를,

"오늘날 이 노인을 못 보았다면 일생을 헛지낼 뻔하였다." 하니

정철이 미소 지으면서 손에 든 부채로 자기 목을 겨누면서,

"이놈이 내 머리를 이렇게 찍어 죽이려 하였다오." 하였다.

심수경이 문득 말리며, "대감이 어찌 이런 말을 내시오." 하였다.

정철이 또 말하기를,

"저러한 얼굴로 죽림(竹林) 속에 드러누워 세상을 조롱하고 있으면 헛된 이름을 얻을 만도 하다."507) 하였다.

이항복이 일찍이 말하기를,

---

507) 괘일록, 『연려실기술 3』, p.481 서애 유성룡이 지은 수우전과 비슷한 말이다. 다만 유성룡 대신 이항복의 이름이 들어갔다.

"기축옥사를 다스릴 때에 여러 사람의 공술하는 모양을 보니 모두가 황급하여 정신을 차리지 못하였다. 최영경은 고문을 받는 중에도 마치 자기 집 방 가운데 앉아 있는 것처럼 말의 조리가 하나도 흔들리지 않았다. 그 기백이 다른 사람과 매우 다른 점이 있었다."[508]고 하였다.

최영경은 옥중에 있을 때에도 반드시 대궐 쪽을 향하였다. 그 집종이 한 사람 잡혀 와서 같이 있었다. 어떤 사람이 권하기를,

"종놈이 만약 말을 잘못하면 그 화가 클 것이니 미리 말하는 요령을 가르쳐 주는 것이 좋지 않을까." 하였더니,

최영경이 말하기를,

"그 사람 자신이 잘할 것이지, 내가 어찌 간여할 것인가." 하고 끝내 가까이 만나지도 않았다.

위관들이 그 종으로부터 허위 자백을 받아 그(최영경)를 해치려고 혹독히 고문하였으나 종은 끝내 착란한 말을 한마디도 하지 않았다.

위관들은 또 정여립의 종을 국문하면서,

"최삼봉이란 사람이 너희 집에 왕래하는 것을 보았느냐."고 묻자 그 종이 말하기를, "보았는데 머리털이 반은 희었습니다." 하였다.

위관들은 최영경에게 세 번이나 옷을 바꿔 입게 하고 여러 죄수 속에 섞어 앉혔다. 하지만 그 속에서도 그 종은 끝내 최삼봉을 찾아내지 못하였다.

그 후 왕의 특명으로 최영경이 풀려났다. 그가 남의 집에 들어 있었는데 성혼(成渾)이 그 아들 성문준을 시켜 쌀을 갖다 주었다.

---

508) 석실어록, 백사, 청음문답, 『연려실기술 3』, p.481.

성문준이 묻기를,

"이것으로 고향에 돌아갈 차비에 쓰십시오. 그런데 무엇 때문에 사람들에게 미움을 그렇게 받아서 이 지경을 당하셨습니까." 하니, 최영경이,

"그대 아버지(성혼)에게 미움을 받아서 그렇다." 하였다.

다음날 사헌부에서 다시 국문하기를 청하자, 위관이 옥졸을 시켜 끌고 가 온갖 모욕을 다 주었다.[509]

재투옥

『선조수정실록』을 보면 그 내용은 다음과 같다.

"간원이 아뢰기를,

'최영경이 정여립과 편지를 통한 사실을 숨기고 사실대로 공초하지 않았고 또 상종했다는 소문이 있으니 온전히 석방하는 것은 불가합니다.' 하였다.

임금이 하문하기를,

'최영경이 역적과 상종했다는 소문이 어디에서 발설된 것인가?' 하니

정언 구성(具宬)은 감사 김수(金睟)가 경상도사(慶尙都事) 허흔(許昕)에게 한 말을 들었다고 하였다. 김수는 밀양교수 강경서(姜景瑞)로부터 들었고 그는 진주판관 홍정서(洪廷瑞)를 끌어댔다.

옥사가 만연되어 최영경은 오래도록 갇혀 있게 되었고 마침 그 아우 최연경이 심문받다가 죽자 이를 애석히 여겨 질병이 생겼다.[510]

---

509) 수우당행장, 『연려실기술 3』, pp.481 - 482.
510) 선수 24권, 선조 23년 6월 1일 1번째 기사.

최영경이 옥에 있을 때 홍정서는 그 말이 진주의 품관(品官: 품 계를 가진 관리) 정홍조(鄭弘祚)에게서 나왔다고 하였다.

정홍조는 잡혀올 때 공초를 받았으나 승복하지 않았고 또 형문 (刑問: 형장으로 죄인을 때리며 신문함)하였으나 승복하지 않았다. 이윽고 최영경이 병이 심하여 죽었다."[511]고 하였다.

정홍조의 말에 관하여, 『괘일록』에서는 다음과 같이 기록하고 있다.

"국청에서 홍정서를 잡아들여 (정홍조와) 대질할 것을 청하였다.

홍정서가 몹시 당황하여 어찌할 바를 모르고 감관 정홍조에게 이 르기를,

'이 말(최영경이 정여립을 만났다는)은 내가 너로부터 들은 것이 니 숨기지 말라.' 하였다. 정홍조가 크게 놀라 하는 말이,

'성주(城主: 홍정서)께서는 어찌 내가 꿈에도 알지 못하는 말을 나에게서 들은 말이라 하십니까. 이는 하늘이 망할 때이니 내 어 찌하면 좋은가.' 하고,

옥에 나아가 자백하기를,

'내가 사는 곳은 최영경의 집으로부터 60리 거리입니다. 비록 이 런 일(최영경이 정여립을 만난 일)이 있다고 한들 내가 어떻게 알 겠습니까. 최영경이 문을 닫고 밖에 나가지 아니하므로 이웃 사람 들도 그의 동정을 모르는데 하물며 먼 곳에 사는 내가 어떻게 알 겠습니까.

판관(홍정서)이 근거 없는 말을 남겨 놓고 나로서 증거를 대려고 하지만, 아무리 예의가 없는 사람이라 해도, 어찌 감히 어진 이를

511) 선수 24권, 선조 23년 6월 1일 4번째 기사.

불측한 지경에 빠뜨리겠습니까. 차라리 죽어서 의로운 귀신이 될지 언정, 살아서 의롭지 못한 사람이 되고 싶지 않습니다.' 하였다.

정홍조가 두 차례의 형을 받고 풀려나오니 홍정서가 반좌율(半坐律: 무고죄)에 처할까 두려워 최영경에게 독주를 먹여 죽였다. 최영경이 평소 병이 많아 식음을 전폐하고 소주 한두 잔만 마셨는데 그 속에 독극물을 넣어 들여보낸 것이다. 홍정서는 결국 죄를 면할 수 있게 되었다."⁵¹²⁾ 하였다.

처음 최영경이 진주의 옥에 갇히자 거의 천여 명의 선비들이 옥문 밖에 모여들었다. 최영경이 옥을 닫고 (이들의 요구를) 받아들이지 아니하여 이들은 밖에서 노숙하면서 수일 동안 흩어지지 아니하였다.

어떤 이가 묻기를,

"선생이 옥중에서 여러 달 있으면서 털끝만치라도 그 뜻에 흔들림이 있었던가." 하니 답하기를, "나는 죽고 사는 것은 잊은 지가 벌써 30년이다."고 하였다.

한편 『선조실록』은 다음과 같이 기록하였다.

"간원이 최영경의 삭탈관직을 아뢰자, 임금이 반대하다가 뒤에 다시 윤허하였다. 최영경을 잡아다가 공초를 받을 때,

최영경: '간악한 무리가 이렇게 죄를 얽어 모함하였다.' 하자,

정철: '간악한 무리라니 누구를 지칭하는 것인가.' 하였다.

최영경: '바로 그대 같은 무리들을 말한다.' 하니,

정철은 즉시 자리를 피해 방안으로 들어가면서, '욕먹었다. 욕먹었어.'라 하였고, 추관(推官)들은 모두 질려서 얼굴빛을 잃었다."⁵¹³⁾

512) 괘일록, 이희권, 앞의 책, pp.158 - 160.

고 하였다.

최영경의 옥사

최영경이 옥중에서 병이 들자, 위관이 의원을 보내어 진찰하게 하였다.

최영경은 팔을 천천히 오그리면서,

"이 병은 위관의 힘으로는 다스리지 못한다." 하고 치료를 거부 하였다.

일찍이 최영경은 비록 오랫동안 옥에 있었으나 항상 단정히 꿇어 앉아 기대는 일이 없었다. 기색이 평일처럼 양양하던 그가 밥을 먹고 난 후에 갑자기 신기가 나빠져서 같이 갇혀 있던 박사길(朴士吉)의 무릎을 베고 웃으니 곁에 있던 사람들이 모두 놀랐다.

이에 가족(혹은 제자들이라 함)이 와서 병세를 시험하려고 글씨를 한 자 써 달라고 하였다. 최영경이 조용히 일어나 정(正)자를 크게 썼는데 글자 획이 비뚤어졌다. 박사길을 돌아보며 "공은 이 글자를 아는가." 하고 조금 있다가 죽었다. 그날은 9월 8일이었다.[514]

이황종(李黃鍾)은 최영경을 지성으로 섬겼다. 그가 잡혀간 뒤에는 밤마다 목욕하고 하늘에 빌며 그의 석방을 빌었다.

최영경이 누런 종이에 쓴 편지가 그의 문서 중에서 나왔다. 그것은 수년 전에 조보(朝報)를 보낼 때 같이 넣었던 것이다.

그 속에 쓰기를 '김수(金粹)가 부제학이 되고 홍성민(洪聖民)이

---

513) 선조실록 24권, 선조 23년 5월 2일 1번째 기사.
514) 수우행장, 『연려실기술 3』, p.463.

경상감사가 되었으니 세상일은 다 알 수 있다.'고 하였다. 이 때문에 정철에게 미움을 받아서 마침내 죽었다.[515]

4) 최영경의 신원

최영경이 죽은 1년 후인 선조 24년, 부제학 김성일(金誠一)이 조강에서 최영경이 원통하게 죽은 일을 아뢰었다.

"최영경이 언젠가 '정철은 본래의 성품이 소인이다.'고 말한 일이 있었습니다. 정철이 이 일 때문에 마음에 감정을 품었다가 결국은 그를 옥중에서 병사하게 했습니다."[516]

또 양사가 아뢰기를,

"영경을 길삼봉이라고 한 말은 전혀 근거가 없습니다. 그가 평소 정철의 간사한 정상을 드러냄에 있어 조금도 가차 없이 하였기 때문에 정철의 무리가 역적의 변을 틈타 모함할 계획을 짜냈습니다.

저들은 근거 없는 말을 지어내어 먼저 대간으로 하여금 역적과 친하다는 이유를 들어 관직을 삭탈케 하였습니다. 그리고 호남에 있는 그들 당인을 시켜 최영경을 최삼봉이라고 고변하게 하여 드디어 옥사를 조작한 것입니다."[517] 하였다.

이에 무고한 사람들을 아뢴 대로 잡아왔는데, 양천경, 양천회, 강현(강해), 김극관, 김극인과 전 찰방 조응기 등이었다.

삼성교좌(三省交坐: 의정부 의금부 대관이 모여 앉아)로 국문하였다.

양천경, 양천회, 강현 등은 2차의 형신을 받고서,

---

515) 괘일록, 위의 책, p.467.
516) 선조실록 25권, 선조 24년 8월 8일 3번째 기사.
517) 선조실록 25권, 선조 24년 8월 13일 1번째 기사.

"정철의 풍지(風指: 뜻, 생각 등을 우회적으로 지시함)를 받아 최영경이 길삼봉이란 (사실 무근한) 말을 지어내어 서로 수창(酬唱: 시, 말 등을 주고받음)하였다."고 승복하였다.

무고죄로 조율(照律: 법에 따라 죄의 경중을 적용함)하여 정철을 수범(首犯: 범인 중 우두머리)으로 삼고 양천경 등은 차율(次律: 다음 가는 죄율)로 논하여 북도에 장배(杖配: 매를 쳐서 귀양 보냄)하였다.

김극관(정여립의 처족이란 자), 김극인은 양천경 등의 말을 듣고 김응기에게 말했고 김응기 등은 김극관의 말을 듣고 감사에게 신고하였는데 양천경, 양천회, 강현 등은 장독(杖毒: 매 맞고 생긴 독)으로 죽었다.[518]

최영경의 죽음에 관하여, 이를 요약해 보면 다음과 같다.

『선조수정실록』의 내용은

첫째, 길삼봉이라는 인물에 관하여, 처음에 여러 사람의 입에서 여러 모습으로 뜬소문이 돌아다녔다.

그러다가 호남 사람 양천경 등이 '길삼봉은 필시 최영경일 것이다.'고 지적하였는데, 이는 최영경을 해치려는 음모였다.

둘째, 정여립의 처족 김극관이 백유함의 말을 증거로 조기, 홍여순에게 말하여 드디어 그를 체포하였다.

이때에 진사 양천경, 강현, 홍천경 등은 단지 증인으로 거론되었음에 불과하다고 하여 앞의 말(양천경 등의 음모)과 차이가 있다.

셋째, 정철이 적극 변호하여 최영경이 풀려났다고 하였다. 하지

---

518) 선조실록 25권, 선조 24년 8월 3일 2번째 기사.

만 간원이 아뢰고 정언 구성이 김수, 허흔으로부터 들었다 하고 또 이해수, 강경희 등이 결국 진주 판관 홍정서를 끌어들여 최영경을 다시 구속시켰다. 홍정서는 품관 정홍조를 끌어들였으나 그는 끝내 승복하지 않았다. 그동안 최영경이 병으로 죽었다고 했다.

넷째, 정철에 관하여 의미 있는 구절을 추가하였다. 그 내용은 다음과 같다.

최영경이 일찍이 박순과 정철을 죽여야 한다고 주장하였기 때문에 정철이 국청에서 그의 공초를 받고 나와 그를 위해 변명을 하였다.

이어 손으로 그의 목을 그으며 말하기를,

"저 분이 늘 나를 이렇게 처결하고자 하였지만 나는 군자이니 오늘날에 있어 어찌 저 분의 불행을 마음으로 좋게 여길 수 있겠습니까." 하였다.

이 말을 듣고 유성룡이 말하기를,

"여기는 농담할 곳이 아닙니다." 하니, 다시 정철이 말하기를,

"알았습니다. 다만 뒷날 이 말로 증거를 삼으려는 것입니다." 하였다.

또 이항복과 함께 상의하여 신구(伸救: 죄 없음을 변명하여 구함)하는 차자를 기초하였다가 영경이 석방되자 올리지 않았다고 했다.

그러나 최영경의 옥사에 대하여 많은 사람들이 원통해 여기면서, 정철이 속으로는 원한을 갚으려 하면서도 겉으로는 구원한 것이라고 하였다.

이상은 『선조수정실록』의 내용이다.

정철의 진의(眞意)는 결국 최영경을 죽이려는 것이었고 다만 그가 죽었다는 말을 듣고 싶지 않았다는 뜻이다. 하지만 다음 『선조실록』을 보면 정철은 겉으로라도 그를 구원했다는 기록이 보이지 않는다. 즉

『선조실록』에서는 최영경의 죽음을 정철의 탓으로 돌렸다.

한마디로 최영경을 죽인 수범(首犯)은 정철이고 그의 풍지를 받아 '길삼봉을 최영경'이라고 무고한 자들(양천경, 강현, 양천회, 김극관 등)은 종범이다.

선조는 정철을 유배한 뒤, 곧바로 최영경에게 직첩을 돌려주고,[519] 후에 추증하였다.[520]

선조 27년 5월과 10월에, 정철의 아들 정종명과 정진명이 그 부친의 무고함을 아뢰는 상소를 올렸다.[521] 그 요점을 보면 대개 다음과 같다.

"첫째, 기축년(선조 22년) 10월, 정국(庭鞫: 대궐 안에서 죄인을 국문함)할 적에 역적 정집의 초사에서, '길삼봉이 아니고 바로 최삼봉이다.' 하였고 얼마 후 전라감사 홍여순이 서장을 올려, '최영경이 길삼봉임은 의심할 것 없다.'고 한 말이 중외에 널리 유포되어 마침내 (신의 부친 정철이) 옥사를 그만 둘 수가 없었습니다.

둘째, 최영경의 문서 가운데 사운시(四韻詩)가 있었는데 성상께서 '이는 필시 최영경의 시일 것이다.'라 하시고 최영경을 끝까지 추문하라고 명하셨습니다. 그때 최영경이 대답을 하지 못하자 신의

519) 선조실록 25권, 선조 24년 8월 11일 1번째 기사.
520) 선조실록 27권, 선조 27년 5월 4일 2번째 기사.
521) 선수 28권, 선조 27년 5월 1일 3번째 기사. 선조실록 56권, 선조 27년 10월 27일 2번째 기사.

부친(정철)이,

'이 시는 전부터 익명시(匿名詩)로 전해 오던 것으로 신도 일찍이 들은 바 있습니다. 최영경의 시가 아닙니다.' 하였습니다. 최영경이 대답을 미처 못한 것을 분별해 준 것입니다.

셋째, 다시 추국할 것을 명하시자 신의 부친은 재국(再鞠: 다시 추국함)의 불가함을 갖추어 아뢰었는데 그 아뢴 말이 2-3백 마디나 됩니다." 하였다.

참고로 『송강록』에는,

정철은 최영경이 체포되자, 만일 형추하라는 영이 내리면 차(箚)를 올려 그를 구하려고 항상 주머니 속에 상소의 초본을 간직하고 다녔는데 얼마 안 되어 석방되었다[522]는 글이 있다.

이들 정철 자제들의 상소에 대한 왕의 대답은 다음과 같다.

첫째, 왕이 정원에 전교하기를,

"최삼봉이라는 말이 그 당시 역적의 초사에 나왔던 것 같다. 그러나 정집은 내가 직접 국문하였는데 이런 말이 없었던 듯하다. 승지만 알고 있으라." 하였다.[523]

둘째. 왕이 정원에 전교하기를,

"정진명의 아비(정철)가 계사(啓辭: 논죄에 관한 상소)를 올려 구원하였다고 하는데, 그 당시 내가 하문하였을 때, 최영경이, 이노(李魯)가 가지고 와서 신에게 보여 준 것을 우연히 상자 안에 넣어 두었다고 대답하였다.

너희들은 내가 그 말을 잊어 버렸다고 생각하는가?

---

522) 『국역 송강집』(대전, 송강유적 보존회, 1988), pp.125-127.
523) 위의 기사. 27년 5월 1일 3번째.

최영경이 대답하지 못했다고 한 말이 무슨 말인가, 정진명에게 물어 보아라." 하였다. 정원에 회계하기를,

정진명에게 물으니 내답하기를, "신은 그 당시 나이가 매우 어려서 최영경이 내답하지 못했다는 말만 들었을 뿐 그 사이에 그런 곡절이 있는지를 몰랐습니다." 하였다.

셋째, 다시 전교하기를,

"그의 아버지가 최영경의 옥사에 대하여 한 번도 계사를 올린 적이 없는데 지금 상소 중에 계사가 많았다고 하였으니 어디서 나온 말인가, 누가 지은 것인가 물어 보아라." 하니, 회계하기를,

"근일 고향에 내려갔을 때 집안의 문서를 뒤져 보다가 마침 이 계초를 보게 되었습니다." 하였다.

넷째, "이 상소를 보니 (정철의 자제가) 얼마나 공부를 하였는지 모르나 필시 그가 지은 것이 아니다. 물어 보아라." 하니 회계하기를,

"소신이 비록 깊은 공부는 못하였으나 벗이라곤 없기 때문에 성 밖 한적한 곳에서 스스로 상소를 초하였습니다." 하였다.

이에 임금이 다음과 같은 비망기를 내렸다.[524]

"자식 된 자로서 비록 그 아비를 위하는 민박(憫迫: 걱정이 절박함)한 정이 있다 해도 천하의 공의(公議)는 매우 엄한 것이다. 아무리 효자 자손(慈孫)이라 하지만 공의는 백세토록 고칠 수 없는 것이다.

더구나 군부(君父) 앞에서 감히 털끝만큼이라도 속이는 말을 할 수가 있겠는가. 신하된 자로서 속임이 있다면 그 죄는 죽음을 면치 못할 것이다.

---

524) 위의 기사, 10월 27일 4번째 기사.

그의 아비 정철이 한 뭉치의 독기(毒氣)로 사람을 해쳤다는 것은 모르는 자가 없으며, 최영경을 모함하여 죽인 일에 있어서는 간사한 꾀와 은밀한 계책이 매우 교묘하였다.

혈기가 있는 사람은 누구나 주먹을 흔들어 가슴 아파하지 않는 자가 없을 뿐만 아니라 보이지 않는 귀신들도 모두 알 것이다.

이제 감히 상소하여 터무니없는 말을 주장하고 심지어는 사운시(四韻詩)를 하문할 때에 최영경이 대답하지 못하자 '제 아비가 계사를 올려 구원했다'고 말을 만들었다.

심지어 그 아비는 끝내 최영경을 구원하는 한 줄의 계사도 올린 적이 없는데 많은 말을 지어내 그 당시 입계한 것처럼 하였으니 그 정상이 매우 놀랍다. 신하된 자로서 이러한 속임이 있으니 죄를 용서할 수 없다.

정진명과 상소를 작성하여 준 사람을 아울러 추국할 것을 의금부에 내리라." 하였다.

위의 일에 관하여 『선조수정실록』은 이항복의 『기축기사』에 있는 다음과 같은 글을 기록하였다. 즉 『선조수정실록』에,

"이항복의 『기축기사』를 상고하여 보면 다음과 같다.

정철이 위관으로 있을 때 이항복은 문사낭청(問事郎廳: 죄인을 심문할 때 필기와 낭독을 맡던 임시 벼슬)이었다. 이항복이 말하기를,

'한 사람이라도 누가 최영경을 가리켜 삼봉이라고 한 자가 있었습니까.

근거가 없다는 것을 알면서도 좌시하고 그(최영경)를 구하지 않는 것이 어찌 추관의 체모라 하겠습니까.'

정철이 말하기를, '내가 극력 구해야겠소.'

이항복이 말하기를, '상공(정철)께서 불쾌하게 여긴 것은 바로 (최영경이) 시사(時事)에 대하여 언급한 것 때문이지요.' 하니

정철이 '그렇나.'고 답하였다.

이항복이 말하기를, '지금 국문하는 것은 단지 그가 삼봉인지, 아닌지 여부만을 따질 뿐 논의의 이동(異同: 다르고 같은 점)은 이 옥사와 상관이 없습니다.' 하였다.

정철이 기뻐하면서 말하기를, '그대의 말이 옳소, 그 점은 내가 미처 생각하지 못하였소.' 그리고 수일 후, '내가 이미 (최영경을) 구해낼 계책을 마련하여 차자의 초를 잡아 놓았소, 유 정승(유성룡)과도 약속이 되어 있소.' 하였다.

그 후 이항복이 공무로 유성룡의 집에 가서 최영경의 억울함을 극론하였다. 이항복이, '대신이 구하지 않으면 안 됩니다.'고 말하자, 유성룡이, '나 같은 자가 어찌 감히 구하겠소.'라고 답하였다.

이항복은 다시 말을 하지 않았다. 그가 항상 말하기를,

'정철은 최영경을 털끝만치도 해칠 생각이 없었고 구하려는 뜻을 가졌으며 후세 공론의 죄인이 될까 두려워하는 기색이 얼굴과 말에 가득하였다.'고 하였다."[525]

이에 대하여 미수 허목이 쓴 『최수우유사(崔守愚遺事)』에는 다음과 같은 글이 있다.

"『백사유고』에 '기축록'이 있는데 수우 선생의 원통한 사적이 자세히 기록되어 있다. 뒤에 자손들이 집권자들의 말을 듣고 감추니 가짜 '기축록'이 세상에 떠돌았다.

생각건대 이 글은 보통 문자가 아닌데, 어찌하여 『강능판』은 빠

---

525) 선수 31권, 선조 30년 4월 1일 3번째 기사.

지고, 진주에 와서 추간(追刊)하게 되었을까. 이 때문에 일부 사람들의 의심을 면치 못한다. 장유(張維), 최명길(崔鳴吉), 이시백(李時白) 등 여러 사람이 보잘것없는 사람이 아닌데도 어찌 한 사람 정철만을 위하여 그들의 스승(이항복)이 하지 아니한 글을 저술하여 스승을 저버렸던가."526) 하였다.

이항복의 (정철에 대한) 이야기는 다음 '정철'의 항목에 또 나온다.

또 유성룡의 『서애집』에는 다음과 같은 글이 있다.

"선조 23년 4월 6일

내(유성룡)가 최영경을 구출하려고, 상소문을 초안하여 놓고 올리지 않았다. 최영경이 간사한 사람의 무고를 당하여, 서울 감옥에 구속되었다.

내가 정철을 만나 묻기를,

'최영경의 옥사가 어떻게 되오? 그 사람은 고상한 선비로 명망이 중한 사람이니 옥사를 신중하게 다루어야 합니다.' 하였다.

정철은 화를 발끈 내면서 매우 (불쾌한) 감정을 품고 있었다.

내(유성룡)가 사리를 따져 가며 설명하니 정철이 말하기를,

'그대가 이러한 생각이 있으면 왜 상감께 말씀을 드리지 않았소.' 하였다.

유성룡은 말하기를,

'이 일은 중대한 옥사이니 제3자가 어떻게 감히 말을 하겠소. 오직 옥사를 담당한 사람만이 풀어줄 수 있는 것입니다.'527) 하였다.

애당초 공초를 받은 사람들의 입에서 나온 '길삼봉'이란 이름은

---

526) 노서집, 『연려실기술 3』, pp.465 - 466.
527) 『서애집 2』(서울, 민족문화추진회, 1986), p.213.

그 실체가 없는 인물이었다. (위관이) 누구를 지목하고 내놓은 인물이던가. 아니면 (문초를 받은 사람이) 고문에 못 이겨 어지럽게 뱉어낸 이름에 불과한가, 도무지 알 수 없다.

길삼봉에 관하여, '상장(上將)이나. 수석(首席)의 자리에 앉았다. 졸병(卒兵)이다. 검고 비대하다. 파리하고 말할 때마다 기침을 하고 키가 크다. 30대다. 50대다. 수염이 배에까지 늘어졌다. 하루 300리를 달린다. 나주의 양반이다. 진주의 사노(私奴) 최 씨이다. 등 그 정체를 밝힐 수 없었다.

그럼에도 결국 '길삼봉은 최영경이다.'라는 혐의로 그가 잡혀 들어가 죽게 된 일을 미루어 보면, 당초부터 길삼봉은 최영경으로 지목되고 있었다고 말할 수 있다.

정철의 두 아들은, 처음 정집의 공초 때부터, 길삼봉은 최삼봉(즉 최영경)이고, 최영경의 시(詩)에 대한 해명과 그의 석방을 위하여 그의 부친이 여러 차례 상소를 올렸다고 했다. 그러나 임금은 이들 상소 내용을 모두 부인하고 오히려 그들을 추국하라고 명하였다.

제4장 기축옥사의 재조명

이상 기축옥사에 관한 내용을 『조선왕조실록』에 나타난 사실을 근거로 분석, 평가하였다.

그 결과 호남의 많은 선비들이 너무나 억울하게 희생되었고 그럼에도 호남 지역은 이른바 '반역의 땅'으로 지목되어 그 한(恨)이 오늘에 이르고 있다.

이 장에서는 우선 피해 당사자와 옥사 담당자들의 사정을 살펴보고, 앞으로 이를 극복하기 위한 담론을 제의 하고자 한다.

1. 피해 당사자

먼저 가장 억울한 사람은 정여립과 그의 가족이다.

정여립은 말 한마디도 남기지 않은 채 죽었다. 그의 시체에 다시 형이 추가되었고, 또 그는 만고의 역적으로 역사의 오명을 둘러썼다.

우리는 그가 정말 언제, 어느 곳에서 어떻게 죽었는지 확인할 길이 없다.

진안 현감 민인백만이 유일한 증인으로 그 현장을 생생하게 목도했을 것이다. 하지만 후일 기축옥사를 정당화하기 위하여 수정한 이식(李植)의 『선조수정실록』조차도 그가 쓴 책과 다른 부분이 있어 문제가 있다.

하여튼 앞 장에서 분석한 자료들을 토대로 결론을 내리자면, 정여립의 반역은 그 어느 자료에 의하여서도 입증하기 어려운 단지 '혐의'에 불과하다.

역모 실행계획의 수장인 길삼봉의 정체가 없고, 정여립의 반군주 사상은 정개청의 사상을 윤색함에 그쳤다. 대동계에 동원되었다는 군대도 관군의 분군(分軍)에 불과했다.

하지만 기축옥사는 그 혐의의 근거가 아무리 애매하다 해도 일단 역모로 고변된 사건이었다. 선조는 물실호기(勿失好機: 좋은 기회를 놓치지 않음), 모처럼 그의 왕권을 강화할 기회라 생각하고 서둘렀다.

선조는 우선 정철에게 위관의 전권을 맡기고 역모를 다스리게 하였다.

서울로 압송되어 온 정여립의 시체는 군기시 앞에서 사지가 찢기는 형이 추가되었고 그의 자녀와 연좌된 사람들도 모두 법에 따라 처형되었다.[528]

왕은 역적이 복주된 일을 종묘에 고하고 교서를 반포하였다.

당시 공범자는 변사, 박문장, 박연령, 김세겸, 이광수, 이기, 박응봉, 방의신, 황언륜 등이었다.[529]

서인들은 손뼉을 치고 환호하였으며, 주변의 죄 없는 사람들이 맥없이 잡혀 들어가 죽었다.

역모 죄로 몰려 죽은 사람은 전주 사람이고, 역모의 고변은 황해도에서 들어왔다. 사건을 다스리는 위관은 광주에 살았고, 무고의 상소와 매 맞아 죽은 사람은 나주, 광주 지역이 가장 많았다.

위관 정철은 그가 누구누구는 살리려고 노력했다고 극구 변명을 하였지만 그 사람들은 결국 다시 잡혀 들어가 매 맞고 죽었거나 귀양 가 죽었다.

죽음에 대한 공포는 조정 중신뿐 아니라 초야에 묻힌 선비들에게도 예외가 아니었다. 우리가 겪었던 6·25를 상상해 보면 그때

528) 선수 23권, 선조 22년 10월 1일 9번째 기사.
529) 위의 기사.

의 분위기를 짐작할 수 있다. 당시 누구누구를 알고 만난 일이 있다는 사실 하나만으로 죽어 간 자들이 부지기수(不知其數)였다.

일단 역모에 관련된 고변이 제기되자, 사람들은 누구나 예외 없이,

'정여립은 만고에 역적입니다. 신(臣)은 그를 본 일도 만난 일도 없습니다.'

하였고 그 말 한마디가, 그들이 생명을 구할 수 있는 유일한 수단이었다.

예를 들어 선조 30년 정철 등에 대한 처벌이 가벼움을 아뢴 상소에,

성균관 유생 최희남이 상소하기를,

"지난 기축년(선조 22년)에 국가가 불행하여 극히 흉악한 역적 정여립이 한 세상을 속여 명류(名流)들과 두루 사귀더니, 실직(失職)함을 원망하여 문득 불궤(不軌: 모반을 꾀함)를 도모하여 몰래 군도(群盜)와 결탁했다가 일이 발각되자 자살하고 말았습니다. 온 집안이 주살되자 귀신이나 사람이나 모두 쾌하게 여겼습니다."[530]
하였다.

정여립은 말하자면 동인들에게도 도적이요, 역적이 되어야 했다.

그 후 '만고의 역적'이 된 것은 정여립에 그치지 않고 '호남 지역 사람들'로 확대되어 입에서 입으로 전해 내려왔다.

선조는 정여립의 조상 묘지를 파헤치고 유골을 부셔 바람에 날려 버렸다. 그리고 정여립의 집터에 호수를 만들어 맥을 끊었다는 설 등이 구전으로 전해 오고 있다.

---

530) 선수 31권, 선조 30년 4월 1일 3번째 기사.

2. 옥사 담당자

1) 선조: 왕들의 잘못된 선례(先例)

역대 왕들은 대개 역모의 고변이 들어오면, 겁(怯)을 먹거나 화를 참지 못하고 서두른다. 결국 고변의 내용을 제대로 따져 보지도 않고 혹독한 고문으로 죽이거나 귀양을 보낸 뒤 그들에게 터무니없는 죄를 덮어씌운다.

후에 그 벌이 너무 가혹했다는 공론이 제기되면 당시의 위관들에게 책임을 전가하면 된다.

선조의 할아버지인 중종도 그런 식으로 무고한 사람들을 죽였다. 앞에서 언급하였다. 중종은 아내(경빈 박 씨)와 아들(복성군), 동생(견성군), 친 사돈(김안로)과 충직한 신하들(조광조 등)을 죽였고, 태평 시대에 평지풍파(기묘사화)를 일으킨 군주다.

선조의 선대(先代)는 사화(士禍)를 일으키지 않는 군주가 없었다. 연산군 4년과 10년의 무오사화와 갑자사화, 중종 14년의 기묘사화, 명종 즉위 초의 을사사화 등 모두가 군주 자신이 일으킨 사화이다. 기축옥사도 사실은 선조가 일으킨 엄청난 사화(士禍)요, 살생이었다고 본다. 선조처럼 억울하게 한 지역의 수많은 선비들을 그토록 잔혹하게 죽인 군왕은 조선조 500년 동안 찾아볼 수 없다.

왕이 정여립과 이름 없는 황해도 사람들을 처형하고 나서 종묘에 고(告)한 내용을 발췌하여 소개하면 다음과 같다.

'내가 덕이 적고 아둔한 자질로 외람되이 어렵고 중대한 업을 계승한 지 20년, 만백성을 나의 인덕으로 포용하려 하였는데 역적이 사대부의 반열에서 나왔다. 적신(賊臣) 정여립은 사나운 이리보다 더 악하고 뱀과 살모사보다 더 독하다.

그가 시서(詩書)를 꾸며낸 것은 역적 왕망(王莽: 전한 왕위를 찬탈한 자)이 세상을 속인 것과 같고, 부참(符讖: 부적과 참서)을 떠벌인 것은 산동(山童:원(元)나라 순제 때 반란을 일으킨 한산동)의 음모를 품고 있었다.

길러 준 은혜를 생각지 않고 도적을 불러 모을 계획을 세워 변사, 박문장 등과 어두운 밤에 상종한 지 몇 해가 지났다.

중들과 교결하여 요술을 부리고, 옥함(玉函)을 빌려 대중을 미혹하였다.

도하에 흉악한 하인을 배포하여 무기고를 불태울 수 있다고 여겼고, 산중의 술사를 보내어 단기(檀基)를 엿보아 점거하려 하였다.

왕지(王旨)를 사칭(詐稱)하여 수령 방백을 해치려 하고 부절(符節: 부표)을 나누어 가져 경기지방을 치고 강창(江倉)을 취하려 하였다.

병조판서를 죽이려 하였고, 대궐을 범하려고 창을 휘둘렀으니 그 일 또한 헤아릴 수 없다.

시종신(侍從臣)의 자리에 있으면서 도적떼의 우두머리가 되었고 사대부들 사이에 섞여 있으면서 개 같은 마음을 품었다. 어느 때인들 난적이 없었으랴만 이보다 더 심한 적은 없었다.

정여립 등을 능지처사하고 가산을 적몰하라. 그 자녀와 연좌된 무리도 아울러 법대로 논죄하라.'[531] 하였다.

애당초 황해도에서 고변이 들어왔을 때 임금은 말하기를,

531) 선수 23권, 선조 22년 10월 1일 9번째 기사.

"내가 정여립의 사람됨을 잘 아는데 어찌 역적에까지 이르렀을까." 하였고, 서인들도 말하기를,

"정여립이 마음씨는 부정할망정 어찌 반역, 배반할 이치가 있을까." 하였다.

임금이 황해도에서 압송해 온 백성들을 직접 국문하니 모두 빌어먹을 궁민(窮民)들이었다. 그들은 반역이 무엇인지도 모르는 무식쟁이로 왕은, 사건의 실상이 없어 이들을 곧 놓아 보내려고 했다 함은 앞에서 살펴보았다.

하여튼 선조는 위의 기사에서 볼 수 있는 바와 같이 자신도 모르게 엄청난 피의 살육을 시작하게 된 것이다. 자신의 과실을 어느 정도 감지하게 되었을 때는 이미 임진왜란의 위기가 눈앞에 다가오고 있었다. 왕은 당시 위관이었던 정철을 귀양 보내고 옥사의 모든 책임을 그에게 떠넘겼다. 토사구팽(兎死狗烹: 공을 세운 謀臣을, 토끼 잡은 개 죽이듯 없애는 것)이었던가. 마치 진실게임과 같은 문제지만 당시의 상황에서는 응당 신하가 그 책임을 둘러써야 했다.

하여튼 선조는 당쟁의 소용돌이에 휩싸여 머지않아 나라가 망가지는 수난을 겪으리라는 것을 꿈에도 상상하지 못하였다.

임진왜란이 일어났다. 선조가 의주로 달아나 광해군에게 분조(分朝: 광해군에게 조정 일을 맡김)하라는 뜻으로 하교하기를,

"해도(海島: 바다 건너 섬나라)의 추악한 오랑캐가 침략할 줄이야 어떻게 알았겠는가, 사람과 짐승의 천성이 다른 것은 생각하지도 못하였다.

온 나라 백성들을 모두 유린하였고 갑작스럽게 도성까지 침입해

들어왔다.

이미 신인(神人)의 분노가 극에 달하였으니 원수에 대하여 와신상담(臥薪嘗膽)하는 일을 잊을 수 있겠는가. 나라의 운세가 불행하여 이렇게 되었다 해도 이는 실로 나의 덕이 부족하고 사리에 어두워 이렇게 된 것이다.

고향으로 돌아가고 싶은 백성들의 원망은 높아만 가는데 깊은 못가에 선 듯한 두려움은 오히려 더할 뿐이다. 생각건대 세자의 중함이 아니면 나라를 중흥시키는 기대에 부응할 수 없다."532)고 말하였다.

당시 왜군의 발굽 아래 나라가 폐허가 되었지만 전국 각지에서는 의병들이 목숨을 걸고 봉기하였다. 각지의 의병들이 맨주먹으로 왜군과 싸우고 있을 때, 선조는 요동으로 귀화할 절차를 대신들과 의론하고 있었다.

선조가 이르기를,

"요동으로 가든지 다른 곳으로 가든지 부질없이 의론만 할 것이 아니라 속히 결정하여 그때를 당해서 갈팡질팡하는 폐단이 없도록 하라." 하였다.

이에 대신들이 아뢰기를,

"당초에 요동으로 가자는 계획이 어디에서 나왔는지 모르겠습니다. 지금 비록 왜적들이 가까이 왔지만 하삼도가 모두 완전하고 강원, 함경 등도 역시 병화(兵禍)를 입지 않았는데, 전하께서는 수많은 백성들을 어디에 맡기시고 굳이 필부(匹夫: 보잘것없는 사내)의 행동을 하려고 하십니까."533) 하였다.

---

532) 선수 26권, 선조 25년 6월 1일 21번째 기사.

정말 필부만도 못한 사람이 왕좌에 앉아서 수많은 억울한 사람을 억울하게 죽이고 끝내는 외침의 환란을 초래 하였던가.

그가 숨을 거둘 때 마지막 유언(遺言)은 다음의 말 한마디였다. 대내에서 봉함된 유서(遺書)를 빈청에 내렸다.

"동기(同氣: 형제자매)들을 내가 살아 있을 때처럼 사랑하고, 참소(讒訴: 남을 헐뜯어 없는 죄를 있는 것처럼 고해바침)하는 말을 하는 사람이 있으면 부디 그 말을 따르지 말라.

모쪼록 나의 뜻을 깊이 유념하기 바란다."[534]고 하였다.

참소를 물리치지 못하고 나라를 망친 데 대한 자책이었으리라.

2) 선조가 버린 사람들

정철

3년(선조 22년 10월부터 선조 24년 초까지)에 걸친 옥사로 백성의 원성이 높아지자 선조는 이를 위한 속죄양을 찾았다. 선조 24년 2월, 왕은 정철을 체임시키더니,[535] 다음 달에 그를 파직하였다.

선조 24년 윤3월, 임금이 전교하기를,

"옛적에 대신을 파직 축출하면 조당(朝堂: 조정)에 방(榜: 공고)을 붙였는데, 이는 그 죄상을 국인들에게 자세하게 보여 줌으로써 뒷사람을 징계함이었다. 지금 정철의 파직 승전(承傳: 임금의 뜻을 전함)도 고사에 따라 방을 붙여라."[536] 하였다. 정철이 그 엄청난

---

533) 선조실록 27권, 선조 25년 6월 24일 1번째 기사.
534) 선조실록 221권, 선조 41년 2월 1일 18번째 기사. 광해 1권, 광해 즉위년 2월 1일 17번째 기사.
535) 선수 25권, 선조 24년 2월 1일 6번째 기사.
536) 선조실록 25권, 선조 24년 윤3월 16일 1번째 기사.

옥사를 치러 주고 그 대가로 받은 업보인 것이다.

양사의 상소와 그의 유배가 다음 순서를 기다리고 있었다. 양사가 합계(合啓)하여 아뢰기를,

"전 영돈영 정철 및 백유함 등은 서로 붕당을 만들어 조정의 정사를 탁란(濁亂: 정치를 흐리고 어지럽게 함)시켰으며 자기와 의견을 달리하는 사람들을 모함하려고 호남의 유생들을 꾀었습니다. 그리하여 명경(名卿: 이름난 관리들) 사대부 등을 모두 역적으로 몰아붙여 섬멸하려고 하였으니 멀리 찬배하소서." 하니, 왕이 윤허하였다.[537]

선조는 병든 몸을 이끌고 유배 길을 떠나는 정철의 뒤통수에 대고, '간신(奸臣) 정철', '간적(奸賊) 정철'이라는 오명을 붙여 그를 엄하게 호송하라는 전교를 내렸다.

선조 24년 7월, 임금이,

"간신 정철의 모함에 얽혀 배척받은 사람이 있으면 모두 발탁하여 서용하라."고 전교하였다. 의금부 도사 이태수가 순안에 이르러 압송해 가던 죄인 정철의 병이 위중하여 길을 떠날 수 없다고 치계하자 전교하기를,

"이태수는 조정을 두려워하지 않고 간적을 압송함에 있어 제멋대로 머뭇거리며 지체하였다. 잡아다가 추국하여 죄를 정하고 다른 도사를 시켜 압송하게 하라.

정철은 타고난 성품이 교활(狡猾)하고 간독(奸毒)하여 배소(配所: 귀양 간 곳)에 도착하면 잡인들과 서로 통하여 어떤 죄상을 저지를지 모르니, 엄히 위리(圍籬: 가시 울타리를 침)하여 지키도록 하

---

537) 선조실록 25권, 선조 24년 6월 23일 1번째 기사.

라."538) 하였다.

정철이 귀양지에 있는 동안 무고(誣告)한 사람들(양천경, 양천회, 김극인, 김극관 등)이 잡혀와 매를 맞고 죄를 승복하였는데(길삼봉을 최영경이라고 무고한 내용 등), 정철은 수범(首犯)으로 지목되었다. 양천경, 양천회는 매를 맞고 죽었다.539) 임진왜란이 일어나자 정철은 다시 임금의 부르심을 받아 조정에 들어갔다.

중국 사신으로 가서는 전대(專對: 혼자 자유로이 응답함)를 잘못하여 죄려(罪戾: 몹시 어그러진 죄)가 잇따라, 죽을 때까지 비방이 그치지 않았다.540) 선조 26년 12월 21일 정철이 세상을 떴다.

정철의 집안은 원래 서울에서 대대로 살았다. 을사사화 때(1545년) 그의 부친이 현 화순군 동북면으로 유배되자 부친을 따라 전남지방에 오게 되었는데 당시 그의 나이 10세였다. 후에 그는 창평의 문화 유씨 유호의 집에 장가들어 그곳에서 살게 되었다.541)

『선조수정실록』에서는 그의 졸기를 다음과 같이 썼다.

① 정철의 졸기

"전 인성 부원군 정철이 죽었다.

정철이 부사(副使) 유근과 함께 사은사로 북경에 갔다가 돌아왔다.

정철이 '왜적이 이미 철수해 돌아갔다.'는 말을 잘못하여 대간의 탄핵을 받았다. 임금은 정철을 체직시키고 추고하도록 명하였다.

이때에 유언비어가 비등하여,

'정철이 북경에 가서 오로지 성궁(聖躬: 임금의 몸)의 과실만을

---

538) 선수 25권, 선조 24년 7월 1일 4번째 기사.

539) 선조실록 25권, 선조 24년 8월 13일 2번째 기사.

540) 선조실록 46권, 선조 26년 12월 21일 2번째 기사.

541) 송준호, 『조선사회신분사』(서울, 일조각, 1987), p.314.

은밀히 중국 조정에 전파시켰다. 그러므로 황제 칙서 속의 추사(醜詞: 더러운 글)들은 모두가 그로부터 나온 것이다.' 하였다.

정철은 강화에 우거(寓居)하다가 술병으로 죽었다. 향년 59세였다. 한때 정철을 논한 자가 간적(奸賊)으로 칭하자, 풍문이 퍼져 모든 사람이 뇌동하여 정철을 정말 소인으로 여겼다. 그리하여 평소 정철을 아는 자들도 여론에 현혹되어 그가 정말 소인인가 의심하였다.

자고로 소인은 고총(固寵: 변하지 않는 총애를 받음), 첨미(諂媚: 아첨), 부회(附會: 이치에 맞지 않음)가 있어야 한다. 정철은 그렇지 않다.

그는 단지 결백성이 지나쳐 의심이 많고 용서하는 마음이 적어 일을 처리해 나가는 지혜가 없었으니 이것이 그의 평생 단점이었다. 만일 그를 강호 산림의 사이에 두었더라면 잘 처신했을 것인데, 지위가 삼사(三司: 사헌부, 사간원, 홍문관)의 끝까지 오르고 몸이 장상(將相)을 겸하였으니 그에 맞는 벼슬이 아니었다.

정철은 중년 이후로 주색에 병들어 자신을 충분히 단속하지 못한데다가 탐사(貪邪: 잘못을 탐한 자)한 사람을 미워하여 술이 취하면 곧 면전에서 꾸짖으면서 권귀(權貴: 권세와 지위가 높음)를 가리지 않았다.

편벽된 의론을 극력 고집하면서 믿는 것은 오직 척리(戚里: 임금의 외척)의 진부(陳腐: 낡고 썩음)한 사람이었다. 왕명을 받아 역옥을 다스릴 때 당색의 원수를 많이 체포하였으니, 그가 한 세상의 공격 대상이 된 것은 족히 괴이할 게 없다. 그의 처신은 정말 지혜롭지 못했다.542)"고 하였다.

② 위 내용의 분석

기회 있을 때마다 정철을 옹호하던 『선조수정실록』 '정철의 졸기'를 보면,

마지막 대목의 '그의 처신은 정말 지혜롭지 못했다.'는 한 구절 속에 그에 관한 모든 평가가 한마디로 압축되어 있다. 정철은 처음 임금의 신임을 한 몸에 지니고[固寵], 임금의 비위를 맞추어[諂媚] 이치에 맞지 않는 짓(고향 사람을 사주하여 고향 사람들을 죄주게 한 행동)을 다 하다가[附會], 결국 간적(奸賊)이 되어 귀양길을 떠났으니, 그의 처신은 정말 지혜롭지 못했던 것이다.

왕은 자신에게 충성을 다한 정철에게 대하여,

'약간의 지식이 있는 사람이면 모두 압록강 동쪽의 나라에서 정철과 같이 사는 것을 부끄럽게 여겼다.'고 까지 하였으니 그보다 더 심한 모욕이 이 세상 또 어디에 있었을까. 정철의 친 사돈인 김장생(金長生, 그의 매부가 정철의 장남 정기홍이다.)의 말 중에, 조익(趙翼)과의 대화중에,

'양천회의 상소를 송강 자신이 하지 않고 천회를 시킨 일은 잘하지 못한 것 같다.'라 했고, 또 그가 스스로 말하기를,

'정철이 청백하고 티가 없음을 스스로 믿고 안하무인(眼下無人)이어서 마침내 온 세상의 미움을 받게 되었다.'라고 했다는 이야기[543]가 있다.

또 정철에 관하여 『사계전서』에 나오는 다음과 같은 글을 보면, 바로 정철에 대한 인품을 알 수 있다. 즉

---

542) 선수 27권, 선조 26년 12월 1일 4번째 기사.
543) 노서집, 사계어록, 『연려실기술 4』, p.484.p.493.

"근자에 송인수의 족질이 성주(星州)에서 와서 송인수의 말을 전하기를,

'기축년 역옥(정여립 사건)에 정철이 추관이 되어 밀계(密啓: 임금에게 비밀이 올리다)를 올리기를, '역적이 호서(湖西)의 입구를 차단하여 호남(湖南)으로 가는 길을 막고 영남으로부터 새재(조령)를 넘어 한강을 건너려고 하는데 그의 뜻은 장차 선비들을 모조리 죽이려는 것입니다.' 하니 성상(임금)께서 갑자기 그 말의 출처를 물었다.

정철이 오성(이항복)은 임금께서 중히 여기는 신하이므로 반드시 추궁하여 묻지 않을 것이라 생각하여 이항복에게서 들었다고 대답하였다.

임금께서 정철에게 다시 물으니 정철은 궁색한 나머지 몸 둘 바를 모르다가 이씨(李氏) 성을 가진 서얼(庶孽) 삼 형제에게 둘러대었다.

이들은 이발(李潑)의 서종형(庶從兄)인 이빈(李瀕)의 세 아들을 말한다.

임금께서 곧바로 그들을 국문하도록 명하여 이씨 형제가 장형(杖刑)으로 죽었는데 눈알이 모두 튀어나와 땅바닥에 떨어지도록 국문한 것은(정철의 이발에 대한) 원한에 의한 것이었다.

오성 이항복이 언제나 그 일을 말할 때면 반드시 정철을, '그놈'이라고 욕하여 배격하였다[必稱漢而斥].

우리들 가운데 이 일을 아는 사람은 서너 사람에 지나지 않고 김희원(金希元) 또한 그 일을 모르고 있었다. 내가 일찍이 그 일을 말하지 않았던 것은 우리들에게 이런 말이 새어 나가면 정철은 세

상에 용납될 수 없기 때문이다. '정철의 마음씨를 알지 못하는 까닭에 마지못해 말한 것이니 돌아가거든 사람들에게 말하여 다시는 정철을 위해 구명하지 말도록 하라.'고 하기에 이 말을 전해 듣고 (김장생이) 깜짝 놀랐다."[544]고 하였다.

정철은 이항복보다 나이가 20살이 더 많다.

다음 양사(兩司)가 합계한 내용을 보자.

선조 27년 양사의 합계 내용을 보면 대개 다음과 같다.

"고 영돈영 부사 정철은 본래 사갈(蛇蝎: 뱀과 전갈) 같은 성품으로 음흉한 꾀를 품고서 독기(毒氣)로 뭉쳐서 오직 남에게 해를 입히는 것만을 일삼았습니다.

전번 역변(逆變: 기축옥사)을 만났을 때, 그가 들어와 조정의 권력을 쥐고서 국가의 화(禍)를 기화로 자기 일 개인의 감정을 풀 터전으로 삼았습니다.

당초 성상께서 그것이 파급될 것을 깊이 경계하였으나 정철은 감히 팔뚝을 휘두르고 수다를 떨며 죄를 얽을 꾀를 자행(恣行)하였습니다.

아래로 빈천한 선비에 이르기까지 널리 부하들을 배치하여 많은 그물을 쳐서 자신과 의견을 달리하는 사람들을 일망타진하였습니다.

또 유언비어를 조작하여 자창자화(自唱自和: 스스로 거문고를 타고 노래함)하면서 초야에 있는 선비들의 상소를 동원하기도 하고 대성(臺省: 조정)에 있는 관원들의 탄핵 소장을 유발하기도 하였습니다.

정철은 친히 그 일들을 지휘하였고 혹은 직접 소사(疏辭: 소장)

544) 김장생 지음, 박완식 옮김, 『국역사계전서 1』(서울, 민족문화추진회, 2000), pp.69 - 70.

의 초안을 잡되 조금도 꺼리는 마음이 없었습니다. 국 중에 함정을 파서 사람을 빠트릴 구멍을 만드니, 하찮은 감정으로 모함을 입은 자가 부지기수(不知其數: 너무 많음)였습니다. 관작을 추탈하여 왕권을 바로잡으소서."545) 하니, 윤허하지 않다가 그 7일 후 "억지로 따른다."546) 하였다.

선조는 정철뿐 아니라 그의 아들조차도 관직 등용을 허용하지 않았다. 이조(吏曹)가 정종명(정철의 아들)을 안성 군수로 의망(擬望: 추천)하니, 상이 하교하기를,

"정종명은 간신(奸臣: 정철을 말함)의 아들이다.

여러 해 동안 (인사를 하지 않고 추천을) 폐기시킨 것은 뜻이 있어서인데, 전에도 누차 수령(守令)에 의망하기에 놀랍고 괴이하게 여겨 따져 물으려 하다가 참고 그만둔 것이 여러 번이었다. 지금의 의망은 누구의 소행인지 곧바로 말하라, 우리나라가 비록 인재가 부족하나, 어찌 꼭 이런 무리(정종명을 말함)를 써야 한단 말인가."547)하였다.

참고로 정철의 묘표(墓表: 송문정공 시열이 씀)에는 다음과 같은 글이 있다.

"기축년 정여립이 역적을 모의한 일이 탄로되자 공(公: 정철)이 우의정으로 옥사를 국문하였다. 그는 죄인을 살려야 한다는 주장을 많이 하므로 왕이 전횡한다 하여 견책을 내렸다. 그 일로 다른 대신이 옥사를 담당하였다.548)"고 하였다.

---

545) 선조 57권, 선조 27년 11월 6일 6번째 기사.
546) 위의 실록, 11월 13일 2번째 기사.
547) 선수 35권, 선조 34년 12월 1일 1번째 기사.
548) 『국역 송강집』(대전, 송강유적 보존회, 1988), p.792.

성 혼

선조 35년 사헌부가 성혼의 죄를 아뢰기를,

"성혼이 간신(정철)과 편당하고 임금을 저버린 죄를 들어 논하겠습니다.

정철은 본디 사독한 사람으로 청의(淸議: 맑은 논의)에 용납되지 못하였습니다. 만일 성혼이 그를 위해 심복이 되어 주지 않았다면 정철이 그 마음에 있는 술책을 부릴 수 없었으므로 서로 의지하여 사생(死生)의 친분을 맺었습니다.

성혼이 만일 정철이 죄 없는 선인(善人)을 죽였다고 여겼다면 어찌 서로 사랑하여 영달할 때나 몰락할 때나 그처럼 한결같이 했을까요. 이것이 간신에게 편당한 실례입니다." 하였다.

임금이 양사에 답하기를,

"성혼의 죄는 많은 말을 할 필요가 없고 당결간흉(黨結奸兇: 간흉과 당을 맺음)의 네 글자만으로도 토죄(討罪)할 수 있다.

간특한 정철이 최영경을 얽어 죽인 뒤로는 약간의 지식이 있는 자는 모두 정철과 압록강 동쪽 나라에 같이 사는 것을 부끄럽게 여겼는데 성혼은 절교하지 않았으니 그 마음을 족히 알 수 있다. 이미 내려 준 관작을 삭탈할 것은 없다."[549] 하였다. 하지만 그 한 달 후 임금이 그의 관작을 삭탈하였다.

임금이 양사에 답하기를,

"정철이 역옥이 처음 일어났을 때 자신의 당여를 시켜 최영경을 논박하여 기필코 죽이고야 말았지만, 정철이 그처럼 방자하게 행동하여 꺼림이 없었던 것은 성혼이 그 일을 주도하였기 때문이다.

---

549) 선조실록 146권, 선조 35년 2월 16일 2번째 기사.

성혼은 바로 정철의 분신이다.

그때의 대관들은 그의 뜻에 따라 아첨함에 찌들은 무리들이니 따질 가치가 있겠는가.

성혼이 한때 소인배들의 주인이 되어, 온 세상이 모두 그에게 속임을 당했으니 그 실정을 몰랐다면 그만이겠으나 이제 그것을 알았으니, 언책을 맡은 사람이 곧바로 지척하지 않을 수 있겠는가." 하였다.

이에 옥당도 차자를 올리기를,

"정철과 성혼은 한 몸으로 성혼이 머리인데 뱀을 잡는 사람은 먼저 그 머리를 치는 것이 옳습니다. 이제 정철을 논박하면서 성혼을 앞세우지 않는다면 이는 머리를 버려두는 것입니다." 하니, 왕이 따르고 정철도 관작을 삭탈하였다.550)

성혼의 졸기에 『선조수정실록』에서는 주로 그의 학문과 덕행을 논하였다.

『선조실록』에서는 다음과 같이 썼다.

"성혼은 일찍이 은사(隱士)라는 명성이 있었으나 만년에는 공명(功名)에 빠졌다. 당시 이발, 이길, 백유양, 최영경 등을 구해 주지 못하여 사람들이 미워하였다. 그것은 간사한 정철과 나쁜 일을 함께하였기 때문이다. 아! 애석한 일이다."551) 하였다.

송익필

송익필(宋翼弼, 1534 - 1599)에 관하여 『선조실록』에는 다음과

---

550) 선수 36권, 선조 35년 윤 2월 24일 2번째 기사.
551) 선조실록 101권, 선조 31년 6월 7일 1번째 기사.

같은 글이 있다. 즉 선조 24년, 사헌부가 아뢰기를,

"사노(私奴) 송부필, 송익필, 송한필 등은 사대부의 집에 드나들면서 조정의 시비(是非)와 사대부의 진퇴(進退)에 관여히어 논하지 않음이 없으며 그릇된 논의를 선동하여 나라를 교란시키는가 하면, 남을 시켜 상소함으로써 사림을 모함하는 것을 평생의 능사로 삼고 있습니다.

지난 번 간흉(奸凶: 정철)이 쫓겨난 이후로는 몸을 숨길 데가 없어지자 더욱 간독(奸毒: 간사한 독기)을 부려 때로는 서울 근교에 숨고 때로는 지방에 숨어 귀신처럼 기회를 보고 틈을 노려 기필코 일을 만들려고 합니다. 끝까지 수색, 체포하여 율대로 죄를 정하소서." 하니, 아뢴 대로 하라고 답하였다.[552]

송익필이 죽은 해에 『사신』의 글 내용은 앞의 '역모 고발자'의 편에 있다.

야사 중에는 다음과 같은 글이 있다.

"동인 명사들을 무차별 공격하는 소를 올린 정암수 등을 사주한 사람은 정철이고 상소문을 써 준 사람은 송익필이었다."[553]

"기축옥을 날조한 사람은 송익필이고 이를 완성한 사람은 정철이다."[554]

"송익필은 천민으로 태어났으나 재주와 기개가 있어 이이와 성혼이 친구로 사귀었다. 세상에서는 그를 서인들의 주모자라고 불렀다.

그는 성혼과 정철의 문인, 빈객들 중 호남에 사는 사람들과 서

---

552) 선조실록 25권, 선조 24년 10월 2일 2번째 기사.
553) 『기축록』 하 이희권, 앞의 책 p.74.
554) 『동소만록』 14b, 이희권, 위의 책 p.74.

로 왕래하며 모의하여 정여립이 모반하려는 정상을 다 얻어 시골 사람들을 시켜 고변하게 하였다. 정여립은 호남에 살았는데 정여립을 고변한 글은 처음에 황해 감사로부터 나왔다. 이것은 송익필이 백천(白川)에 가 있던 까닭이다."[555] 등의 글이 있다.

최근 인터넷에 오른 이야기에 의하면, 전북 완주군과 진안군 경계에 위치한 운장산(雲長山: 1,126m)의 이름을 당시 서인들이 송익필의 호를 따라 바꾸었다고 한다. 원래 이름은 구절산이었다.[556]

송익필은 그가 태어날 때부터 비운의 굴레를 벗어나지 못했다. 야사에서는 그가 기축옥사를 꾸민 진범이라고 한다. 하지만 『선조실록』이나 『선조수정실록』에는 그에 관련된 기록들이 충분치 않다.

그는 기축옥사로 인하여 크게 이익을 보지도 못했고 전전 긍긍하다가 일생을 마친 불우한 학자였던 것만은 분명하다.

신구상소와 반론

정철의 관직 복구는 인조반정으로 서인 정권이 들어선 인조 2년에 이루어졌다.[557] 정철의 관작이 아직 회복되지 않았으므로 그 아들인 장악정, 정종명, 교리 정홍명이 상소하였다.

정종명 등은 특히 양천경이 무복(誣服: 죄가 없는데 하는 수 없이 복역함)한 일에 대하여 부친이 죄를 받은 것은 사리에 맞지 않다고 하였다.

그 이유는 양천경의 공초를 믿을 수 없다는 것이었다.

'생사의 갈림길에서 사람의 처신하기 어려운 것이 바로 목숨을

555) 이건창, 『당의통략』, 이덕일 역 (서울, 자유문고, 1998), p.42.
556). http.://cafe daum net/sound 7080 자연과 도시, 2008, 11, 02.
557) 인조실록 6권, 인조 2년 5월 29일 4번째 기사.

버리고 변하지 않는 것인데, 어찌 감히 이 사람(양천경)에게 그런 것을 바랄 수 있겠습니까.'558) 하였다.

이에 대하여 임금(인조)이 며칠 뒤에 하교하기를,

"정철의 일은 가벼이 의논하기 어려울 듯하다.

정철은 생시에 이미 귀양 가는 극심한 벌을 내렸다가 곧 나라의 변란 때문에 죄를 완전히 씻어 주고 석방해서 대신의 반열에 두었다. 그런데 그가 죽은 뒤에 또 이 일 때문에 관작을 추탈한 것은 너무 심한 일인 듯하다.

이제 그 아들 종명 등이 아뢴 소장을 보건대 혹 용서할 도리도 없지 않으니 대신들로 하여금 공론에 따라 처리하도록 하라.

그리고 정철이 일단 옥사를 너무 지나치게 다스렸다는 이유로 죄까지 받았으니 천둥 같은 임금의 위엄 아래에서 반드시 억울함을 풀고 뜻밖의 화를 당하고도 신설(伸雪)되지 못한 자가 있을 것이다. 이 또한 대신들은 공정하게 살펴서 의논하라." 하였다.

위의 상소와 왕의 하교에서 볼 수 있는 것은, (정종명 등의) '양천경 등이 고문으로 진술한 내용을 믿을 수 없다'는 것과, (인조의) '정철이 옥사를 너무 지나치게 다스렸다는 이유로 죄를 받았다'는 하교(下敎)를 유념할 필요가 있다.

만일 고문으로 인한 양천경의 공초를 믿을 수 없다면, 정철이 옥사를 너무 지나치게 다스려 이루어진 정여립 사건 자체를 믿을 수 없다는 자가당착(自家撞着: 자기모순)에 빠지게 된다.

광해군 2년, 전라도 유학 김인우(金仁宇)가 기축년 옥사자에 대한 신원(伸寃: 원통함을 풀어 줌)을 청하였다. 이에 대하여 임금은

---

558) 위의 기사.

'상소는 잘 알았으나 경솔하게 의논할 수 없다.'고 답하였다.

이 대목에서 『광해군일기』를 쓴 서인 측 사신은 정철의 억울함을 다음과 같이 논하였다.

『사신은 논한다』

"김인우는 어떤 사람인가, 공공연히 기축년의 옥사를 형상과 그림자도 없는 일로 만들어 은연중 역적이 죄 없이 죽었다 한다.

이발, 이길, 정개청, 유몽정, 백유양, 김빙 등은 비록 역모에 참여했는지는 몰라도 연루되어 죽은 것은 (요, 순 시대라 해도)면하지 못했을 것이다.

정철은 이발과 이길의 무리들에 대하여 반복해서 구원하여 (임금이) 멋대로 한다는 전교까지 받았다. 정철의 할 수 있는 방도가 어찌 이보다 더 할 수 있겠는가.

최영경이 길삼봉이라는 말이 일시 유언비어에서 나왔는데, (항간에) 반드시 정철이 모살의 계책을 만들었다 하니 억울하다. 기타 사대부로서 이 옥사에 연루된 자도 또한 정철이 모함했다고 하지 않는 자가 없다.

그렇다면 가령 역적이 다른 자에게서 나와 정철이 아닌 다른 사람으로 하여금 옥사를 담당하게 하였다면, 과연 능히 역적 우두머리를 처벌한 이외에 한 사람도 연루된 자가 없겠는가.

대저 선왕(선조)이 정철에 대하여 처음에는 '방정하고 정직하다, 그의 고충(孤忠: 홀로 바치는 충성)을 인정한다' 하였으니 왕의 사랑이 지극하다고 할 수 있다. 그런데 역적을 처벌한 뒤에 갑자기 미워하는 마음이 생겼으니 이산해(李山海) 등이 아첨하고 터무니없이 모함한 때문이다.

임금이 몹시 노여워하여 엄한 비답을 여러 번 내리자 온 세상이 모두 임금이 정철을 미워한 것을 알았다.

이에 삼척동자도 정철의 기축년 일을 말하면서 그가 최영경을 죽였다 하고 끝내는 이발, 이길, 백유양의 무리까지도 모두 정철이 죽였다고 지목하였다. 선홍복의 공초에도 또한 정철이 위협하여 하는 수 없이 죄를 받았다고 하였다.

먼 지방에서 불만을 품고 멋대로 행동하는 자들은 말할 것도 없지만, 조정의 유식한 선비들까지도, 자주 듣고 언급하다 보니 예사로워져서, 처음에는 겉으로 구원하고 속으로 해친다고 하더니 요즘에는 부연하고 증가시켜 날마다 새로운 말을 만들어 내고 있다.

끝내는 성혼을 침해하기까지 하고 있으며 시비와 허실의 소재를 규명하지 않고 있으니, 아! 슬프다."[559]고 하였다.

그 일보다 더 슬프고 억울한 원성이 압록강 동쪽 조선 땅에, 400년을 전해 내려왔다. 여기 『조선을 뒤흔든 최대 역모사건』의 저자 신정일(辛正一)의 글을 소개하면 다음과 같다.

"정철은 강원도 관찰사로 있을 때 공정하지 못한 일로 백성의 원성이 있었다. 그때 그의 처사가 얼마나 가혹하였던지, 강원도 해안가 사람들은, 이름도 잘 모르는 물고기를 잡으면(6·25 전까지만 해도), "이놈 정철아" 하고 소리치며, 몽둥이로 머리를 때려 죽였다고 한다.

또한 관동지방에 전해지는 설화들 중에는 정철을 부정적으로 묘사하는 이야기가 여러 편 있다. 설화에 등장하는 정철은 대부분 심술궂은 관리로 산의 혈(穴: 맥)을 끊거나 마을을 망하게 한다. 마

---

559) 광해군일기 26권, 광해 2년 3월 27일 9번째 기사.

지막에는 말에서 떨어져 다치거나 절벽에 굴러 죽는다."560)

"세인들은 정철이 사적인 감정으로 수많은 사람들을 곤경에 빠뜨렸다고 여겼다. 정적(政敵)들은 그에게 동인백정(東人白丁), 간혼독철(奸渾毒澈: 간사한 성혼, 독한 정철) 등의 별명을 붙였다."고 썼다.

또 "기축옥사로 인해 원한이 깊었던 호남 선비 집안에서는 아낙네들이 도마에 고기를 놓고 다질 때마다 반드시, '증철이 좃아라, 증철이 좃아라' 혹은 '철철철철' 하고 입버릇처럼 중얼거리는 모습을 흔히 볼 수 있었다 그것은 아낙네들의 단순한 입버릇이 아니라 정철을 미워하는 주술이었고 400년간을 대물림해 온 풍습이었다."561)고 하였다.

고통을 준 사람의 슬픔이 아니라 고통받은 자들의 서러움이 미움이 되고 저주가 된 것이다. 그 저주와 한(恨)이 얼마나 처절하였으면, 그토록 오랜 동안 응어리가 되어 입에서 입으로 회자되어 전해졌을까. 하지만 세월이 흐르면서 인심도 바뀌었다.

정철의 자손들은 향리에 살면서 덕을 베풀고 번창하여 호남의 명문이 되었다. 그 대표적인 사례로 정철의 아들 정홍명과 고손자(정종명의 증손자) 정호의 졸기를 인용하면 다음과 같다.

전 대제학 정홍명(鄭弘溟)의 졸기(효종 1년, 1650년 10월 1일)

"전 대제학 정홍명이 죽었다.

정홍명은 옛 정승 정철의 아들이다. 일찍 가정의 훈화를 받고 자신을 갈고 닦아 스스로 서니, 더불어 교유하는 상대가 한 시대

---

560) 신정일, 『조선을 뒤흔든 최대 역모사건』(서울, 다산초당, 2007), p.166.
561) 위의 책, p.175.

의 이름 있는 사람들이었다. 광해군 때에는 뭇 소인들에게 미움을 받아 배척되어 등용되지 못하였다.

인조가 중흥하자, 영화롭고 현달한 직임을 차례로 거치고 문형(文衡)을 담당하는 데까지 이르렀으나, 모두 사양하여 제수되지 않았다.

성품이 강직하고 남을 잘 인정하지 않았으며 술 마시기를 매우 좋아했다.

문장은 넓고도 풍부하였는데, 더욱 사부(詞賦)에 장점이 있었다.

만년에 향리에 묻혀 살다가 일생을 마쳤다. 문집이 있어 세상에 전한다."

영부사 정호(鄭澔)의 졸기

(영조 12년, 1736년 10월 15일)

"정호는 문청공 정철의 후손으로, 문정공 송시열의 문하에 출입하였다. 몸가짐이 강직하고 방정하였다. 언론이 과격하여 오랫동안 조정에서 편안히 있을 수가 없었다. 지위가 삼공(三公: 삼정승)의 대열에 이르렀으나, 집에서는 죽으로도 끼니를 잇지 못한 일이 여러 번이었다. 그 고장에 살면서 청신(淸愼)하다는 것으로 이름이 났었다."고 하였다.

3. 기축옥사의 재조명

1) 열린 눈으로 세상을 바라보아야 한다

지금까지는 과거의 시각에서 과거 역사를 비교 분석하였다. 앞으로는 현재 또는 미래지향적 시각에서 역사를 조망해야 한다고 생각한다. 그동안 세상은 엄청나게 변화하였다.

우리의 가까운 주변에서 일어나고 있는 일뿐만 아니라, 지구촌 방방곡곡에서 일어나고 있는 모든 일들을 안방 깊숙한 곳에서 한 눈으로 볼 수 있는 밝은 세상이 되었다. 눈을 크게 뜨고 열린 눈으로 역사를 보면 정여립은 결코 역적(逆賊)이 아니다. 그는 아마도 진취적이고 폭 넓은 개혁 의지를 가진 재야의 지식인에 불과하다.

2) 기축년에 일어났던 당쟁의 화(禍)가 어떤 형태로든 이 땅에서 또다시 되풀이 될 수는 없다. 그 화의 근본 원인은 자신만이 옳고 상대방을 도대체 인정하지 않는 독선과 분노의 감정에 있었다.

특히 권력의 중심에 있던 사람들의 아집(我執)과 편견이 그들 스스로 시야(視野)를 막고 판단을 그르친 일은 결국 옥사와 사화, 그리고 나라를 망치는 요인이 되었다는 사실을 유념해야 할 것이다.

3) 더불어 사는 지혜가 필요하다

내 행복을 위하여 부득이 다른 사람의 희생을 요구하는 kill & win의 자세는 조만간 나도 불행해지는 kill & killed의 비극으로 끝나기 마련이다. 남을 행복하게 해 주는 사람은 항상 자신도 행복하다. Win & Win이다.

도대체 인(仁)이란 것이 무엇인가. 한마디로 두 사람 간의 인간관계이다.

여기서 두 사람이란 나와 이해(利害)가 상충되고 생각이 다른 사람들을 말한다. 그들을 측은히 여기고 관용하며 그들과의 약속, 의리, 예의, 분별을 지키는 것이 바로 인(仁)이고 유교(儒教)의 가르침이며, 변하지 않는 인간의 윤리 도덕인 것이다.

정말 당색에 의한 민족 분열의 찬상이 이처럼 추아한 일은 없었다. 앞으로는 어떤 경우에도 옥사를 조작하여 고장을 황폐화하는 비극이 되풀이되는 일은 없어야 한다.

4) 역사를 다시 써야 한다

첫째, 지금까지 기축옥사에 관한 글들을 보면 정사(正史)와 야사(野史), 공적 문서와 개인 행장 등의 구별 없이 쓴 글들이 많다.

둘째, 이들 내용을 보면 거의 근거자료의 출처를 명시하지 않고 썼기 때문에 역사적 사실과 필자의 의견이 혼돈되어 역사의 진실을 구명할 수 없다.

소설과 역사는 다르다. 상상이 도를 넘어 사실을 왜곡할 때, 결국 역사를 오도하여 민족사를 훼손하는 결과를 가져오게 된다.

셋째, 정확한 사료의 인용과 평가, 그리고 이들 내용의 객관적인 비교, 분석 등을 통하여 그동안 잘못된 부분을 모두 바로잡아야 한다. 특히 지역 간 편견과 차별논리를 불러왔던 기축옥사의 왜곡된 부분을 바로잡는 일은 바로 호남의 한을 씻고 민족 통합에 기여하는 길이라고 생각한다.

택리지와 전라도

우리는 땅에서 태어나 땅의 기운을 받고 살다가 결국 한 줌의 흙이 되어 땅으로 돌아간다. 특히 오랫동안 농사를 지으며 자연에 순응하고 살아온 우리나라 사람들은 유별나게 땅에 대한 집착을 갖고 있다.

내가 태어나 살고 있는 땅은 부모님께서 물려주신 터전이요, 고장이며, 백화점의 상품처럼 내 자의대로 선택하는 상품이 아니다.

우리는 우리의 고향 혹은 우리가 살고 있는 지역에 대한 무한한 사랑과 믿음을 갖고 성실히 살아가고 있다. 고향에는 우리 조상의 혼(魂)이 있고 정다운 가족, 친지들이 있으며, 어릴 적부터 간직하고 있는 소중한 꿈이 있다. 아무리 내 고장이 척박하다 해도 가꾸면 비옥한 땅이 되고, 인심의 후박(厚薄: 후하고 박함)함도 자신의 행실에 따라 다를 수 있다. 우리나라는 국도가 좁고 기후의 변화도 비슷하여 지역 간 인심의 차이도 별로 없다.

그럼에도 『택리지』의 팔도총론이나 인심별(人心編)을 보면, 정말 믿기 어려운 내용들이 많다. 다음에서 이와 관련된 자료와, 『택리지』의 내용 등에 관하여 살펴보자.

제1절 관련 자료

1. 훈요십조

위 책의 내용에 관하여는 앞부분에서 살펴보았다.

2. 신증동국여지승람

이 책은 세종 14년 『신찬 팔도지리지』에서 시작하여 성종 때에 완성되었다. 성종 12년 『여지승람』 50권을 완성하였는데 동 17년 다시 정정하여 『동국여지승람』 35권을 발간하였다.

『신증동국여지승람』은 중종 25년(1530년)에 이행(李荇) 등이 증보 간행한 책으로 각 도(道)의 연혁과 풍속, 묘사, 능침, 궁궐, 관부, 학교, 토산의 종류 및 효자, 열녀의 행장, 역원, 교량, 명현의 사적, 시인의 제명 등이 실려 있다.

그중, 전주와 나주의 풍속에 관한 내용을 소개하면 다음과 같다.

1) 전주부(全州府)의 풍속

*사람들이 약고 재빠르다.

주기(周記)에 '땅은 기름지고 척박함이 섞여 있고, 사람들이 약

삭빠르다.' 하였다.

　*백성들이 어리석거나 추박(椎朴: 둔하고 소박함)하지 않다.

　이규보(李奎報)의 기(記)에,

　"인물이 번호(繁浩: 매우 활달함)하고 가옥이 즐비하며 고국(古國: 역사가 오랜 나라)의 풍이 있다. 백성들은 어리석거나 추박하지 않고 모두가 의관을 갖춘 선비와 같으며 행동거지가 본뜰 만하다." 하였다.

　*집을 다스리는 자는 대부분 곡식을 저축하여 흉년에 대비한다.

　이경동(李瓊同)의 기(記)에 있다.

　* 남국의 인재가 몰려 있는 곳이다.

　서거정(徐居正)의 기(記)에 있다.

　* 물건을 싣는 데 수레를 사용하며, 저자는 줄을 지어 상품을
　　교역한다.562)

2) 익산군

풍속: 사람들이 후박(厚朴: 인정이 두텁고 거짓이 없음)하다.563)

3) 김제군

풍속: 인심이 순후하여 농사일에 부지런하다.564)

---

562) 『국역 신증동국여지승람』 4,제33권,(서울, 민족문화추진회, 1969), p.393.
563) 위의 책, p.422.
564) 위의 책, p.428.

4) 금산군

풍속: 풍속은 순박하고 농사와 뽕나무 일에 힘쓰며 송사는 간략하고 백성은 질박(質朴: 꾸밈이 없음)하다.[565]

5) 나주목

*풍속: 사람들이 순박하여 다른 생각이 없이 농업에 힘씀을 업(業)으로 한다. 정도전의 기(記)에 있다.

*음사(淫祀: 내력이 바르지 못한 귀신)를 숭상한다. 가게를 벌여 물건을 팔고 산다. 민속이 순박하다. 이예(李芮)의 시(詩)에 있다.[566]

6) 광산현

풍속: 백성 중에 어진 사람이 많다. 성임(成任)의 시(詩)에 있다.[567]

3. 성호사설

성호사설은 이익(李瀷)의 저서로 30권, 30책으로 되어 있다.

그 안에 오문(五門: 천지문 3권, 만물문 3권, 인사문 11권, 경사문 10권, 시문문 3권)이 있는데, 호남 지리에 관련된 글은 천지문

565) 위의 책, p.439.
566) 위의 책, p.513.
567) 위의 책, p.541.

(天地門) 하(下)에 있다. 이에 관련된 내용을 소개하면 다음과 같다. 즉

"(훈요십조에 나오는) 공주강(公州江)이란 금강(錦江)을 말한다.

이 강은 호남의 덕유산으로부터 흘러나와 역류(逆流)하여 공주 북쪽을 휘감아 금강으로 들어간다.

신도(新都) 계룡산도 역시 덕유산의 맥(脈)으로 임실(任實) 마이산을 거쳐 내용(來龍)이 머리를 돌려 조산(祖山)을 바라보는 공 자(公字) 모양을 이룬다. 풍수상 용어로 회룡고조형(回龍顧祖形)이라한다."[568]

그에 이어 "전라도의 수세(水勢)는 무등산 이동의 하천은 모두 동쪽으로 흘러 입해(入海)하고 그 이서(以西)의 물은 남쪽으로 흘러 입해 한다. 전주 이서(以西)의 하천은 모두 서쪽으로 흘러 입해하고, 덕유산 이북의 하천은 모두 북쪽으로 흘러가 금강에 합류하니 마치 산발사하(散髮四下)의 형세가 되어 국면을 이루지 못하기 때문에 이 고장에는 재덕(才德)이 잘 나타나지 못하고 풍속이 거칠고 교활하다."고 부연하였다.

반궁수(反弓水)와 산발사하(散髮四下)가 핵심이다.

이에 대하여 풍수지리 학자인 최창조 교수의 평가는 다음과 같다.

"반궁수의 문제는 그 주체를 개경에 두느냐 혹은 남쪽에 두느냐에 따라 다르다. 후자로 볼 경우 금강의 형세는 수태극(水太極)의 길세(吉勢)가 된다.

산발사하의 경우도, 한반도 남부지방에서는 어느 지역이고 피할

---

568) 이익, 『성호사설』 권 1 하, 신도한도조(新都漢都條), 최창조, 『한국의 풍수사상』(서울, 민음사, 1984), p.49.

수 없는 수세(水勢)이다. 결국 이익은 개경 등 중부지역이나 영남을 위주로 의도적인 해석을 붙인 견강부회(牽強附會: 억지로 끌어다 붙여 이치에 맞춤)에 불과하다.[569]"고 평한다.

제2절 『택리지』의 내용

『택리지』는 이중환(1690 - 1752)이 썼다.

그 내용은 1. 사민총론(四民總論), 2. 팔도총론 3. 복거총론 4. 총론 등으로 구성되어 있다. 그중 팔도총론에 전라도 편과 복거총론(지리, 인심, 생리, 산수) 인심 편에 호남 폄하의 내용이 들어 있다. 우선 저자 이중환에 관하여 간단히 살펴보고, 다음으로 그 내용을 분석, 논의하겠다.

1. 이중환의 생애와 배경

이중환은 조선왕조를 통틀어서 당파 간 정쟁이 가장 심했던 기간을 살았다.

그는 여주 이씨 이상의(1560 - 1624, 공조판서)의 6세손이요, 이진휴(李震休, 1657 - 1710)의 아들이다. 실학자인 이익(李瀷, 1671 - 1763)은 그의 재종조부(그의 조부와 6촌간임)이고 처가(妻家)가 (이

---

569) 최창조, 위의 책, p.50.

익과) 같은 사천(泗川) 목(睦)씨이다. 그의 처가는 대대로 서울 청파동에서 살았다.

처부는 목임일(睦林一), 처조부는 목래선(睦來善: 1617 - 1704, 좌의정, 남인 허목의 문인)이다.

그의 외가는 전북 무장의 함양 오씨(吳氏)로 이들 오씨는 약 200년 동안 한 고을에서 살았다.

무장(茂長)의 오익창(吳益昌, 1557 - 1635, 진사)은 그 자손 중에서 세 사람의 여주 이씨가 사위가 되어 들어왔다. 즉 조카사위 이지일(李志一, 이상의의 조카), 고손자 사위 이진휴(이중환의 부친), 이징휴(이상의의 고손자)이다.

이중환은 그의 친가, 처가, 외가가 모두 남인 집안으로, 결국 처가인 사천 목씨들과 함께 수난을 당하였다.

『조선왕조실록』에 나오는 그에 관련된 기사들을 보면 다음과 같다.

1) 이중환이 김천 찰방(察訪)으로 있을 때 역(驛)에 소속된 말을 목호룡(睦虎龍, 1684 - 1724, 노론 4대신을 무고하여 죽인 죄로 영조 즉위년 처형됨)에게 빌려 주고는 잃어버렸다고 하였다. 그 뒤 이천기의 집에서 그 말을 찾아내어 논계를 받았다.[570]

2) 목시룡(睦時龍, 목호룡의 형)과 이중환을 추국하여 흑산도에 귀양 보냈다. 처음에 문신 이중환이 목호룡과 친하였으므로, 임인년 무옥(誣獄: 경종 1년 목호룡의 고변으로 노론 4대신이 죽은 일)에 목호룡이 공훈(功勳)을 이중환에게 양보하여 이중환을 원훈(元勳: 국가의 큰 공훈)으로 삼기를 청하였다. 이때에 이르러 이중환

570) 경수 4권, 경종 3년 6월 11일 1번째 기사.

이 대관(臺官)의 논계를 받고 추국 당하였다. 목호룡의 상소에, '이 중환이 충의(忠義)로 격려하고 모획(謀劃: 모의)을 가르쳤다.', '이 중환은 나의 심복이다.'571) 하였다.

3) 이중환은 사형이 감등되어 절도(絶島)에 유배되었다가,572) 영 조 3년 10월에 풀려났다. 영조 3년 다시 사헌부의 탄핵으로 먼 지 역에 유배되었다.

헌부에서 아뢰기를,

"전 좌랑 이중환은 몸가짐을 삼가지 않고 일 처리가 괴상한데다 가 지난날의 죄명은 비록 벗어났다 하더라도, 흉적(凶賊)과 결탁한 정상은 이미 밝게 들어 났으니, 청컨대 먼 변방에 정배(定配: 배소 를 정하여 죄인을 유배함)토록 하소서." 하니 왕이 그대로 따랐 다.573)

유배 당시 이중환의 나이 38세였다.

그 후 유배지에서 언제 풀려났으며, 『택리지』를 썼으리라는 환 갑 무렵까지, 어느 곳에서 어떻게 살았는지 기록이 없다.574)

다만 자신의 주거와 관련하여 다음 기록이 있다. 즉

'금강을 임하여 사송(四松), 금벽(錦碧), 독락(獨樂) 등 네 곳에 정자가 있는데 사송은 우리(이중환) 집 정자이다.

이인역(利仁驛)은 부여 동쪽 공주 서쪽에 있는데, 산이 평평하고 들이 넓으며 논도 기름져 살만한 곳이고, 금강 북쪽과 차령 남쪽

---

571) 영조실록 5권, 영조 1년 4월 20일 4번째 기사.
572) 영조실록 10권, 영조 2년 12월 20일 3번째 기사.
573) 영조실록 14권, 영조 3년 12월 7일 4번째 기사.
574) 이중환, 이익성 역, 『택리지』, 역자해제.

은 땅은 기름지나 산이 살기(殺氣)가 있다.

나는 전라도와 평안도는 보지 못하였다.'575)고 하였다.

위의 글들을 보면 그는 전라도, 평안도 이외의 지역에서 귀양살이를 했고, 외가인 고창의 무장은 한 번노 가 본 일이 없었음을 말해 준다.

2. 『택리지』의 내용

이 책의 내용을 보면 각 지역의 좋고 나쁜 점들을 지적하고 있는데 우선 호남인들이 가장 분노하고 있는 점은 그 풍속에 관한 편견이다.

다음에서 우선 그 내용부터 소개하면 다음과 같다. 즉

* 전라도의 나쁜 점
'전라도는 지역이 멀고 풍속이 더러워 살 만한 곳이 못된다.' 하였다.

『전라도』 편을 보면 다음 글이 있다.

1) 고려 태조는 견훤을 평정한 뒤에 백제 사람을 미워하여,
'차령 이남의 물은 모두 산세와 어울리지 않고 엇갈리게 흐르니, 차령 이남의 사람을 등용하지 말라'는 명을 남겼다.

---

575) 위의 책 p.86.p.

2) (전라도 사람은) 습속이 노래와 계집을 좋아하고 사치를 즐겨
하며, 사람이 경박하고 간사하여 문학을 대단치 않게 여긴다. 까닭
에 과거에 올라 훌륭하게 된 사람의 수효가 경상도에 미치지 못한
것은 대개 문학에 힘써서 자신을 이름나게 하는 사람이 적은 까닭
이다.

『인심』편을 보면 다음 글들이 있다.

1) 평안도는 인심이 순후하기가 첫째이고, 다음은 경상도로 풍속
이 진실하다. 함경도는 지역이 오랑캐 땅과 잇닿았으므로 백성의
성질이 모두 굳세고 사나우며, 황해도는 산수가 험하여 백성이 사
납고 모질다. 강원도는 산골 백성이어서 많이 어리석고, 전라도는
오로지 간사함을 숭상하여 나쁜 데 쉽게 움직인다. 충청도는 오로
지 세도와 재리(財利)만 쫓는데, 이것이 팔도 인심의 대략이다. 그
러나 이것은 서민을 논한 것이고 사대부의 풍속은 또 그렇지 않다.

2) 경상도 사람들은 예안 이황의 학문을 숭상하고, 또 유성룡은
이황의 문인이었다. 남인이라는 명호가 유성룡 때문에 일어났다.
그 까닭에 온 도내(道內) 사대부가 모두 남인으로 되어서 의론이
통일되어 있다.

다른 도에는 사색(四色: 남, 북, 노, 소)이 섞여 있다. 전라도에는
국조(조선조) 중엽 이후로 큰 벼슬을 지낸 사람이 드물어서, 인재
를 능히 배양하지 못하였으므로 인물이 적다.

사대부는 서울 친지를 따라서 색목(色目: 즉 남, 북, 노, 소)이
구별되었다. 까닭에 예전에는 남인과 북인이 많았으나 지금은 노론

과 소론이 많다. 도내에서 큰 씨족이라 불린 자는 십여 집에 불과
하며, 부유한 집도 많으나 높게 알려진 사람은 드물다.

이것은 기대승, 이항(李恒) 이외에는 선생장자(先生長者)로서 선
비들을 지도 훈계할 만한 사람이 없었던 언고이며, 인심이 려유
효박(淆薄: 경박)하여서 상도(上道)에 미치지 못한다.

전라도에 이황이나 유성룡 같은 선생장자가 없고, 당색이 서울
에 사는 권력자의 향배에 따라 서로 섞여 있어 인심이 효박하다는
뜻이다.

* 전라도의 좋은 점

반면, 전라도는 인물도 많고 사람 살기도 좋은 곳이라고 했다.
그 내용들을 대개 소개하면 다음과 같다. 즉

1) 전라도에는 인걸(人傑)이 적지 않다

『전라도』편에,

인걸은 땅의 영기(靈氣)로 태어나는 것이므로 인걸이 적지 않다.
고봉 기대승은 광주 사람이고, 일재 이항은 부안 사람이다. 하서
김인후는 장성 사람인데 도학으로 이름이 높다. 제봉 고경명과 건
제 김천일은 광주 사람으로 절의로 이름이 높고, 고산 윤선도는
해남 사람이고, 천묵재 이상형은 남원 사람이다. 그는 문학으로 이
름을 떨쳤다. 정지와 정충신은 광주 사람으로 장수로 이름이 높고,
의정 이상진은 전주 사람인데 재상으로 현달하였다.

문학은 고부의 백광훈과 영암의 최경창이 있고, 우거(寓居: 누추

한 곳에 은거함)한 선비로 유명한 사람은, 순창의 부윤 신말주, 김제의 이상(二相) 이계맹, 해남의 판서 이후백, 무안의 판서 임담이 있다.

도사(道士) 남궁두는 함열 사람으로 도교를 연구하였고, 고부에 사는 권극중은 선술(仙術)의 수련으로 유명하였다. 나주는 고을 관아의 판세가 한양(漢陽)과 흡사하여 예부터 높은 벼슬을 지낸 사람이 많다. 광주는 서쪽으로 나주와 통하고 풍토와 기후가 좋아서 예부터 경치가 훌륭한 마을이 많고, 높은 벼슬을 지낸 사람도 많았다.

2) 전주는 맑고 서늘하여 가장 살 만한 곳이다

여산의 용화산 위에는 옛날에 기준(箕準: 기자의 손자)이 도읍하였던 곳으로 성과 궁궐의 터가 남아 있다. 건지산에는 목조(태조 이성계의 고조부)의 능이 있는 곳이라 한다. 건지산의 한 맥이 서쪽으로 가다가 덕지(德池)가 있는데 지리가 극히 아름다워 참으로 살 만한 곳이다.

노령 북편의 십여 고을은 모두 장기(장기: 독기)가 있는 곳이나 오직 전주만은 맑고 서늘하여 가장 살 만한 곳이다. 모악산 서쪽에 있는 금구, 만경 두 고을은 샘물이 맑다. 또한 살기(殺氣)를 벗은 산세가 들 가운데를 굽이쳐 돌았고, 두 가닥 물이 감싸 듯하여 정기가 풀어지지 않아서 살 만한 곳이 제법 많다.

『산수』편을 보면,

전라도에는 남원의 요천(蓼川), 홍덕의 장연(長淵), 장성의 봉연

(鳳淵)이 있다. 모두 땅이 기름지고 이름난 마을로서, 여러 대를 이어 살고 있는 토호(土豪)가 많다.

3. 『택리지』의 내용을 어떻게 볼 것인가

1) 훈요십조 내용의 부당성에 관하여는 앞에서 이미 논의하였다.

2) 풍속이 더럽다는 내용은 전혀 근거도 없고, 따라서 아무도 수긍할 수 없는 호남 폄하다. 이중환은 전라도에 가 보지도 않고, 무슨 이유로 그런 말을 하였을까. 아마도 그가 그런 말을 전해 들었거나, 혹은 누군가의 글을 읽고 썼을 것이라고 추측할 수 있고 또 『신증동국여지승람』에 나오는 글을 그대로 인용했을 가능성도 있다. 『택리지』의 내용만 가지고 따진다면 다음 네 가지 조건이 그 이유에 관련되어 있다. 즉

① 전라도에는 국조 중엽 이후 큰 벼슬을 지낸 사람이 드물다.

② 도내에서 큰 씨족이라 불리는 자는 십여 집에 불과하다.

③ 기대승, 이항 이외에 선비들을 지도, 훈계할 선생장자가 없고, 문과 합격자의 수도 적다.

④ 사대부는 서울 친지를 따라 색목이 구별되어 있다. 등이다.

하지만 사실은 위와 다르다. 즉

첫째, 인조반정 이후 전라도에서는, 재상만 해도 4명이 나왔다. 즉 전주의 이상진(1614 - 1690)이 숙종 4년(1678년) 우의정이 되었고, 나주의 유상운(1636 - 1707), 유봉휘(1659 - 1727) 부자(父子)가 영의정과 좌의정을 지냈다. 광주(창평)의 정호(1648 - 1736)도 영조

1년(1725년)에 영상이 되었다.

하지만 조선조 중기 이전에 비하여 관직에 진출한 인물이 거의 없는 것은 경상도와 마찬 가지다. 경상도의 경우, 사정은 다음과 같다.

'인조(仁祖)가 이이, 성혼, 이항복의 문인 자제들만 치우치게 임용하여, 지금까지 (택리지를 썼을 1750년) 100년 동안에 영남 사람으로 정승 된 사람은 하나도 없다. 정경(정2품 이상) 2명, 아경(육조참판, 한성부 좌우윤) 4 - 5명에 불과하고, 관직이 높다 해도 정3품 아래이며 아래로는 고을 수령 정도였다.

좌도(경상좌도: 울산, 동래, 예안, 안동, 순흥 등)는 백성이 가난해도 문학하는 선비가 많았다. 우도(右道: 거제, 선산, 금산, 함양, 함안, 고령, 문경 등)는 땅이 기름지고 부유하다. 그러나 호사하기를 좋아하고 게으르며, 문학에 힘쓰지 않아 훌륭하게 된 사람이 적었다.'[576]고 하였다.

둘째, 도(道: 전라도)내에는 큰 씨족이 많았다. 즉

예를 들면,

지금의 전남 지역에 회자되는 씨족으로, 광주의 기씨(奇: 행주 기씨), 고씨(高: 장흥 고씨), 박씨(朴: 충주 박씨) 또는 창평(昌平)의 정씨(鄭: 연일 정씨), 고씨(高), 오씨(吳: 나주 오씨), 류씨(柳: 문화 류씨), 양씨(梁氏: 제주 양씨), 광산 김씨, 해남 윤씨, 나주 나씨 등이 있다.

전북 지역에도 몇 씨족만 예를 들면,

'우선 조선 태조의 고향으로 전주 이씨들이 전도(全道)에 분포되

---

576) 『택리지』, p.62.

어 살고 있고(특히 임실의 효령대군파와 완주의 회안대군파 등),
익산의 진주 소씨, 여산 송씨, 전주의 전의 이씨, 전주 최씨, 순창
의 신씨(申: 고령 신씨), 설씨(薛: 순창 설씨), 양씨(楊: 님원 양씨),
남원의 남원 윤씨, 남원 양씨, 그리고 최씨(崔: 삭녕 최씨), 노씨
(盧: 풍천 노씨), 안씨(安: 순흥 안씨), 이씨(李: 광주 이씨) 등이 있
어 사대부로서의 예의범절과 그들의 품위 및 위엄을 지켜 왔다.

특히 익산(益山)지방의 진주 소씨(蘇氏)들은 비록 살림이 지극히
가난하여 집이 움막과 같고 먹고사는 것이 거지를 방불케 하는 형
편이었어도 선비 집안의 체모를 유지하며 살아왔다.

그것은 명신 소세양(중종대 대제학: 1486 – 1532)이 벼슬을 그만
두고 향리에 돌아와 근 20년 동안 그 지방의 사회 기강을 엄격히
세우고 풍속을 순화한 까닭이라.'577)고 한다.

셋째, 선생장자의 경우 문제가 있다.

우선 이중환의『충청도』양반에 관한 평을 인용해 보자.

'김장생이 벼슬에서 물러나 연산(連山)에 살면서 후진을 가르쳤
다. 회덕 사람 송시열, 송준길과 이산(논산군 노성면) 사람 윤선거
형제가 와서 배웠다. 윤선거의 아들 윤증(尹拯)은 또 송시열에게
배웠으나 얼마 후에 그들 사이에 틈이 생겼다. 경신년 출척이 있
은 뒤, 송시열은 노론 편이 되고 윤증은 소론 편에 가담하였다.

이렇게 서로 갈라지자 회덕의 문인괴 논산의 문인들이 서로 공
격하여 물과 불 같았다. 연산, 회덕 근처는 거의 김장생, 송시열
두 집안 문인들의 자손인데, 논산 고을이 모두 소론인 것은 윤씨
들 때문이었다.'578)고 하였다. 양반들이라고 하면서 서로 패를 갈

---

577) 송준호, 앞의 책, p.261.

라 싸우는 것은 선생장자답지 않다는 뜻이다.

다음 『경상도』의 경우를 보자.

'예안, 안동, 순흥, 영천, 예천 등 고을은 신(神)이 알려 준 복된 지역이다. 예안은 퇴계의 고향이고 안동은 유성룡의 고향이다. 이 다섯 고을은 사대부가 가장 많으며, 모두 퇴계와 서애 문하생의 자손이다. 의리를 밝히고 도학(道學)을 중히 여겼다. 비록 외딴 마을 쇠잔한 동네라도 글 읽는 소리가 들리며, 가난하지만 도덕과 천명(天命)을 논하였다. 그런데 이런 풍습이 근세에 와서는 점점 쇠해져서, 비록 정성스럽게 삼가나 도량이 좁고 실상은 적으면서 말다툼을 좋아하니 옛날보다 못하고 우도(右道) 여러 고을은 모두 이보다 더 못하다.'

선산(善山)은 산천이 깨끗하고 밝다. 전해오는 말에, '조선 인재의 반은 영남에 있고, 영남 인재의 반은 선산에 있다.' 한다. 까닭에 옛 부터 문학하는 선비가 많았다.

'임진년 명나라 군사가 이곳을 지나갈 때, 명의 술사(術士: 풍수가, 점쟁이)가 이를(선산의 맑은 정기를) 꺼려 군사를 시켜 고을 뒤 산맥을 끊고, 숯불을 피워 뜸질하게 하였다. 또 큰 쇠못을 박아서 땅의 정기를 눌렀는데 그 후로는 인재가 나지 않는다.'[579]하였다.

경상도의 경우, 요즘(이중환이 글을 쓰던 당시)은 선생장자도 없고 풍수지리상 장애로 별것이 아니라는 뜻이다. 또한 사대부, 이른바 선생장자란 사람들의 행동거지가 더 문제다.

'대개 사대부가 사는 곳은 인심이 고약하지 않는 곳이 없다. 당

578) 『택리지』, p.145.
579) 위의 책, p.62, p.68.

파를 만들어서 죄 없는 자를 거두어들이고, 권세를 부려 영세민을 침노하기도 한다. 자신의 행동은 단속하지 못하면서, 남이 자기를 논의함을 미워하고, 한 지방의 패권을 잡기를 좋아한다.

딴 당파와는 같은 시골에 함께 실지 못하며, 동리와 골목에서 서로 나무라고 헐뜯어서 뭐가 뭔지 측량할 수 없다.'580) 하였다.

결국 선생장자란 존재가 이제 제 기능을 제대로 못하고 오히려 그 부작용이 더욱 심해졌다는 뜻이다.

넷째, 당색에 대한 태도에 관하여는 호남을 폄하할 수 없다.

『택리지』에서,

'사대부는 서울 친지를 따라 색목(色目: 사색당파)이 구별되어 있다. 경상도는 사대부가 모두 이황과 유성룡의 제자들이며, 남인으로 의론이 통일되어 있는데 다른 도는 서로 섞여서 분열되어 있다'고 하였다.

사실, 호남 사람들은 기축옥사 때 동인 세력으로 멸문의 화를 당한 집안이 많아 당색이 흩어졌다. 말하자면 색목을 따질 형편이 아니었다. 또한 다수의 선비들이 국난을 당하여 의병으로 나아가 순절하여, 인재 손실이 전국에서 가장 큰 고을이기도 하다. 이런 이유 등으로 관직 진출과 문과 합격자의 수가 적은 것은 부득이한 일이었고 호남인의 아픔이었다.

호남은 진정 충렬의 고장이요, 인물의 고장이었다. 기축옥사로 참화를 입은 2년 후, 나라가 위기에 처했을 때, 가장 많은 호남의 선비들이 목숨을 걸고 의병으로 나아가 가장 치열하게 싸웠으며, 모두가 하나 되어 왜적을 물리쳤다. 그중 우선 몇 분만 열거하면,

---

580) 위의 책, p.146.

동래부사로 순절한 송상현, 노량 해전에서 전사한 이영남 장군, 금산 전투에서 순절한 고경명 부자(父子), 진주 남강에 왜장을 쓸어안고 투신한 주논개, 광주의 양산숙(梁山璹), 일재 이항 선생의 제자로 의병을 일으킨 변사정, 김제민(고부), 김후진, 김대립(장성) 의병장과 『조선왕조실록』을 사수한 손홍록, 안의, 오희길, 웅치전투의 정담(鄭湛)장군, 전주 의병장 이정란 장군, 의병대장 양대박, 이치, 웅치전투의 황진 장군 등이 유명하다.

현재 남원에 있는 만인의총은 당시 1만여 호의 남원 시민이 모두 순절(겨우 17호만 남아 있을 뿐)하여 묻힌 곳이다. 그리고 금산의 칠백의총, 진안의 천인의총(千人義塚) 등 말없이 잠든 호국의 영령(英靈) 앞에 살아남은 자들은 단지 부끄러움이 있을 뿐이었다.

글을 마치며

1945년 일제(日帝)의 식민통치(植民統治)에서 해방되던 닐, 우리는 이런 노래를 불렀다.

> 어둡고 괴로워라 밤이 길더니,
> 삼천리 이 강산에 먼동이 텄네.
> 동포야 자리 차고 일어나거라.
> 산 넘어 바다 건너 태평양 넘어,
> 아, 아, 자유의 자유의 종이 울린다.
> 세상은 맑고 밝아졌다.

　　이제 우리는 어두웠던 시절 무지(無知)에서 벗어나 새로운 합리사회(合理社會)에 살고 있다. 이를 위하여, 첫째, 허황한 풍수가들의 거짓이나 근거 없는 유언비어, 잘못된 역사 이야기, 무지와 편견들에 귀 기울이던 구시대의 타성(惰性)을 단호히 버려야 한다.

　　역사에 관련된 이야기가 때로 역사가들이 놓친 부분을 보충하여 국민들에게 자신감과 긍지를 심어 주는 역할을 할 경우가 있다. 하지만 아무리 독자들의 관심이 중요하다 해도 엄연한 역사적 사실을 왜곡, 오도(誤導)해서는 아니 된다.

　　둘째, 자연 앞에 경건해야 한다. 자연은 나름대로 그 소임(所任)을 가지고, 만물이 서로 조화를 이루며 이 땅에 존재한다. 인간은 이러한 자연을 그들의 생활에 맞추어 문명을 발전시키며 살아가고 있다. 지금 금강 하구 이남에서는 거대한 약속의 땅, 새만금 방조제가 완성되어 그곳에 온 국민의 관심이 집중되고 있다. 그 누가 이 땅에서도 산과 들의 모양새를 따질 것인가.

셋째, 모두가 더불어 사는 지혜로 이웃을 사랑하고 화합해야 한다. 우리는 바야흐로 지구촌 시대에 살고 있다. 영어로 'Think globally, Act locally'란 말이 있다. 생각은 온 세상을 모두 품에 안을 만큼 넓게 하고, 행동은 바로 우리 눈앞의 현실부터 챙기라는 뜻이다.

호남인의 한(恨)이 있다면 그 감정도 이러한 합리적이고, 순리에 따르는 화합의 정신이 바탕이 되어야 한다. 그것은 우리가 당면한 위기를 극복하고 발전해 나갈 수 있는 원동력이 될 수 있다.

김재영

▌약력

전주고등학교 졸업
서울대학교 정치학과 졸업
미국 피츠버그대학 연수(풀브라이트 장학생)
한국외국어대학교 대학원 수료(정치학 박사)
전북대학교 정치외교학과 교수
전북대학교 사회과학연구소 소장
전북대학교 신문사 주간
전북대학교 사회과학대학 학장
전북대학교 행정대학원 원장
전북일보사 논설위원
21세기정책정보연구원 원장
한국정치학회 부회장
한국, 동양사상학회 부회장
한국정치정보학회 회장 역임
전북대학교 정치외교학과 명예교수(현)

▌주요논문 및 저서

『한국 정치사회화론』, 『정치학개론』, 『현대 정치학』
『정치문화와 정치사회화』, 『정치변동론(번역)』, 『현대사조론』
『정치학의 이해』, 『환경정치와 환경정책』
『조선인물 뒤집어 읽기』, 『한국역사 인물 뒤집어 읽기』
『내가 겪은 현대사』, 『한국사상 오디세이』, 『중종을 움직인 사람들』
외 다수

호남의 한

초판인쇄 | 2009년 3월 31일
초판발행 | 2009년 3월 31일

지은이 | 김재영
펴낸이 | 채종준
펴낸곳 | 한국학술정보㈜
주 소 | 경기도 파주시 교하읍 문발리 513-5 파주출판문화정보산업단지
전 화 | 031) 908-3181(대표)
팩 스 | 031) 908-3189
홈페이지 | http://www.kstudy.com
E-mail | 출판사업부 publish@kstudy.com

등 록
가 격 35,000원

ISBN 978-89-534-1415-0 93900 (Paper Book)
      978-89-534-1416-7 98900 (e-Book)